# 编委名单

执笔人：彭　波　高新会　陈立宏　陈泽伟
　　　　谢君宜　欧占中　朱俏妹　周晓伦

PRACTICAL EXPERIENCE IN
HUMAN RESOURCE COMPLIANCE

主编 彭 波

副主编 高新会 陈立宏

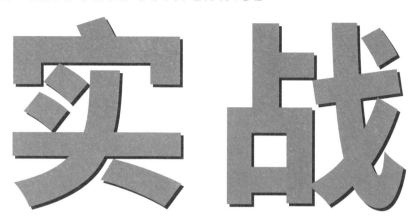

# 实战

## 人力资源合规核心问题
## （劳动关系和劳动合同篇）

# 精研

以案释法 · 法理分析 · 实操建议 · 法规索引

一线律师团队手把手教你识破合同漏洞，
详解合同背后的劳动法律关系

上海人民出版社

# 序　言

　　广东固法律师事务所是一家专注于商事法律服务的律师事务所。固法劳动法团队深耕于粤港澳大湾区，为多家跨国公司、集团企业和上市公司提供劳动法专项法律服务，该团队或主管合伙人多年来被钱伯斯（Chambers & Partners）、LEGAL500、亚洲法律杂志（ALB）、《商法》杂志（China Business Law Journal）等国际评级机构连续推荐上榜。除劳动争议解决事项外，团队在裁员、员工安置、人力资源合规与建设、跨境用工、反商业贿赂、复杂员工离职谈判、劳动关系危机处理、集体协商等方面为客户提供了大量的专项法律服务。

　　《实战精研：人力资源合规核心问题（劳动关系和劳动合同篇）》是固法劳动法团队集体智慧的结晶。本书在总结团队近二十年劳动和人力资源法律服务经验和理论研究成果的基础上，结合法院、劳动仲裁机构最新的裁审规则和人社部门相关政策，提炼出企业人力资源管理在劳动关系和劳动合同方面最核心的 90 个问题进行剖析，通过固法观点、案例分析、法理分析、实操建议和法规索引等五个方面，用鲜活真实的案例讲解人力资源管理过程中面临的各种痛点、难点和盲点问题。

　　本书观点鲜明，文笔简练，是一本专注劳动和人力资源疑难问题的"小红书"，不仅让读者得以迅速了解相关疑难问题所涉及的法律政策规定和立法背景意图，更是对每个问题都提出了切实可行的解决方案和实操指引，让从事人力资源管理或法律实务工作的朋友们可以按图索骥，高效化解难题。

　　《实战精研：人力资源合规核心问题》是系列丛书，在"劳动关系和劳动合同篇"出版之际，我们正在着手"工时休假与工资篇"的撰写。感谢固法客户和合作伙伴们对本书内容提供的宝贵建议，感谢事务所行政团队以及出版社编辑对本书的出版所付出的努力和心血。固法劳动法团队希望通过持续不断的成果输出，为企业在人力资源合规与建设方面提供更多专业帮助。

广东固法律师事务所

彭波律师

二〇二三年三月

# 目 录 | CONTENTS

## 第四部分　劳动关系解除与终止合规

### 第五部分　竞业限制与保密制度合规

### 第六部分　新业态灵活用工合规

## 第七部分　规章制度应用合规

# 第一部分
## 疑难劳动关系认定合规

# 1. 总经理是否必须与公司签订劳动合同？

## 【固法观点】

> 总经理与公司之间基于管理而成立了委任关系，但该委任关系并不排斥劳动关系的存在，即使总经理与公司之间未签订书面劳动合同，但如总经理接受公司的管理、从事公司安排的劳动且总经理提供的劳动是公司业务的组成部分，则双方之间依然构成劳动关系，是否签订书面劳动合同不影响双方之间劳动关系的成立。

## 【案例分析】

孙某于2001年3月入职吉林麦达斯铝业公司并担任财务总监，2013年7月至2017年7月担任该公司副总经理，但自2011年3月至2017年7月被吉林麦达斯铝业公司派往洛阳麦达斯铝业公司兼任总经理，2017年7月20日被麦达斯控股调至麦达斯轻合金任职董事长兼法定代表人，月薪税后7万元。2018年2月7日，孙某被麦达斯控股免去麦达斯轻合金董事长职务。后麦达斯控股及麦达斯轻合金没有安排孙某其他工作，也没有发放工资和缴纳五险一金。孙某与麦达斯轻合金多次交涉未果后提起劳动仲裁，要求确认其与麦达斯轻合金存在无固定期限劳动合同等事项。

仲裁认为，孙某仲裁事项不属于劳动争议处理范围，裁定不予受理。

一审法院认为，孙某作为董事长，是企业的高级管理人员，除了具有企业法定代表人的身份之外，还具有与企业形成劳动关系的职工身份，因此确认孙某与麦达斯轻合金存在劳动关系。

二审法院认为，孙某与麦达斯轻合金不存在劳动关系。孙某职务系由麦达斯轻合金的出资人麦达斯控股任命及免除，其并非麦达斯轻合金招用的劳动者，其间没有建立劳动关系的合意，且除此之外孙某无其他职务，不符合劳动关系应当具备的特征。

最高人民法院认为，孙某与麦达斯轻合金虽没有签订书面劳动合同，但孙某被任命为董事长的同时，还负责大量具体经营管理事务，接受公司规章制度管理和约束且公司按月向其支付工资并缴纳社保，符合劳动关系的构成要素，孙某与麦达斯轻合金存在事实劳动合同关系。

〔案例出处：（2020）最高法民再 50 号〕

## 【法理分析】

从公司法视角看，总经理属于公司高级管理人员，由公司董事会决定聘任与解聘，其与公司之间形成了委任关系。基于委任关系，总经理在日常工作中，往往能够参与公司重大事项的讨论及决策并享有一定的人事任免权，代表用人单位行使了管理职权，体现出与用人单位身份重合的特征。正是基于该特征，让部分用人单位产生错误的认知，认为总经理与公司之间并不存在劳动关系，但事实并非如此。

从劳动法视角看，总经理只要符合"年满 16 周岁并具有完全劳动能力"的条件，就属于劳动法意义上的劳动者，具备与用人单位建立劳动关系的主体资格。根据《关于贯彻执行〈中华人民共和国劳动法〉若干问题的意见》第十一条规定，实行公司制的经理和有关经营管理人员，应按公司法的规定与董事会签订劳动合同。再结合《中华人民共和国劳动合同法》规定的竞业限制适用于用人单位的高级管理人员可知，包括总经理在内的高级管理人员并未被排除在我国劳动合同法调整对象之外。也就是说，总经理与公司之间形成公司法意义上的委任关系的同时，也应建立劳动法意义上的劳动关系。

根据原劳动和社会保障部《关于确立劳动关系有关事项的通知》规定，判断劳动关系是否成立，需核实劳动者和用人单位是否符合法律法规规定的主体资格、劳动者是否受用人单位的管理并从事用人单位安排的有报酬的劳动，以及劳动者提供的劳动是否为用人单位业务的组成部分。总经理作为公司高级管理人员，其与公司均具备劳动法规定的主体资格，其按委任关系代表公司行使管理职能的同时也为公司提供了劳动，也需要接受公司规章制度的管理并获得劳动报酬，且总经理所提供的劳动属于公司业务的组成部分甚至是较为重要的组成部分。因此，从劳动关系构成要素来分析，总经理与公司之间具备劳动关系特征，应被认定为存在劳动关系，否则无法保护其在劳动法意义上所应享有的劳动者权利。

## 【实操建议】

基于总经理与公司之间同时建立了委任关系及劳动关系，故二者之间的劳动关系从建立到解除的全过程都会受到公司法和劳动法的双重约束。如果公司在聘任和解聘总经理过程中不能兼顾到劳动法相关规定，容易引发总经理与公司之间的劳动纠纷。基于此，我们建议：

1. 公司董事会在依法聘任总经理时，公司应同时与总经理签订书面劳动合同，明确其工作岗位、薪资待遇等，并为其缴纳社会保险，以避免后续引发因未签订书面劳动合同而产生的双倍工资差额以及未缴社保争议。

2. 公司董事会应对总经理进行定期考核或评价，同时告知公司有权根据考核结果调整其工作岗位，以此作为公司与总经理进行工作岗位调整的依据。

3. 公司董事会在依法解聘总经理职务时，应与其积极协商变更工作岗位或协商解除劳动关系，妥善处理其与公司之间的劳动关系。

## 【法规索引】

1.《中华人民共和国公司法》

第四十六条　董事会对股东会负责，行使下列职权：……（九）决定聘任或者解聘公司经理及其报酬事项，并根据经理的提名决定聘任或者解聘公司副经理、财务负责人及其报酬事项。

2.《中华人民共和国劳动合同法》

第二十四条　竞业限制的人员限于用人单位的高级管理人员、高级技术人员和其他负有保密义务的人员。竞业限制的范围、地域、期限由用人单位与劳动者约定，竞业限制的约定不得违反法律、法规的规定。

第四十条　有下列情形之一的，用人单位提前三十日以书面形式通知劳动者本人或者额外支付劳动者一个月工资后，可以解除劳动合同：……（三）劳动合同订立时所依据的客观情况发生重大变化，致使劳动合同无法履行，经用人单位与劳动者协商，未能就变更劳动合同内容达成协议的。

3.《关于贯彻执行〈中华人民共和国劳动法〉若干问题的意见》

11. 根据劳动部《实施〈劳动法〉中有关劳动合同问题的解答》（劳部发〔1995〕202号）的规定，经理由其上级部门聘任（委任）的，应与聘任（委任）

部门签订劳动合同。实行公司制的经理和有关经营管理人员，应依据《中华人民共和国公司法》的规定与董事会签订劳动合同。

4.《关于确立劳动关系有关事项的通知》

一、用人单位招用劳动者未订立书面劳动合同，但同时具备下列情形的，劳动关系成立。

（一）用人单位和劳动者符合法律、法规规定的主体资格；

（二）用人单位依法制定的各项劳动规章制度适用于劳动者，劳动者受用人单位的劳动管理，从事用人单位安排的有报酬的劳动；

（三）劳动者提供的劳动是用人单位业务的组成部分。

# 2. 关联公司混同交叉用工如何确定劳动关系？

## 【固法观点】

有关联关系的企业或企业集团内部各子公司交叉混同用工导致难以辨别实际用人单位的情况下，如劳动者与关联公司或集团内部某一公司已签订合法有效的书面劳动合同，一般按签订劳动合同主体确定劳动关系；否则，原则上以《关于确立劳动关系有关事项的通知》第一条规定作为认定依据，根据劳动者实际工作地点、工作内容、工资发放情况、缴纳社会保险情况等来综合判定劳动关系主体。

## 【案例分析】

邓某于2018年4月与A公司签订劳动合同，劳动合同期限为2018年4月10日起至2021年4月9日止，工作地点为卡提娅创意工业园内。A公司于2012年7月10日登记成立，于2020年7月16日注销登记，法定代表人为杨某，股东为陈某、丁某。卡提娅公司于2004年8月31日登记成立，法定代表人为林某，股东为B公司。C公司于2018年8月20日登记成立，股东为杨某明、陈某。A公司在2018年8月至2019年8月期间为邓某购买社保，C公司在2019年9月至2021年2月期间为邓某购买社保。卡提娅公司法定代表人林某在2018年6月至2020年10月向邓某转账支付工资。邓某主张A公司、卡提娅公司及C公司存在混同用工情形，并要求卡提娅公司、C公司向其支付未签订劳动合同的两倍工资差额等。

法院认为，邓某在卡提娅公司的园区工作，长达一年的工资由卡提娅公司法定代表人发放，且邓某使用卡提娅公司请假单进行休假，卡提娅公司对邓某实际已进行了用工管理，结合C公司于2019年9月起为邓某发放工资、购买社保，以及 A 公司股东陈某亦是 C 公司股东，因此 A 公司、卡提娅公司以及 C 公司为混同用工。但基于 A 公司与邓某签订的书面劳动合同已涵盖了邓某主张的劳动关系存续期间，故对邓某有关未签订书面劳动合同两倍工资差额的诉请不予支持。

〔案例出处：（2022）粤 01 民终 14130 号〕

## 【法理分析】

　　混同交叉用工是指劳动者同时向多家有着关联关系的企业提供劳动，企业对劳动者的用工管理、缴纳社保、支付工资等存在混同交叉的情形，进而导致用工主体不明确。根据原劳动和社会保障部发布的《关于确立劳动关系有关事项的通知》第一条规定，劳动者未与用人单位签订书面劳动合同，但符合相应条件的，也构成事实劳动关系。但在混同交叉用工的情形下，劳动者有可能与关联企业中的某一家企业签订书面劳动合同，但向其他成员企业提供劳动并受其管理，劳动者与该成员企业之间是否构成劳动关系，如构成劳动关系，该成员企业与劳动者并未签订劳动合同，是否需要支付未签订劳动合同的双倍工资差额？

　　根据目前司法实践，法院在认定两家或多家企业是否存在混同用工时，通常会从这些企业的出资人、实际控制人、法定代表人、高级管理人员等是否混同，企业注册地址或实际办公地点是否相同，企业是否轮流或交叉为劳动者发放工资、缴纳社保、出具相关证明文件或劳动者实际接受某企业的规章制度管理等综合判断。一旦被认定为混同交叉用工，该等关联企业就其应履行的用人单位给付义务共同向劳动者承担连带责任。如关联企业中的某一成员企业已与劳动者签订了劳动合同，且涵盖了关联企业混同用工的期间，则法院一般不会支持劳动者有关未签订书面劳动合同双倍工资差额的请求。

## 【实操建议】

　　关联企业为了方便管理，混同交叉用工的情况时有发生。为避免纠纷，关联企业应尽量保持劳动合同签订主体、实际劳动用工主体、工资支付主体以及社会保险缴纳主体的一致性。在出现不一致的情况时，应根据不同情况采取不同措施：

　　1. 最新的用工主体应与劳动者签订书面劳动合同，并确保劳动者与企业签订的书面劳动合同期限能够涵盖实际用工期限。

　　2. 如劳动者相关工作内容、地点、劳动报酬支付、用工管理主体已经偏离了原劳动合同的约定，应与劳动者签订补充协议，按实际情况变更相应内容。

3. 如仅是短期借调到关联企业成员单位的，建议签订借调或派驻协议，明确用人单位并未变更，相关工资发放及社保缴纳主体仍由原单位负责，但原单位可以委托成员单位代为发放工资。

## 【法规索引】

1.《关于确立劳动关系有关事项的通知》

一、用人单位招用劳动者未订立书面劳动合同，但同时具备下列情形的，劳动关系成立。

（1）用人单位和劳动者符合法律、法规规定的主体资格；

（2）用人单位依法制定的各项劳动规章制度适用于劳动者，劳动者受用人单位的劳动管理，从事用人单位安排的有报酬的劳动；

（3）劳动者提供的劳动是用人单位业务的组成部分。

2.《中华人民共和国公司法》

第二百一十六条　本法下列用语的含义：

……

（四）关联关系，是指公司控股股东、实际控制人、董事、监事、高级管理人员与其直接或者间接控制的企业之间的关系，以及可能导致公司利益转移的其他关系。但是，国家控股的企业之间不仅因为同受国家控股而具有关联关系。

3.《北京市高级人民法院、北京市劳动争议仲裁委员会关于劳动争议案件法律适用问题研讨会会议纪要（二）》

26. 有关联关系的用人单位交叉轮换使用劳动者，根据现有证据难以查明劳动者实际工作状况的，如何处理？

有关联关系的用人单位交叉轮换使用劳动者的，根据现有证据难以查明劳动者实际工作状况的，参照以下原则处理：（1）订立劳动合同的，按劳动合同确认劳动关系；（2）未订立劳动合同的，可以根据审判需要将有关联关系的用人单位列为当事人，以有关联关系的用人单位发放工资、缴纳社会保险、工作地点、工作内容，作为判断存在劳动关系的因素；（3）在有关联关系的用人单位交叉轮换使用劳动者，工作内容交叉重叠的情况下，对劳动者涉及给付内容的主张，可根据劳动者的主张，由一家用人单位承担责任，或由多家用人单位承担连带责任。

**4.《吉林省高级人民法院关于审理劳动争议案件法律适用问题的解答（二）》**

3. 关联企业混同用工情况下劳动关系如何认定？

有关联关系的用人单位以交叉、轮换等方式使用劳动者，劳动者要求确认劳动关系的，参照下列原则处理：（1）订立书面劳动合同的，劳动者要求按书面劳动合同确认劳动关系，应予支持。订立书面劳动合同的用人单位提供证据证明劳动者在关联企业工作不是履行双方书面劳动合同的行为或劳动合同已经解除或终止的除外；（2）未订立书面劳动合同的，根据劳动者工作时间、工作内容、工资发放、社会保险缴纳等因素综合判断劳动关系；根据上述情况仍无法确定劳动关系的，可根据劳动者的主张确认劳动关系；（3）在工作内容交叉重叠的情况下，劳动者提出的具有给付内容的诉讼请求，可根据劳动者的主张，由一家用人单位承担责任，或由关联企业承担连带责任。

**5.《深圳市中级人民法院关于审理劳动争议案件的裁判指引》（深中法发〔2015〕13号）**

五十一、企业集团将其员工派往下级法人单位或将员工在下级法人单位之间调动，按员工与所在单位签订的劳动合同来确认劳动关系；未签订劳动合同的，按工资关系确定劳动关系。

# 3. 法人人格混同的用工如何确定劳动关系？

## 【固法观点】

法人人格混同时，劳动者与混同下的多个用人单位可能同时构成事实劳动关系，即会出现"双重或多重劳动关系"。在产生劳动争议时，发生人格混同的多个用人单位均会被认定为劳动者的用人单位，并共同构成劳动争议中的法律责任主体，需共同向劳动者承担用人单位的责任。

## 【案例分析】

2011年3月23日，汤某与蓉光公司签订《劳动合同》，约定汤某担任公司驾驶员，实行不定时工作制，合同期限自2011年3月21日起至2015年4月30日止，蓉光公司每月向汤某支付工资并为汤某缴纳社会保险。2013年1月6日，蓉光公司作为出资人与另七家公司合并为泰客司公司，汤某所承包经营的出租车特许经营权也转到泰客司公司名下，此后，泰客司公司、蓉光公司与汤某并未变更《劳动合同》，而是由蓉光公司与汤某继续履行。合同到期后，荣光公司未与汤某续约。汤某遂提起仲裁要求蓉光公司支付经济补偿金、未休年休假工资等，仲裁委员会超期未审结，汤某遂向法院提起诉讼，要求蓉光公司、泰客司公司支付经济补偿金、未休年休假工资等。

法院认为，蓉光公司系泰客司公司股东，蓉光公司与泰客司公司高管人员有重合，存在人事混同；其所出具的《关于签署〈新车续包征询意见书〉的通知》落款系泰客司公司，盖章又是蓉光公司，《新车续包征询意见书》系以蓉光公司名义出具，存在管理上的混同；在收取驾驶员规费时，收费人员是蓉光公司员工，收据又加盖了泰客司公司的公章，存在财务上的混同。对于蓉光公司与泰客司公司以上混同情况，审理过程中各方当事人都无法区分。据此，法院认为蓉光公司与泰客司公司存在法人人格混同，二公司应当共同承担用工主体的责任。

〔案例出处：（2017）川 01 民终 1406 号〕

## 【法理分析】

《中华人民共和国民法典》规定，法人是具有民事权利能力和行为能力，依法独立享有民事权利和承担民事义务的组织，法人应当具有自己的名称、独立的组织机构、住所、财产及经费。当公司股东滥用公司法人独立地位和股东有限责任时，为保障公司债权人及其他股东的合法权益，《中华人民共和国公司法》规定了"否认法人人格"，即认定公司股东与公司人格发生混同。

目前法律对于法人人格混同并无明确的定义，但根据最高人民法院印发的《全国法院民商事审判工作会议纪要》(以下简称《九民纪要》) 规定，在民商事案件中判断是否构成人格混同，最根本的标准是公司是否有独立意思和独立财产，其中公司财产与股东财产混同是人格混同的最主要表现，同时还需综合考虑人员、财务、业务方面是否存在混同。相应地，在公司与股东被认定为人格混同时，股东需要对公司债务承担连带责任。

上述规定虽未对公司法人人格混同进行明确定义，但基本明确了在民商事领域公司法人人格混同的认定标准及其对应的法律后果，但在公司法人人格混同情况下如何确定劳动关系以及用人单位主体责任，并未有相关规定。从劳动法角度看，一旦被认定为法人人格混同，即意味着劳动者在同一时间为多个用人单位提供了劳动、接受了多个用人单位的管理并收取了劳动报酬，劳动者与多个用人单位均符合《关于确立劳动关系有关事项的通知》中规定的有关劳动关系的构成要件要求，构成了"双重或多重劳动关系"，该等用人单位均应认定为劳动者的用人单位。

一旦被认定为与劳动者建立了劳动关系，理论上该等用人单位均应对劳动者承担独立的责任，但该多个用人单位因为人格混同而丧失独立承担责任的资格，因此在用人单位责任承担上，该等"多个法人"应共同构成"用人单位责任主体"。至于该等用人单位对劳动者应承担哪种责任（如全部连带责任、按份责任、补充责任），目前没有明确的法律规定，基于保护劳动者权益角度，多个用人单位基于共同的故意实施了混同行为，导致其独立人格被否认，由该等用人单位对劳动者承担连带责任更为合适。但"连带责任"的设定需要法律规定或当事人约定，在法律无明确规定或当事人没有约定的情况下，劳动者在仲裁或起诉时应将该多个用人单位均列为被诉主体，并要求该等用人单位共同承担责任。

## 【实操建议】

法人人格混同下并不会减少用人单位应承担的责任，相反，基于管理混乱以及由此导致的用工管理不规范，用人单位会承担更多的用工风险（如未为员工购买工伤保险导致需自行承担工伤保险责任等），劳动者亦会因为用人单位管理混乱而无法保障自身权益，基于此，我们建议：

1. 用人单位应与劳动者明确实际用工主体，并与其签订书面劳动合同、缴纳社会保险以及发放工资待遇等。如基于实际用工情况，需要安排劳动者从事其他公司的业务，建议可签订借调或派驻协议，明确用工主体并未变更，相关工资发放及社保缴纳主体仍由原单位负责，但可以委托成员单位代为发放工资。

2. 劳动者在履行劳动合同过程中，如发现用人单位用工管理不规范，可及时向用人单位提出并明确实际用工主体，要求其签订劳动合同、缴纳社会保险等，以免因人格混同导致劳动者无法享受基本的劳动保障。

## 【法规索引】

1.《关于确立劳动关系有关事项的通知》

二、用人单位招用劳动者未订立书面劳动合同，但同时具备下列情形的，劳动关系成立。

……

（四）用人单位和劳动者符合法律、法规规定的主体资格；

（五）用人单位依法制定的各项劳动规章制度适用于劳动者，劳动者受用人单位的劳动管理，从事用人单位安排的有报酬的劳动；

（六）劳动者提供的劳动是用人单位业务的组成部分。

2.《中华人民共和国公司法》

第二十条　公司股东应当遵守法律、行政法规和公司章程，依法行使股东权利，不得滥用股东权利损害公司或者其他股东的利益；不得滥用公司法人独立地位和股东有限责任损害公司债权人的利益。

公司股东滥用股东权利给公司或者其他股东造成损失的，应当依法承担赔偿责任。

公司股东滥用公司法人独立地位和股东有限责任，逃避债务，严重损害公司债权人利益的，应当对公司债务承担连带责任。

**3. 最高人民法院关于印发《全国法院民商事审判工作会议纪要》的通知（法〔2019〕254 号）**

二、关于公司纠纷案件的审理

（四）关于公司人格否认

10.【人格混同】认定公司人格与股东人格是否存在混同，最根本的判断标准是公司是否具有独立意思和独立财产，最主要的表现是公司的财产与股东的财产是否混同且无法区分。在认定是否构成人格混同时，应当综合考虑以下因素：

（1）股东无偿使用公司资金或者财产，不作财务记载的；

（2）股东用公司的资金偿还股东的债务，或者将公司的资金供关联公司无偿使用，不作财务记载的；

（3）公司账簿与股东账簿不分，致使公司财产与股东财产无法区分的；

（4）股东自身收益与公司盈利不加区分，致使双方利益不清的；

（5）公司的财产记载于股东名下，由股东占有、使用的；

（6）人格混同的其他情形。

在出现人格混同的情况下，往往同时出现以下混同：公司业务和股东业务混同；公司员工与股东员工混同，特别是财务人员混同；公司住所与股东住所混同。人民法院在审理案件时，关键要审查是否构成人格混同，而不要求同时具备其他方面的混同，其他方面的混同往往只是人格混同的补强。

# 4. 公司设立人（筹建人）是否为合法的劳动用工主体？劳动者与公司设立人（筹建人）形成什么法律关系？

## 【固法观点】

公司在筹备设立期间，不具备劳动法上用人单位的主体资格。如公司最终未能成功注册，设立人为自然人的，则其与该员工之间为劳务关系，相关争议按劳务关系处理；如设立人为法人、个体经济组织等具备用人单位主体资格的，且劳动者所从事的工作除负责筹建工作外还包括设立人本身业务，同时也接受设立人的管理以及由设立人发放劳动报酬的，其与劳动者之间存在被认定构成事实劳动关系的风险。

## 【案例分析】

A公司为拓展业务拟在Z城市建立仓库并成立新公司，A公司法定代表人周某为开展筹建活动，于2014年2月11日录用了孙某，孙某填写了《员工入职信息登记表》，该表未出现新公司抬头等内容。孙某被招用后，在拟筹建的新公司地址处工作，同时A公司也有派员到该地址参与新公司筹建的相关事宜，孙某的工资由A公司法定代表人周某个人账户发放。2014年10月8日，A公司以孙某窃取A公司法定代表人周某的仿皮复合体为由解雇孙某。

法院认为，A公司有派员到新公司地址参与新公司筹建的相关事宜，孙某工作地点本身不足以证明其与周某筹建的新公司存在排他性的关联；同时，A公司并未举证证明孙某在工资发放方式上与A公司员工存在区别；另外，孙某填写的《员工入职信息登记表》中也未出现周某所筹建的新公司抬头。因此，A公司主张孙某系周某为筹建新公司而招聘、与周某存在劳务关系的依据不足。基于A公司提交的《厂商不良品索赔确认单》已证明孙某在Z城市从事的工作是A公司的业务组成部分，结合孙某工资发放记录、《员工入职信息登记表》等资料，认定孙某与 A 公司之间存在劳动关系。

〔案例出处：（2016）粤 01 民终 105 号〕

## 【法理分析】

公司在设立阶段，还不具备独立法人资格，为设立公司而发生的法律行为以及其所产生的法律后果的承受主体，已在《中华人民共和国民法典》中作出明确规定。但在公司设立失败的情况下，公司在设立过程中与所招用的劳动者之间的法律关系如何认定及处理，并未有明确的法律规定，在司法实践中除需按民法思维考量相关法律行为承受主体外，还需考量该等承受主体自身的性质以及劳动者所从事的活动内容、工资发放主体等细节。

根据《中华人民共和国劳动合同法》及其实施条例等规定，在中国境内的企业、个体经济组织、民法非企业单位等组织属于用人单位的范畴，具体包括国内法人企业及其依法取得营业执照或者登记证书的分支机构、国家机关、事业单位、社会团体、领取营业执照的个体工商户、依法成立的会计师事务所、律师事务所等合伙组织和基金会等。

具体到公司筹备阶段，如公司设立人具有与其所招用的劳动者成立劳动关系的主体资格，在该等劳动者虽名义是为了筹备设立新公司，但实际提供的劳动亦属于设立人本身业务范围，相关劳动报酬亦由设立人直接发放，并接受设立人的直接管理，在公司设立失败的情况下，法院会参照原劳动和社会保障部《关于确立劳动关系有关事项的通知》规定，确认该等设立人与劳动者之间构成劳动关系。当然，如公司设立人为自然人，因自然人不具备用人单位的主体资格，则在公司设立失败的情况下，公司设立人与公司筹备期间招录的劳动者之间应按劳务关系处理。

## 【实操建议】

公司基于自身发展及业务拓展需要，往往会筹建新的项目公司，在筹建过程中势必会招用新的劳动者，如新公司成功设立，则劳动者与新公司之间自然构成劳动关系。但在新公司设立失败的情况下，公司与劳动者之间极有可能会构成劳动关系而被判决承担未签订书面劳动合同两倍工资差额、解除劳动关系补偿金或赔偿金等。为避免该种情况发生，我们建议：

1. 公司在筹建阶段招用劳动者时，应与劳动者签订书面的《入职须知》或《入职事项说明》，明确说明其负责筹建阶段的工作，相关工资由公司指定人员发放（需注意与公司发放自身员工工资形式不同），并明确劳动者与公司之间不构成劳动关系，如新公司设立失败，则劳动者在领取完工作期间的报酬后与公司之间的债权债务关系即已消灭。

2. 公司在实际用工过程中，应避免出现安排新招用负责筹建新公司的劳动者从事公司自身业务或安排公司自有员工从事新公司筹建工作等交叉用工的情况，且相关工作报酬也应按约定由指定人员发放，以避免被认定为公司与新劳动者之间存在事实劳动关系。

3. 公司也可以直接与新招用的劳动者先签订书面劳动合同，并约定其工作内容是负责新公司筹备阶段的工作，在新公司成立后将劳动关系转移至新公司，以从源头上避免公司与新劳动者之间被认定为事实劳动关系而被要求承担未签订劳动合同两倍工资差额的风险。

## 【法规索引】

1.《中华人民共和国民法典》

第七十五条　设立人为设立法人从事的民事活动，其法律后果由法人承受；法人未成立的，其法律后果由设立人承受，设立人为二人以上的，享有连带债权，承担连带债务。

2.《关于确立劳动关系有关事项的通知》

一、用人单位招用劳动者未订立书面劳动合同，但同时具备下列情形的，劳动关系成立：

（一）用人单位和劳动者符合法律、法规规定的主体资格；

（二）用人单位依法制定的各项劳动规章制度适用于劳动者，劳动者受用人单位的劳动管理，从事用人单位安排的有报酬的劳动；

（三）劳动者提供的劳动是用人单位业务的组成部分。

3.《中华人民共和国劳动合同法》

第二条　中华人民共和国境内的企业、个体经济组织、民办非企业单位等组织（以下称用人单位）与劳动者建立劳动关系，订立、履行、变更、解除或者终止劳动合同，适用本法。

国家机关、事业单位、社会团体和与其建立劳动关系的劳动者，订立、履行、变更、解除或者终止劳动合同，依照本法执行。

4.《**劳动合同法实施条例**》

第三条　依法成立的会计师事务所、律师事务所等合伙组织和基金会，属于劳动合同法规定的用人单位。

第四条　劳动合同法规定的用人单位设立的分支机构，依法取得营业执照或者登记证书的，可以作为用人单位与劳动者订立劳动合同；未依法取得营业执照或者登记证书的，受用人单位委托可以与劳动者订立劳动合同。

# 5. 内退职工劳动关系如何认定？

## 【固法观点】

内退职工在保留与原用人单位劳动关系的情况下，向其他单位提供劳动，如果内退职工与其他单位之间的法律关系符合原劳动和社会保障部《关于确立劳动关系有关事项的通知》所规定的劳动关系构成要件的，应认定双方之间构成劳动关系。

## 【案例分析】

2015 年 1 月 12 日，张某与某集团公司签订待岗员工协议，约定张某自愿申请办理待岗手续，自动放弃上岗权利直至双方解除或终止劳动合同。

2016 年 9 月 20 日，某热力公司与张某签订劳动合同，约定合同期限为 5 年，自 2016 年 9 月 17 日起至 2021 年 9 月 16 日止，岗位为电工。2020 年 5 月 1 日后，张某去某热力公司上班遭拒。2020 年 6 月 9 日，张某申请劳动仲裁，要求解除与某热力公司的劳动合同，某热力公司向其支付解除劳动合同补偿金、拖欠的工资、加班费以及未休年休假工资等。

2020 年 9 月 24 日，仲裁机构驳回张某有关经济补偿金、未休年休假工资、加班工资的仲裁请求。

一审法院认为，张某虽与某热力公司签订劳动合同，但张某与某集团公司并未解除劳动关系，张某与某热力公司签订的劳动合同无效，双方不存在劳动关系，张某不享有带薪年休假。

二审法院认为，张某是某集团待岗人员，符合《最高人民法院关于审理劳动争议案件适用法律问题的解释（一）》第三十二条规定的可与新的用人单位建立劳动关系的情形，双方签订了劳动合同，具有建立劳动关系的合意，张某享有带薪年休假的权利，同时某热力公司无故停止张某的工作，构成违法解除。

〔案例出处：（2021）吉 02 民终 171 号〕

## 【法理分析】

内退制度是 20 世纪 90 年代中后期配合经济体制改革、转变企业经营机制的产物，主要目的是使国有企业富余职工退出工作岗位进行休养，以增强国有企业活力，提供企业经济效益。国务院 1993 年发布的《国有企业富余职工安置规定》适用条件是职工距法定退休年龄不到 5 年，经职工本人申请并经企业批准同意。同时，该规定也明确了内退期间企业应向职工发放生活费并按有关规定缴纳基本养老保险费，达到退休年龄时按规定办理退休手续，退养期间视为工龄，与其以前的工龄合并计算。也就是说，内退职工并不同于退休职工，内退期间企业与内退职工之间的劳动关系并未解除。

内退职工在保留与原用人单位劳动关系的同时，向其他单位提供劳动是否构成劳动关系，在最高人民法院最新司法解释出台之前，司法实践对此存在不同意见。支持者认为法律未明确禁止双重劳动关系，劳动者向其他单位提供劳动的情形符合劳动关系构成要件的，应认定为双方构成劳动关系；反对者则认为双重劳动关系违背劳动关系的基本特征，承认双重劳动关系不利于保护劳动者，同时容易导致社会保险关系混乱。

实际上，根据《中华人民共和国劳动合同法》第三十九条的规定，并非禁止一个劳动者与多个用人单位建立双重或多重劳动关系，而是规制劳动者在与其他单位建立劳动关系时不能影响本单位的工作任务。内退职工本质上是本单位无法为其提供劳动条件的职工，内退职工为其他单位提供劳动，一般不会发生影响本单位工作任务完成的情况，也不会出现《中华人民共和国劳动法》第九十九条规定的用人单位招用尚未解除劳动合同的劳动者，对原用人单位造成经济损失的情况。因此，内退职工在保留与原用人单位劳动关系的同时，向其他单位提供劳动，如符合原劳动和社会保障部《关于确立劳动关系有关事项的通知》中规定的劳动关系构成要件，认定内退职工与其他单位之间构成事实劳动关系，更符合实际情况也能更好地保障内退职工的权益。

## 【实操建议】

《最高人民法院关于审理劳动争议案件适用法律问题的解释（一）》已明确

规定，企业停薪留职人员、未达到法定退休年龄的内退人员、下岗待岗人员以及企业经营性停产放长假人员，与新的用人单位发生用工争议的，应按劳动关系处理。在该等背景之下，为尽量避免因双重劳动关系引发争议，我们建议：

1. 用人单位在招聘员工时应做好背景调查，尤其注意审查其工作经历，在发现应聘员工属于企业停薪留职人员、未达到法定退休年龄的内退人员、下岗待岗人员或企业经营性停产放长假人员范围的，用人单位可综合考量决定是否录用该等员工，是否愿意与该人员建立劳动关系。

2. 如用人单位拟招录上述人员的，应依法与其签订书面劳动合同，为该等员工缴纳工伤保险费，以避免该等职工发生工伤时，无法享受工伤保险待遇而须由用人单位承担工伤保险责任的风险。

3. 劳动者在应聘其他单位工作岗位时，应向其他单位披露自身劳动关系现状，以避免后续因刻意隐瞒构成欺诈导致劳动合同无效的风险。

## 【法规索引】

**1.《最高人民法院关于审理劳动争议案件适用法律问题的解释（一）》（法释〔2020〕26 号）**

第三十二条　用人单位与其招用的已经依法享受养老保险待遇或者领取退休金的人员发生用工争议而提起诉讼的，人民法院应当按劳务关系处理。

企业停薪留职人员、未达到法定退休年龄的内退人员、下岗待岗人员以及企业经营性停产放长假人员，因与新的用人单位发生用工争议而提起诉讼的，人民法院应当按劳动关系处理。

**2.《国有企业富余职工安置规定》（国务院令第 111 号）**

第九条　职工距退休年龄不到五年的，经本人申请，企业领导批准，可以退出工作岗位休养。职工退出工作岗位休养期间，由企业发给生活费。已经实行退休费用统筹的地方，企业和退出工作岗位休养的职工应当按照有关规定缴纳基本养老保险费。职工退出工作岗位休养期间达到国家规定的退休年龄时，按照规定办理退休手续。职工退出工作岗位休养期间视为工龄，与其以前的工龄合并计算。

**3.《中华人民共和国劳动合同法》**

第三十九条　劳动者有下列情形之一的，用人单位可以解除劳动合同：

……

（四）劳动者同时与其他用人单位建立劳动关系，对完成本单位的工作任务造成严重影响，或者经用人单位提出，拒不改正的；

......

第九十一条　用人单位招用与其他用人单位尚未解除或者终止劳动合同的劳动者，给其他用人单位造成损失的，应当承担连带赔偿责任。

4.《中华人民共和国劳动法》

第九十九条　用人单位招用尚未解除劳动合同的劳动者，对原用人单位造成经济损失的，该用人单位应当依法承担连带赔偿责任。

5.《关于确立劳动关系有关事项的通知》

一、用人单位招用劳动者未订立书面劳动合同，但同时具备下列情形的，劳动关系成立。

（一）用人单位和劳动者符合法律、法规规定的主体资格；

（二）用人单位依法制定的各项劳动规章制度适用于劳动者，劳动者受用人单位的劳动管理，从事用人单位安排的有报酬的劳动；

（三）劳动者提供的劳动是用人单位业务的组成部分。

# 6. "老板娘"与公司之间是否存在劳动关系？

## 【固法观点】

基于"老板娘"身份的特殊性，在认定其与公司之间是否存在劳动关系时，不能按照一般劳动争议案件所形成的证据进行判定，而应根据"老板娘"的行为目的并结合《关于确立劳动关系有关事项的通知》中规定的有关劳动关系构成要件，对"老板娘"与公司之间是否存在劳动关系中所应具备的人身、财产从属性特征进行综合判断。

## 【案例分析】

邵某诉称，其于2013年10月5日进入A公司工作，担任总经理助理，当时口头承诺月工资为5000元及其他补助，但未签订书面劳动合同，A公司为邵某购买了2013年11月至2014年4月的社会保险，邵某未领取过工资报酬，2014年4月30日离职。邵某与A公司法定代表人薛某于2013年6月在珍爱网交友平台认识，2013年8月确立恋爱关系，后于2013年11月分手。邵某主张在A公司期间的工资、未签订劳动合同工资差额及经济补偿金等。

A公司辩称，邵某与公司之间不存在劳动关系，因邵某与薛某为恋人关系，邵某在恋爱期间辞去原来的工作，公司遂同意为邵某代购社保，但邵某不是公司员工，没有在公司工作过。

一审法院认为，公司为个人缴纳社会保险，应基于双方建立劳动关系的情况，公司为邵某缴纳了2013年11月至2014年4月期间的社会保险，公司一方面主张与邵某是挂靠社会保险的关系，另一方面又认可邵某从未缴纳过社会保险费用，与挂靠社会保险性质不符，且双方没有签订挂靠协议，故对于公司的主张不予采信并同时认定双方存在劳动关系，并据此判决公司向邵某支付工资及未签订书面劳动合同二倍工资差额及解除劳动合同补偿金。

二审法院认为，劳动关系是指用人单位招用劳动者为其成员，劳动者在用人单位的管理下提供有报酬的劳动而产生的权利义务关系。社保缴费记录虽然是认定双方是否存在劳动关系的参照凭证，但鉴于实践中存在挂靠购买社保的情况，因此，仅凭社会保险费缴纳记录不足以证明双方存在劳动关系，认定劳动关系主要还应根据劳动者是否实际接受用人单位的管理、指挥或监督，用人单位是否向劳动者提供基本劳动条件、支付报酬等基本因素综合认定。从邵某和公司的举证和陈述来看，双方既没有签订合同，亦不符合劳动关系的实质要件，双方之间不存在劳动关系。

〔案例出处：（2015）珠中法民一终字第382号〕

## 【法理分析】

一般而言，"老板娘"是指与公司股东具有夫妻或恋爱关系或者其本身也是公司股东，与其配偶共同经营公司的人。基于"老板娘"的特殊身份，其在公司中亦享有一定权利，如要求公司与其签订书面劳动合同、为其缴纳社保甚至为其开具解除劳动关系证明等。在该等情况下，判定其与公司之间是否存在真实的劳动关系，除应根据原劳动和社会保障部发布的《关于确立劳动关系有关事项的通知》第一条规定，核查其是否受公司各项规章制度的约束、是否受公司的劳动管理、是否按月领取劳动报酬以及其所提供的劳动是否为公司业务组成部分外，还应进一步核查其所实施行为的目的是否符合劳动关系项下提供劳动的特征。

首先，在判定"老板娘"是否受公司各项劳动规章制度约束及劳动管理时，应着重从"老板娘"是否有上下班时间限制、工作地点是否固定、是否有考勤打卡等方面进行考量。如部分案件中"老板娘"虽签订了书面劳动合同，但公司从未对其进行过日常用工管理，其无需考勤打卡，也无需到固定地点提供劳动，则很难证明其受公司规章制度的管理。

其次，在判定其提供的劳动是否属于劳动关系项下劳动时，除需判断其提供的劳动是否为公司业务组成部分外，还应判断其实施的行为是作为公司股东（当"老板娘"为公司股东时）为经营公司获取盈利而进行的行为，还是作为劳动者为获取劳动报酬而提供劳动的行为。如部分案件中"老板娘"自入职以来常年未领取劳动报酬，该等行为明显与劳动者建立劳动关系主要是为了按月领取劳动报酬的根本目的不符，该等情况下"老板娘"提供劳动的行为一般会被认定为基于其股东身份为获得公司盈利而进行的商业行为。

综上，在判定"老板娘"与公司之间是否存在劳动关系时，应刺破其特殊身份形成的面纱，根据其行为性质及行为目的作出合理判断。

## 【实操建议】

基于"老板娘"的特殊身份关系，为避免双方之间就是否为劳动关系发生争议，我们建议：如"老板娘"确实作为劳动者身份为公司提供劳动，且不是基于股东身份从事的企业经营管理方面的行为，建议公司与其签订书面劳动合同、按月发放报酬、依法缴纳社保等，并对其进行劳动管理。

另外，需要提示用人单位注意的是，在"老板娘"与公司之间不存在真实劳动关系的情况下，为"老板娘"缴纳社会保险，属于"以虚构劳动关系骗取社保待遇"的行为，相关参保会被认定为无效参保，社保机构不予支付相应保险待遇，且用人单位存在被处以行政处罚的风险。

## 【法规索引】

1.《关于确立劳动关系有关事项的通知》

一、用人单位招用劳动者未订立书面劳动合同，但同时具备下列情形的，劳动关系成立。

（一）用人单位和劳动者符合法律、法规规定的主体资格；

（二）用人单位依法制定的各项劳动规章制度适用于劳动者，劳动者受用人单位的劳动管理，从事用人单位安排的有报酬的劳动；

（三）劳动者提供的劳动是用人单位业务的组成部分。

2.《中华人民共和国社会保险法》

第八十八条　以欺诈、伪造证明材料或者其他手段骗取社会保险待遇的，由社会保险行政部门责令退回骗取的社会保险金，处骗取金额二倍以上五倍以下的罚款。

3.《广东省社会保险基金监督条例》

第二十一条　用人单位应当按照规定办理社会保险登记，如实申报应当缴纳的社会保险费，按时全员足额缴纳社会保险费。

任何单位和个人不得有下列行为：

……

（二）通过虚构劳动关系、伪造证明材料等方式获取社会保险参保和缴费资格；

......

第六十一条 以欺诈、伪造证明材料、冒用他人证件、虚构劳动关系等手段办理社会保险业务的，社会保险行政部门、社会保险费征收机构、社会保险经办机构不予办理，将有关情况记入其信用档案；情节严重的，处涉案金额一倍以上三倍以下的罚款。

以欺诈、伪造证明材料、虚构劳动关系或者其他手段骗取社会保险待遇的，由社会保险行政部门责令退还已骗取的社会保险待遇，并处骗取金额二倍以上五倍以下的罚款。

4.《广东省查处侵害社会保险基金行为办法》

第四十四条 本办法规定的单位或者个人骗取社会保险待遇或者基金支出，包括以下情形：

（一）通过虚构劳动关系，提供虚假证明材料、鉴定意见等方式虚构社会保险参保条件，骗取社会保险待遇的；

......

5.《社会保险基金行政监督办法》

第三十二条 用人单位、个人有下列行为之一，以欺诈、伪造证明材料或者其他手段骗取社会保险待遇的，按照《中华人民共和国社会保险法》第八十八条的规定处理：

（一）通过虚构个人信息、劳动关系，使用伪造、变造或者盗用他人可用于证明身份的证件，提供虚假证明材料等手段虚构社会保险参保条件、违规补缴，骗取社会保险待遇的；

......

# 第二部分
# 入职与反就业歧视合规

# 7. 以方言作为招聘录用条件是否涉嫌就业歧视？

## 【固法观点】

根据《中华人民共和国国家通用语言文字法》的规定，推广普通话和规范汉字是我国的一项基本国策，以方言作为招聘录用条件可能违反《中华人民共和国就业促进法》，涉嫌构成就业歧视。《中华人民共和国国家通用语言文字法》又规定，各民族都有使用和发展自己的语言文字的自由，因此，对于一些对外服务的窗口岗位或公用企业事业单位要求熟练使用当地方言是合理的，并不构成就业歧视。判别是否构成就业歧视主要看用人单位设置的招聘条件是不是基于工作岗位的实际需要。

## 【案例分析】

某食品公司准备在广东开设办事处，为找到合适的办事处市场调研部负责人，在网络上进行了社会招聘。该公司对这个职位非常重视，在应聘简章中详细注明了学历、经验要求，还特别注明"会粤语者优先考虑"。在诸多候选人中，一位应聘者李先生的学历、资历都非常出色，各项综合评分遥遥领先，但他却不会粤语。最终，李先生落选了，公司选中了另一位会粤语的应聘者。

李先生为了应聘这个职位做了很多准备工作，落选让他很是郁闷，尤其当他知道自己仅仅是因为不会粤语而落选，就更是不能接受。他来到当地人社部门开设的法律援助窗口，想了解公司要求应聘者会粤语的这种做法是否涉嫌就业歧视、自己能不能提起诉讼。

工作人员告诉他，用人单位在应聘中设置特殊的门槛并不一定是就业歧视，要看用人单位设置的这些特殊条件是否基于岗位的实际需要，其目的是否为考察应聘者与岗位相关的能力和素质等。在详细了解公司的招聘岗位和岗位所在部门的性质后，工作人员告诉李先生，该公司的做法并不涉嫌就业歧视。因为在某些方言比较普及的地区，会不会讲当地方言，会对市场调研人员能否顺利融入当地人群和社区、详细了解市场状况产生很大影响。因此，公司要求广东办事处的市场调研部负责人会讲粤语并不过分，也不涉嫌构成就业歧视。

〔案例出处：中国劳动保障报，2017 年 2 月 2 日〕

## 【法理分析】

《中华人民共和国就业促进法》第三条规定，劳动者依法享有平等就业和自主择业的权利，不因民族、种族、性别、宗教信仰等不同而受到歧视。该条款属于不完全列举的开放性条款，在具体适用时需要结合列举内容对法律所要规制的禁止性行为进行深层次的解读。"民族、种族、性别、宗教信仰"应理解为法律所禁止的不合理事由应具备与劳动者具体工作内在要求无关或对具体工作开展无实质影响的特征，如用人单位根据劳动者的专业、学历、工作经验、工作技能等与其所招聘岗位密切相关的因素进行就业人员选择，则用人单位该等条件具有合理性；反之，用人单位根据性别、户籍、身份、地域、年龄、外貌、民族、种族、宗教等与所招聘岗位没有任何关联性的因素区别就业人员，则用人单位违背了基本的公平正义原则，不具有正当性，也缺乏合理性。

平等就业权是劳动者享有的法定基本权利，同时也是劳动者人格独立和意志自由的基本表现。"会方言者优先"可能只是构成就业歧视的其中一种表现形式，就业歧视在实际生活中的表现形式多种多样，并会随着经济的发展而呈现出不同形态，如在平台经济迅速发展时，网约车驾驶员、货车司机、互联网营销师等新就业形态劳动者数量大幅增加，相应地对这些岗位设置性别、民族、年龄等条件的情况频发。为了落实公平就业制度，人力资源和社会保障部联合其他部门发布了《关于维护就业形态劳动者劳动保障权益的指导意见》（人社部发〔2021〕56号），规定要消除就业歧视，不得违法设置性别、民族、年龄等歧视性条件。再如在新冠肺炎疫情背景下，人力资源和社会保障部联合最高人民法院发布了《关于加强行政司法联动保障新冠肺炎康复者等劳动者平等就业权利的通知》（人社部函〔2022〕108号），明确严格禁止歧视新冠肺炎康复者，不得以曾经新冠肺炎病毒核酸检测阳性等为由拒绝招聘新冠肺炎康复者等劳动者。

综上，判断是否构成就业歧视的关键在于设置的录用条件与招聘岗位相关工作内容的开展是否存在实质关联。

## 【实操建议】

为避免陷入就业歧视纠纷，我们建议，用人单位在招聘录用阶段应重点注意以下几点：

1. 招聘信息避免歧视：针对一般工作岗位，拟定招聘信息时尽量不出现涉及性别、年龄、身高、户籍、地域、乙肝等可能被认定为歧视的相关描述，该等描述不但容易使用人单位陷入歧视陷阱，而且对认定应聘者是否胜任工作岗位没有任何实质性作用。同时，建议尽量多列一些工作经验、技能、能力等条件要求，以真正匹配工作岗位要求。

2. 求职登记表避免歧视：在设置求职登记表内容时，建议从岗位要求的角度要求应聘者重点填写与岗位相关的技能如从业资格、专业职称或证书、技术水平能力等，以及工作经历以便做背景调查，其他与工作岗位无关的事项尽量不在登记表中体现出来，尤其是应聘者为女性时要求女性填写婚育情况，极有可能被认定为存在性别歧视。

3. 体检要求避免歧视：应聘者正式入职前，用人单位一般都会要求应聘者在指定机构做体检，体检项目应避免出现妊娠测试、乙肝病毒血清学指标测试，以免被认定为性别或疾病歧视。

## 【法规索引】

1.《中华人民共和国就业促进法》

第三条　劳动者依法享有平等就业和自主择业的权利。

劳动者就业，不因民族、种族、性别、宗教信仰等不同而受歧视。

2.《中华人民共和国国家通用语言文字法》

第四条　公民有学习和使用国家通用语言文字的权利。

国家为公民学习和使用国家通用语言文字提供条件。

地方各级人民政府及其有关部门应当采取措施，推广普通话和推行规范汉字。

3.《中华人民共和国劳动法》

第十二条　劳动者就业，不因民族、种族、性别、宗教信仰不同而受歧视。

4. 人力资源和社会保障部、国家发展和改革委员会、交通运输部、应急管理部、国家市场监督管理总局、国家医疗保障局、最高人民法院以及中华全国总工会联合发布了《关于维护就业形态劳动者劳动保障权益的指导意见》（人社部

发〔2021〕56号）

二、健全制度，补齐劳动者权益保障短板

（四）落实公平就业制度，消除就业歧视。企业招用劳动者不得违法设置性别、民族、年龄等歧视性条件，不得以缴纳保证金、押金或者其他名义向劳动者收取财物，不得违法限制劳动者在多平台就业。

**5. 人力资源和社会保障部联合最高人民法院《关于加强行政司法联动保障新冠肺炎康复者等劳动者平等就业权利的通知》（人社部函〔2022〕108号）**

一、严格禁止歧视新冠肺炎康复者等劳动者

依据劳动法、就业促进法、传染病防治法等法律法规规定，用人单位招用人员、人力资源服务机构从事职业中介活动，不得歧视新冠肺炎康复者等劳动者。用人单位和人力资源服务机构应当遵守相关法律规定，不得以曾经新冠肺炎病毒核酸检测阳性等为由，拒绝招（聘）用新冠肺炎康复者等劳动者；不得发布含有歧视性内容的招聘信息；除因疫情防控需要，不得违反个人信息保护法等有关规定，擅自非法查询新冠病毒核酸检测结果。

# 8. 劳动者能否以个人隐私为由拒绝提供个人信息？

## 【固法观点】

> 用人单位有权了解劳动者与劳动合同直接相关的基本情况，其要求劳动者提供与履行劳动合同直接相关的个人信息，劳动者不得以个人隐私为由拒绝提供。但如果用人单位过度收集劳动者个人信息，劳动者亦有权拒绝。

## 【案例分析】

2017年10月16日，谢某与某科公司签订劳动合同，约定谢某担任外勤人员。2018年9月10日，谢某开始休病假，谢某向某科公司提交了病休的诊断证明书。2018年12月29日，某科公司向谢某发送律师函，要求谢某收函后补充提供完整的请病假资料（包括部分病历、心理治疗凭证、心理治疗单据、医药费凭据、心理治疗材料、精神分析治疗材料等），如无法提供，公司将考虑不得不视谢某的行为为旷工，并依法进行后续处理。2019年1月16日，某科公司向谢某发送律师函，明确谢某未对欠缺的病假证明予以补充提交，视为旷工，谢某严重违纪，解除与谢某的劳动关系。谢某以某科公司违法解除劳动合同为由，要求某科公司支付赔偿金。

法院认为，谢某罹患疾病的细节应属个人隐私，某科公司要求提供的病历、心理证明材料、费用凭据等应以必要为限，能够反映谢某患病就诊事实即可，但不应过分求全，以免侵犯个人隐私，侵害患者权益。根据谢某的陈述及证据，其在2018年12月10日OA关闭后仍通过邮件等形式向公司发送了病假条和诊断证明，故某科公司认定谢某旷工并以此为由解除与谢某的劳动关系缺乏依据，某科公司应向谢某支付违法解除劳动合同赔偿金。

〔案例出处：（2021）京03民终106号〕

## 【法理分析】

《中华人民共和国劳动合同法》第八条规定，用人单位有权了解劳动者与劳动合同直接相关的基本情况，且劳动者负有如实说明义务。而《中华人民共和国民法典》和《中华人民共和国个人信息保护法》又都规定了个人信息受到法律保护，处理（包括收集）个人信息应当遵循合法、正当、必要原则，不得过度处理。亦即用人单位知情权的行使应遵循合理、正当及必要原则，用人单位不能滥用该等权利。如何判断要求劳动者提供的个人信息是否超出合理必要范围，应结合具体岗位性质以及用人单位拟要求劳动者提供信息的用途及目的等综合考量。

一般而言，用人单位要求劳动者提供身份证件号码、住址、电话号码、健康信息等应属于合理必要范畴；部分岗位如餐饮厨师岗位，用人单位要求劳动者除提供基本健康信息外，还要求劳动者提供不存在传染性疾病的证明或体检报告等亦符合必要原则；再如保安岗位，因法律已明确规定保安不得有犯罪记录，故用人单位要求劳动者提供无犯罪记录证明亦在合理范围。

在上述案件中，用人单位基于内部管理需要，有权要求劳动者提供病假证明，劳动者应当提供，但在劳动者已向用人单位提供了医院出具的诊断证明书，诊断证明书亦已载明劳动者需要休息的情况下，用人单位再要求劳动者提供心理证明材料、心理治疗凭证、心理治疗单据、医药费凭据、心理治疗材料、精神分析治疗材料等，已超出必要限度，且疾病细节属于个人隐私，用人单位无正当理由且法律无明确规定需要提交该等信息用于证明劳动者患病的事实的情况下，劳动者拒绝用人单位提出的该等要求，并不构成对劳动者如实说明义务的违反。

## 【实操建议】

用人单位在处理劳动者个人信息时，要充分考量合理性及必要性，以免认定为过度收集或侵犯员工个人隐私。基于此，我们建议用人单位在收集个人信息时注意以下几点：

1. 个人信息收集要遵循合理、正当及必要原则：用人单位应结合劳动者所从事工作岗位、工作内容以及公司相关制度规定等，要求劳动者提供履行劳动合同必要的个人信息，尤其是在收集劳动者婚育、健康等信息时，应谨慎处理，要求该等信息应与劳动者履行劳动合同存在直接的关联关系。另外，用人单位应在员工入职时明确告知可能需要在员工受雇期间收集员工的个人信息，用于人力资源管理、报酬或福利安排、绩效管理、IT支持和服务等与员工雇佣或公司业务有关的用途，并要求员工签署同意书予以确认。

2. 特殊情况下，处理个人信息应取得劳动者单独同意：用人单位在处理员工敏感个人信息（包括生物识别、宗教信仰、特定身份、医疗健康、金融账户、行踪轨迹等信息）以及向境外提供员工个人信息时应征得员工的单独同意，同时还应向员工解释该等处理对员工个人权益的影响。

3. 公司规章制度内容本身应合法合规：用人单位在制定公司规章制度时，应对规章制度内容本身的合法合规性进行审查，如用人单位规章制度规定员工应及时报告怀孕计划及怀孕情况，否则视为严重违反公司规章制度，该等规定本身侵犯了女职工的个人隐私，也变相对女职工就业权进行了限制，类似规章制度即使经过了民主程序制定，也无法作为用人单位据以管理劳动者的依据。

4. 员工作为劳动者，在保护好自身权益的同时，亦负有积极配合用人单位提供与履行劳动合同相关的必要个人信息的义务。

## 【法规索引】

1.《中华人民共和国劳动合同法》

第八条　用人单位招用劳动者时，应当如实告知劳动者工作内容、工作条件、工作地点、职业危害、安全生产状况、劳动报酬，以及劳动者要求了解的其他情况；用人单位有权了解劳动者与劳动合同直接相关的基本情况，劳动者应当如实说明。

2.《中华人民共和国个人信息保护法》

第六条　处理个人信息应当具有明确、合理的目的，并应当与处理目的直接相关，采取对个人权益影响最小的方式。

收集个人信息，应当限于实现处理目的的最小范围，不得过度收集个人信息。

第二十九条　处理敏感个人信息应当取得个人的单独同意；法律、行政法规规定处理敏感个人信息应当取得书面同意的，从其规定。

第三十九条　个人信息处理者向中华人民共和国境外提供个人信息的，应当向个人告知境外接收方的名称或者姓名、联系方式、处理目的、处理方式、个人信息的种类以及个人向境外接收方行使本法规定权利的方式和程序等事项，并取得个人的单独同意。

3.《中华人民共和国民法典》

**第一千零三十四条** 自然人的个人信息受法律保护。

**第一千零三十五条** 处理个人信息的，应当遵循合法、正当、必要原则，不得过度处理，并符合下列条件：

（一）征得该自然人或者其监护人同意，但是法律、行政法规另有规定的除外；

（二）公开处理信息的规则；

（三）明示处理信息的目的、方式和范围；

（四）不违反法律、行政法规的规定和双方的约定。

个人信息的处理包括个人信息的收集、存储、使用、加工、传输、提供、公开等。

# 9. 劳动者隐瞒重大病史，用人单位能否解除劳动合同？

## 【固法观点】

> 　　并非所有隐瞒重大病史的行为都可以构成用人单位单方解除劳动合同的条件，但在用人单位已明确要求劳动者填写有无重大病史且有无重大病史与其所应聘工作岗位性质、内容有密切关系或用人单位虽未明确要求劳动者填写但相关法律已明确规定劳动者从事招录的工作岗位不得有某类型重大病史时，劳动者隐瞒重大病史的，用人单位可以依法解除劳动合同，且该等劳动合同会以劳动者存在欺诈行为而被认定为无效。

## 【案例分析】

　　2012 年 10 月 25 日，王某在填写《求职登记表》"以前或现在是否患有疾病？"时未填写任何疾病，也未作任何解释。且该《求职登记表》上写明"本人在此求职申请表中陈述的一切均为真实及正确，如有隐瞒及虚假，本人愿接受无偿立即解雇。本人授权某公司进行一切有关本人情况的查询。本人愿意接受就职前和就职后必要的体格检查"，王某在申请人处签字。

　　2012 年 11 月，王某在填写《劳动者个人职业健康监护档案——劳动者个人信息卡》时，在"既往病史"和"职业病诊断"栏目中均未填写任何内容。在入职前 2012 年 10 月 29 日的体检中，王某在《职业健康检查表》"既往病史"和"急慢性职业病史"栏目中均填写的是"无"。

　　2016 年 8 月 5 日，王某在工作中将腰扭伤，于 2016 年 9 月 9 日被认定为工伤。双方于 2012 年 11 月 1 日签订的劳动合同约定王某职位为"维修技术员"及"如果员工提供不真实的个人资料，公司有权解除合同"。王某签字的 2012 年至 2015 年员工绩效评估表中，2012 年到 2015 年的工作绩效均未能达到公司工作期望。2016 年公司发现王某在入职前的 2011 年 8 月 31 日被诊断为职业接触异氰酸酯所致中度哮喘，劳动功能障碍程度为八级，并于 10 月 28 日向王某发出解除劳动合同通知书。王某以疾病为个人隐私为由，提起仲裁要求恢复双方劳动关系。

法院认为，王某在 2012 年 11 月入职公司工作之前，已被认定为工伤八级以及被诊断为职业接触异氰酯所致中度哮喘，但王某在入职时未履行如实告知义务；且在其后的工作中，王某的绩效出现不达标的情形。据此，依据《中华人民共和国劳动合同法》第八条、第二十六条的规定，确认涉案劳动合同无效。

〔案例出处：（2020）鲁 02 民终 10746 号〕

## 【法理分析】

诚实信用原则是贯穿每个法律行为的基本行为准则，该等原则除体现在《中华人民共和国劳动合同法》第三条有关订立劳动合同都应遵循诚实信用原则外，还体现在第八条有关"用人单位有权了解劳动者与劳动合同直接相关的基本情况，且劳动者负有如实说明义务"的规定中。上述案例中用人单位招聘的岗位是维修岗，对于应聘员工的身体状况及体力较一般岗位有着更高的要求，故应聘者的身体素质是决定是否招录的重要考量因素，王某不仅在公司招聘询问时故意隐瞒重大病史，而且在做入职前职业健康检查时再次隐瞒既往病史及职业病史，导致公司作出错误的判断并与王某签订劳动合同，法院认定王某的行为构成欺诈，进而认定双方劳动合同无效，合法合理。

当然，劳动者负有的该等如实说明义务应限于与劳动合同直接相关，并非无限扩大。也就是说，用人单位要求劳动者履行如实说明义务时，劳动者说明的对象应是与劳动合同直接相关的内容。但何为"与劳动合同直接相关"？法律上并未作出明确规定，司法实践一般会从该等说明义务是否与用人单位招录的工作岗位的性质、岗位要求、工作内容等直接相关并对劳动者履行劳动合同有直接影响，如食品生产企业要求应聘的从业人员对其是否具有"有碍食品安全的疾病"作出说明或提供特定体检报告等，再如保安公司要求保安岗应聘人员就是否具有"犯罪记录"作出说明或提供无犯罪记录证明等，该等要求即与劳动合同直接相关。

另外在程序上，用人单位除应要求劳动者作出说明外，对劳动者的说明内容还应尽到自身审慎审查义务，即对劳动者提供的信息进行基本的验证，如要求劳动者填写个人信息申报表后，还应要求劳动者提供体检报告等证明文件。如劳动者提供说明或相关文件后，用人单位并未去做基本的验证，且劳动者隐瞒该等信息对其本身工作并未产生实质影响，用人单位后续以此为由单方解除劳动合同存在被认定为违法解除的风险。

## 【实操建议】

用人单位在以"劳动者隐瞒重大病史"为由解除劳动合同前，应充分考量是否满足以下条件：

1. 用人单位设定的招录条件（即要求应聘者披露是否存在重大病史）是否与其后续履行劳动合同直接相关。

2. 设置该等条件后是否实际核查应聘人员是否符合录用要求（如要求劳动者提供体检报告等）。

3. 相关材料已能证明劳动者隐瞒重大病史对劳动合同的履行造成了重要影响（如考核不合格、绩效不达标、业绩无法达成等）。

## 【法规索引】

《中华人民共和国劳动合同法》

第三条 订立劳动合同，应当遵循合法、公平、平等自愿、协商一致、诚实信用的原则。

依法订立的劳动合同具有约束力，用人单位与劳动者应当履行劳动合同约定的义务。

第八条 用人单位招用劳动者时，应当如实告知劳动者工作内容、工作条件、工作地点、职业危害、安全生产状况、劳动报酬，以及劳动者要求了解的其他情况；用人单位有权了解劳动者与劳动合同直接相关的基本情况，劳动者应当如实说明。

# 10. 劳动者隐瞒犯罪记录，用人单位能否解除劳动合同？

## 【固法观点】

如劳动者的犯罪记录属于法律、行政法规规定的从业禁止范畴（如安保人员须无犯罪记录，从事城市公共汽电车客运的驾驶员、乘务员应无暴力犯罪记录，网约车驾驶员须无交通肇事犯罪、危险驾驶犯罪记录、无吸毒记录以及无饮酒后驾驶记录等，从事食品生产经营管理工作的人员不得有食品安全犯罪记录，因故意犯罪受到刑事处罚的不得担任教职工等），劳动者为获得工作岗位故意隐瞒犯罪记录的，用人单位有权单方解除劳动合同。反之，如劳动者不具有法律、行政法规规定的从业禁止范畴的犯罪记录的，用人单位单纯以劳动者隐瞒犯罪记录为由单方解除劳动合同的，存在被认定为违法解除劳动合同的风险。

## 【案例分析】

张某 2013 年入职某保安服务公司，担任保安员，入职时填写了《应聘保安员面试问答内容》，并签收了《保安人员手册》。2018 年 4 月 23 日，该保安服务公司向张某发出辞退通知书，载明公司因安排张某参加考试时，经省公安厅审查资料发现张某在 2009 年曾实施盗窃并被判处有期徒刑 3 年 6 个月的犯罪记录，基于张某不符合担任保安员的资格，公司决定与张某解除劳动合同。张某以保安服务公司违法解除劳动合同为由，要求保安公司向其支付赔偿金。

法院认为，张某入职时填写的《应聘保安员面试问答内容》明确显示张某已阅《保安人员手册》，该手册招聘制度第二条明确要求新招收的保安员须无违法犯罪记录。原被告双方签订的劳动合同附件《保安服务公司规章制度》亦规定"被司法机关追究刑事责任"的，公司可给予解除劳动合同处罚。同时，故意犯罪不得被录用为保安员的规定并非保安公司的特殊要求，国务院颁布的《保安服务管理条例》亦明确要求故意犯罪者不得被录用为保安员。张某曾于 2009 年故意犯罪并被判处刑罚，在入职保安公司时即不具备被录用为保安员的资格，保安公司发现其曾故意犯罪后解除双方劳动合同合法，无需向张某支付经济赔偿金，判决驳回原告张某的诉讼请求。

〔案例出处：（2018）粤 0112 民初 5022 号〕

## 【法理分析】

《中华人民共和国刑法》第一百条规定，依法受过刑事处罚的人，在就业时应如实向有关单位报告该等情况，不得隐瞒。而《中华人民共和国监狱法》第三十八条又规定，刑满释放人员依法享有与其他公民平等的权利，该等权利应包括平等就业权。从上述法律的立法原意来看，法律虽规定了劳动者负有如实告知受过刑事处罚的义务，但该等义务的履行不应影响其平等就业权的实现。也就是说，原则上用人单位不应以劳动者曾受过刑事处罚而予以差别待遇，但相关犯罪记录属于法律、行政法规等明确规定的从业禁止范畴的除外。亦即，在劳动者个人平等就业权与社会公共安全发生冲突时，法律优先保障社会公共安全。

基于公共安全以及特殊职业从业需要，目前我国法律、行政法规以及部门规章等对部分职业作出了具有犯罪记录不得从业的禁止性规定，如密切接触未成年人的单位招聘工作人员时，应聘者不得具有性侵害、虐待、拐卖、暴力伤害等违法犯罪记录；因故意犯罪或者职务过失犯罪受过刑事处罚的，不得担任公证员；因食品安全犯罪被判处有期徒刑以上刑罚的，终身不得从事食品生产经营管理工作，也不得担任食品生产经营企业食品安全管理人员；受到剥夺政治权利或者故意犯罪受到有期徒刑以上刑事处罚的，不得担任教师；曾因故意犯罪被刑事处罚的不得担任保安员；担任校车驾驶员必须无犯罪记录等。在上述从业禁止性规定范围内，如劳动者故意隐瞒相关犯罪记录的，给社会公共安全带来一定的安全隐患，法律赋予用人单位单方解除劳动合同的权利，以更好地保障社会公共利益。

除上述特殊规定外，如劳动者为保障自身平等就业权的实现，隐瞒与其所应聘职业、工作岗位无关的犯罪记录的，并不构成用人单位可单方解除劳动合同的当然事由。当然，如劳动者基于隐瞒犯罪记录需要，故意捏造了工作经历，使用人单位作出错误判断且劳动者实际工作能力与应聘工作岗位不匹配的，用人单位也可以依法解除与劳动者的劳动合同。

## 【实操建议】

用人单位在招聘或录用劳动者之前，建议完善以下几点工作：

1. 对自身所要招聘的岗位或对应的职业是否存在从业禁止的规定进行甄别。目前，我国共有 28 部法律、5 部行政法规以及多部部门规章对部分职业作出了从业禁止规定，公司人力资源部门可结合招聘的岗位以及职业要求进行核实。

2. 如经核查符合有关从业禁止规定的，用人单位应要求劳动者提供相应书面无犯罪记录证明或作出书面承诺，并明确如提供虚假文件或违反承诺的法律后果（用人单位可单方解除劳动合同）。

3. 用人单位可以在招录前，向公安机关申请查询拟招录劳动者是否存在与行业有关的犯罪记录，并根据查询结果决定是否录用，以有效避免录用后就该问题引起的争议。

## 【法规索引】

1.《中华人民共和国劳动合同法》

第八条　用人单位招用劳动者时，应当如实告知劳动者工作内容、工作条件、工作地点、职业危害、安全生产状况、劳动报酬，以及劳动者要求了解的其他情况；用人单位有权了解劳动者与劳动合同直接相关的基本情况，劳动者应当如实说明。

第三十九条　劳动者有下列情形之一的，用人单位可以解除劳动合同：

（一）在试用期间被证明不符合录用条件的；

（二）严重违反用人单位的规章制度的；

（三）严重失职，营私舞弊，给用人单位造成重大损害的；

（四）劳动者同时与其他用人单位建立劳动关系，对完成本单位的工作任务造成严重影响，或者经用人单位提出，拒不改正的；

（五）因本法第二十六条第一款第一项规定的情形致使劳动合同无效的；

（六）被依法追究刑事责任的。

2.《中华人民共和国刑法》

第一百条　依法受过刑事处罚的人，在入伍、就业的时候，应当如实向有关单位报告自己曾受过刑事处罚，不得隐瞒。

犯罪的时候不满十八周岁被判处五年有期徒刑以下刑罚的人，免除前款规定的报告义务。

3.《中华人民共和国监狱法》

第三十八条　刑满释放人员依法享有与其他公民平等的权利。

4.《公安机关办理犯罪记录查询工作规定》

第四条　单位可以查询本单位在职人员或者拟招录人员的犯罪记录，但应当符合法律、行政法规关于从业禁止的规定。

5.《中华人民共和国未成年人保护法》

第六十二条　密切接触未成年人的单位招聘工作人员时，应当向公安机关、人民检察院查询应聘者是否具有性侵害、虐待、拐卖、暴力伤害等违法犯罪记录；发现其具有前述行为记录的，不得录用。

密切接触未成年人的单位应当每年定期对工作人员是否具有上述违法犯罪记录进行查询。通过查询或者其他方式发现其工作人员具有上述行为的，应当及时解聘。

6.《中华人民共和国公证法》

第二十条　有下列情形之一的，不得担任公证员：

（一）无民事行为能力或者限制民事行为能力的；

（二）因故意犯罪或者职务过失犯罪受过刑事处罚的；

（三）被开除公职的；

（四）被吊销公证员、律师执业证书的。

7.《中华人民共和国食品安全法》

第一百三十五条　被吊销许可证的食品生产经营者及其法定代表人、直接负责的主管人员和其他直接责任人员自处罚决定作出之日起五年内不得申请食品生产经营许可，或者从事食品生产经营管理工作、担任食品生产经营企业食品安全管理人员。

因食品安全犯罪被判处有期徒刑以上刑罚的，终身不得从事食品生产经营管理工作，也不得担任食品生产经营企业食品安全管理人员。

食品生产经营者聘用人员违反前两款规定的，由县级以上人民政府食品安全监督管理部门吊销许可证。

8.《保安服务管理条例》

第八条　保安服务公司应当具备下列条件：

（一）有不低于人民币 100 万元的注册资本；

（二）拟任的保安服务公司法定代表人和主要管理人员应当具备任职所需的

专业知识和有关业务工作经验，无被刑事处罚、劳动教养、收容教育、强制隔离戒毒或者被开除公职、开除军籍等不良记录；

（三）有与所提供的保安服务相适应的专业技术人员，其中法律、行政法规有资格要求的专业技术人员，应当取得相应的资格；

（四）有住所和提供保安服务所需的设施、装备；

（五）有健全的组织机构和保安服务管理制度、岗位责任制度、保安员管理制度。

第十七条　有下列情形之一的，不得担任保安员：

（一）曾被收容教育、强制隔离戒毒、劳动教养或者3次以上行政拘留的；

（二）曾因故意犯罪被刑事处罚的；

（三）被吊销保安员证未满3年的；

（四）曾两次被吊销保安员证的。

# 11. 劳动者冒用他人名义入职是否构成欺诈？

## 【固法观点】

> 劳动者冒用他人名义，故意隐瞒真实情况或告知虚假信息，欺骗用人单位并使用人单位形成错误认识而与劳动者签订劳动合同，严重违背基本的诚实信用原则，其与用人单位之间签订的劳动合同将因劳动者的欺诈行为而无效。

## 【案例分析】

2013 年 11 月 2 日，张某祥以"周某万"名义与龙腾公司签订劳动合同，合同期限自 2013 年 11 月 2 日起至 2016 年 11 月 1 日止，后张某祥入职龙腾公司从事化纤工作。2014 年 1 月 4 日，张某祥在下班途中发生交通事故，经抢救无效于当日死亡。2014 年 6 月 24 日，经张某祥父亲张某申请，某市人力资源和社会保障局认定，张某祥所受事故伤害构成工伤。张某祥发生工伤前，龙腾公司为张某祥以"周某万"的名义缴纳了工伤保险，未以"张某祥"名义缴纳工伤保险。故张某祥家属未能获得社保部门的工伤保险赔偿。

2014 年 11 月 14 日，张某祥的父母以主张工伤保险待遇为由申请劳动仲裁，要求裁决龙腾公司支付一次性工亡补助金、丧葬补助金合计 50 多万元。仲裁机构支持了张某祥父母的仲裁请求。龙腾公司不服，起诉至法院。

法院认为，以欺诈、胁迫的手段或者乘人之危，使对方在违背真实意思的情况下订立劳动合同的，劳动合同无效。张某祥冒用他人身份与原告订立的劳动合同应认定无效。但合同无效不影响张某祥与龙腾公司之间的事实劳动关系，张某祥在下班途中受到事故伤害已构成工伤，应当享受工伤保险待遇。张某祥进入龙腾公司工作时未提供本人真实身份信息，导致龙腾公司不能以张某祥的名义为其缴纳工伤保险，过错在于张某祥本人，应承担主要责任，龙腾公司作为用人单位在录用员工时未尽到审查义务，应承担次要责任，因此就工伤保险待遇，酌情判定张某祥承担 60% 的责任，龙腾公司承担 40% 的责任。

〔案例出处：（2015）嘉秀民初字第 88 号〕

## 【法理分析】

《中华人民共和国劳动合同法》第三条规定，订立劳动合同都应遵循诚实信用原则，而诚实信用原则首先便体现在订立劳动合同时双方信息的如实提供方面。用人单位在招聘劳动者前，通过全面了解劳动者的年龄、工作经验、教育经历等信息，可以对劳动者是否符合岗位要求，与用人单位企业文化等是否相符作出基本的判断。同样，劳动者在入职前，通过了解企业文化、企业基本信息、工作岗位要求、工作条件以及工作报酬等信息，可以充分评估该等岗位是否符合自身预期以及职业规划。可以说，如实提供基本信息是诚实信用原则的基本体现，也是构建和谐稳定的劳动关系的基础。

劳动者冒用他人名义入职，在行为之初即带着浓重的故意隐瞒的意图，且往往与冒用他人履历、资质等挂钩，即劳动者主观上已具备欺诈的故意；为了获取就业机会，冒用他人名义即为实施了欺诈行为；劳动者该行为使用人单位形成错误认识，并基于该等错误认识与劳动者订立劳动合同。从劳动合同订立过程来看，该合同并非当事人的真实意思表示，符合《中华人民共和国劳动合同法》第二十六条规定的劳动合同无效条件，如用人单位在聘用和工作管理中没有发现冒用情形且劳动者一直予以隐瞒，则双方之间的劳动合同将因劳动者的欺诈行为而无效。但如在合同履行过程中，劳动者已告知用人单位其冒用他人名义或用人单位自己发现劳动者冒用他人名义的，用人单位未第一时间作出解除劳动合同的意思表示，反而对劳动者该行为表示谅解并重新以真实身份签订劳动合同并缴纳社会保险的，用人单位后续再以劳动者存在欺诈行为为由主张解除劳动合同或劳动合同无效的，将不会得到支持。

另外，在劳动者提供了劳动且用人单位已实际用工的情况下，劳动合同的无效不能改变双方之间存在事实劳动关系的实际。同样，劳动合同的无效也不影响工伤的认定，在认定劳动者与用人单位之间存在事实劳动关系的情况下，如劳动者受到的事故伤害符合法律规定的工伤认定条件，一般会被认定为工伤，届时如出现社保账户名与劳动者真实身份信息不吻合的，按照通常的做法，社保机构不会支付工伤保险待遇，该部分待遇则需要用人单位和劳动者根据过错程度来分摊。

## 【实操建议】

基于劳动者冒用他人身份虽会导致双方签订的劳动合同无效，但不会影响双方事实劳动关系的存在这一特殊情况，我们建议：

1. 劳动者应聘入职时，用人单位应要求其填写个人信息登记表，并要求其承诺保证所登记和提供的信息材料的真实性，否则，用人单位可以据此解除劳动合同。

2. 用人单位应尽到基本的核查信息义务，如要求劳动者提供身份证或与身份证信息相关的资料原件进行核对。

3. 用人单位应依法为劳动者缴纳社会保险，尤其是工伤保险，以尽量降低用工风险。

4. 用人单位如在用工过程中发现劳动者存在冒用他人名义提供劳动或者提供虚假身份证件提供劳动的，应第一时间作出解除劳动合同处理；如用人单位对劳动者该等行为愿意谅解的，应及时以劳动者的真实身份信息缴纳社会保险。

5. 劳动者应提供真实信息，并要求用人单位以劳动者真实身份购买社会保险，否则将会导致无法享有社会保险待遇，如无法享受养老保险待遇，且一旦发生工伤事故，劳动者存在无法享受相应待遇的风险。

## 【法规索引】

《中华人民共和国劳动合同法》

**第三条** 订立劳动合同，应当遵循合法、公平、平等自愿、协商一致、诚实信用的原则。

**第八条** 用人单位招用劳动者时，应当如实告知劳动者工作内容、工作条件、工作地点、职业危害、安全生产状况、劳动报酬，以及劳动者要求了解的其他情况；用人单位有权了解劳动者与劳动合同直接相关的基本情况，劳动者应当如实说明。

**第二十六条** 下列劳动合同无效或者部分无效：

（一）以欺诈、胁迫的手段或者乘人之危，使对方在违背真实意思的情况下订立或者变更劳动合同的；

......

对劳动合同的无效或者部分无效有争议的，由劳动争议仲裁机构或者人民法院确认。

第三十九条　劳动者有下列情形之一的，用人单位可以解除劳动合同：

......

（五）因本法第二十六条第一款第一项规定的情形致使劳动合同无效的。

# 12. 非全日制女工是否享受"三期"待遇？

## 【固法观点】

> 由于非全日制用工的特殊性，劳动者与用人单位可按小时计酬并不签订书面劳动合同，且存在同一劳动者与多个用人单位建立非全日制劳动关系的可能性，无法准确界定用人单位的法律责任，因而法律规定的三期待遇应当仅针对全日制女工，非全日制女工不享受"三期"保护。因此，实践中，非全日制女职工在孕期、产期与哺乳期期间无法享受劳动法相关法律法规规定的"三期"保护及待遇。

## 【案例分析】

原告程某于 2002 年 2 月作为外聘老师受聘于被告江西某建筑学校，双方并未签订书面劳动合同。被告于 2004 年 6 月至 2013 年 1 月为原告缴纳了基本养老保险，被告于 2008 年 12 月 30 日至 2013 年 1 月 31 日为原告缴纳了基本医疗保险。关于工资部分，原告提供的存折中反映出每个月的工资金额不同。2012 年 4 月 1 日原告以其怀孕需保胎为由向被告递交请假条，被告确认属实。原告于 2012 年 6 月 5 日向被告交纳了 2012 年 4—12 月的社保个人部分。原告于 2012 年 12 月 8 日生育一女孩，花费住院费 6676 元、产前检查费 2018.78 元。原告于 2009 年 11 月 30 日—2012 年 4 月 1 日期间每月均在外聘教师课时发放表上签名。2011 年 5 月 1 日—31 日被告员工考勤记录表中无原告出勤，被告所提供的职工大会无原告到会签名。原、被告因生育津贴、工资等发生劳动争议，原告向江西省劳动人事争议仲裁委员会申请仲裁，仲裁委于 2013 年 6 月 25 日以原、被告为非全日制用工关系为由驳回了原告的全部仲裁请求。

一审法院认为，虽然双方未签订劳动合同，但双方形成了事实劳动关系。原告受聘期间，被告按照原告每月的课时费计发月工资，且每个月的课时不同工资也不同，原告不用参加考勤，从被告所提供的有原告签名的外聘教师课时费发放表中反映每周工作时间累计未超过 24 小时，为此，从原告的工作性质、时间和工资支付形式来看，原、被告用工关系符合非全日制用工形式。非全日制用工劳动关系可随时终止，非全日制用工按小时计酬，2013 年 4 月原告产假期满，要求上班工作，而被告以课时少为由拒绝其上班，原、被告劳动关系视为已终止，用工单位不向劳动者支付经济补偿，法律未规定非全日制用工单位必须为劳动者缴纳社会保险费。为此，原告的诉讼请求于法无据，法院不予支持。

本案二审与再审均认可了上述事实，维持了原判决，认定双方属于非全日制用工，被告无需向原告支付生育津贴、产前检查费、生产费用、生育营养补贴等费用。

〔案例出处：（2015）洪民再指字第 2 号〕

## 【法理分析】

根据《中华人民共和国劳动合同法》第六十八条规定，非全日制用工以小时计酬为主，劳动者平均每日工作时间不超过四个小时，每周工作时间累计不超过二十四小时。如果劳动者与用人单位约定（口头或者书面均可）每日工作不超过四个小时，每周工作不超过二十四小时，计酬标准按小时计算，同时，具体工作时长也符合这个标准，那么劳动者与用人单位之间可能被认定为属于"非全日制用工关系"。

非全日制用工具有以下特点：

1. 以小时计酬，劳动者在同一用人单位一般平均每日工作时间不超过四小时，每周工作时间累计不超过二十四小时。

2. 从事非全日制用工的劳动者可以与一个或者一个以上用人单位订立劳动合同；后订立的劳动合同不得影响先订立劳动合同的履行。

3. 非全日制用工双方当事人可以订立口头协议。

4. 非全日制用工双方当事人任何一方都可以随时通知对方终止用工。终止用工，用人单位不向劳动者支付经济补偿。

基于以上四个特点，可以清晰地分辨出非全日制用工与全日制用工的区别，也可以从中理解若完全强制适用"三期"待遇，将造成法律规定间的冲突与矛盾。如法律规定"三期"女工的劳动合同应当顺延，而非全日制用工下则双方当事人都可以随时通知对方终止用工，此间并未有法律规定应当适用哪一条。又如劳动者与多个用人单位确定非全日制用工关系的，则应当由哪一方用人单位对此承担责任，均尚未有明确。

从立法角度而言，非全日制用工的设定本身是为了适应企业降低人工成本、推进灵活用工的客观需要，促进下岗职工和失业人员再就业，并同时缓解劳动力市场供求失衡的矛盾，减少失业现象。此项用工模式本身即已对双方权利义务进行宽松化处理，若非全日制女工适用"三期"待遇，无疑将大大增加用人单位负担，从而不再适用非全日制用工，无法发挥此用工模式的优势。

## 【实操建议】

对于非全日制用工，除工伤保险是必须由用人单位为劳动者购买外，生育保险、养老保险以及医疗保险可由用人单位决定是否需要为劳动者购买。如果达成一致由用人单位购买，则各方应当按照《中华人民共和国社会保险法》及相关规定履行义务。值得提醒的是，即便确认由用人单位承担为非全日制用工劳动者购买社会保险的费用，也应当按照《关于非全日制用工若干问题的意见》的规定来执行。

除此之外，针对非全日制用工，仍有以下问题需要特别注意：

首先，对于劳动关系双方，即便适用非全日制用工的，用人单位也应当尽量与劳动者签订书面劳动合同，避免因为约定不清而有可能被司法机关确认为全日制劳动关系，导致在产生争议时花费更多时间、精力和成本。

其次，在适用非全日制用工时，应当严格符合工作时间规定，即劳动者在同一用人单位一般平均每日工作时间不超过四小时，每周工作时间累计不超过二十四小时，否则将直接被法院认定为全日制工作制，适用全日制用工下的法律规定。

## 【法规索引】

1.《中华人民共和国劳动合同法》

第六十八条　非全日制用工，是指以小时计酬为主，劳动者在同一用人单位一般平均每日工作时间不超过四小时，每周工作时间累计不超过二十四小时的用工形式。

第六十九条　非全日制用工双方当事人可以订立口头协议。

从事非全日制用工的劳动者可以与一个或者一个以上用人单位订立劳动合同；但是，后订立的劳动合同不得影响先订立的劳动合同的履行。

第七十条　非全日制用工双方当事人不得约定试用期。

第七十一条　非全日制用工双方当事人任何一方都可以随时通知对方终止用工。终止用工，用人单位不向劳动者支付经济补偿。

第七十二条　非全日制用工小时计酬标准不得低于用人单位所在地人民政府规定的最低小时工资标准。

非全日制用工劳动报酬结算支付周期最长不得超过十五日。

**2.《关于非全日制用工若干问题的意见》**

三、关于非全日制用工的社会保险

9. 从事非全日制工作的劳动者应当参加基本养老保险，原则上参照个体工商户的参保办法执行。对于已参加过基本养老保险和建立个人账户的人员，前后缴费年限合并计算，跨统筹地区转移的，应办理基本养老保险关系和个人账户的转移、接续手续。符合退休条件时，按国家规定计发基本养老金。

10. 从事非全日制工作的劳动者可以以个人身份参加基本医疗保险，并按照待遇水平与缴费水平相挂钩的原则，享受相应的基本医疗保险待遇。参加基本医疗保险的具体办法由各地劳动保障部门研究制定。

11. 用人单位应当按照国家有关规定为建立劳动关系的非全日制劳动者缴纳工伤保险费。从事非全日制工作的劳动者发生工伤，依法享受工伤保险待遇；被鉴定为伤残5—10级的，经劳动者与用人单位协商一致，可以一次性结算伤残待遇及有关费用。

# 13. 用人单位能否以不符合录用条件为由单方解除与怀孕女职工的劳动合同？

## 【固法观点】

　　基于促进男女平等，充分发挥女性在社会主义现代化建设中的作用的原则，并考量女性职工自身生理特征，法律赋予了女性职工在"三期"（指孕期、产期及哺乳期，下同）内享有一定的特殊权益，如《中华人民共和国妇女权益保障法》第二十七条规定，"任何单位不得因结婚、怀孕、产假、哺乳等情形，降低女职工的工资，辞退女职工，单方解除劳动（聘用）合同或者服务协议"，《女职工劳动保护特别规定》第五条也作了类似规定。但是，用人单位如能证明怀孕女职工在试用期间不符合录用条件的，可以依法解除劳动合同。

## 【案例分析】

　　周某于 2016 年 11 月 14 日入职暴风公司，双方签署的书面劳动合同约定试用期为 2016 年 11 月 14 日至 2017 年 5 月 13 日。2016 年 11 月 28 日周某被诊断怀孕。在试用期间，暴风公司根据周某的业绩，认定其考核不能通过，并出于对怀孕女职工的照顾和保护，同意在调岗调薪的前提下继续履行合同，但周某不同意。暴风公司按照原来约定的标准对其进行考核，并告知周某考核不合格且解除与周某的劳动合同。周某认为暴风公司因其怀孕才与其解除劳动合同，属于违法解除，要求暴风公司恢复与其之间的劳动关系，继续履行双方签订的劳动合同并向其支付停工期间的工资损失等。

　　法院认为，周某在试用期间被证明不符合录用条件，暴风公司以此为由提出解除劳动合同，并未违反法律规定，也没有违反双方的约定。周某以其处于孕期，主张暴风公司违法解除劳动合同，与法律规定不符，不予采纳。

〔案例出处：（2017）粤 0113 民初 791 号〕

## 【法理分析】

《中华人民共和国劳动合同法》第四十二条规定，女职工处于"三期"内时，用人单位不得依据《中华人民共和国劳动合同法》第四十条以及第四十一条的规定解除劳动合同；其立法原意是为了保护女职工在"三期"内的合法权益，确保女职工在"三期"内不因其个人过错之外的因素而影响其依法享受生育保险、生育津贴等社会福利待遇的权利。

但是，《中华人民共和国劳动合同法》有关用人单位可以解除劳动合同的规定，不仅体现在《中华人民共和国劳动合同法》第四十条和第四十一条中，对于《中华人民共和国劳动合同法》其他有关用人单位可以解除劳动合同的规定，依然适用于女职工，即使女职工处于"三期"内。即女职工如符合《中华人民共和国劳动合同法》第三十九条规定，即使女职工处于"三期"内，用人单位依然可以依法解除劳动合同。前述第三十九条规定中就包括了"在试用期间被证明不符合录用条件"的情形，即用人单位如能证明女职工在试用期间不符合录用条件的，可以合法单方解除劳动合同。

## 【实操建议】

实务中，用人单位在以试用期不符合录用条件为由解除劳动合同时，在实体上应满足以下几个条件：一是已制定明确的录用条件，且该录用条件应客观合理且应与其对应的工作岗位相匹配；二是已将录用条件明确告知劳动者，并经劳动者签字确认；三是能够证明劳动者存在不符合录用条件的事实。

另外，用人单位还应注意按照录用条件对劳动者进行考核，以避免出现虽制定了录用条件，也经劳动者确认了，但实际并未按照录用条件来执行或未及时固定相应的事实，而到试用期届满时突然作出"不符合录用条件"的考核结果。尤其是女职工在试用期内被发现怀孕的，用人单位一旦处理不当，除存在"违法解除"的用工风险外，还极易引发"就业歧视"的侵权责任风险。

## 【法规索引】

1.《中华人民共和国劳动合同法》

第三十九条　劳动者有下列情形之一的，用人单位可以解除劳动合同：

（一）在试用期间被证明不符合录用条件的；

（二）严重违反用人单位的规章制度的；

（三）严重失职，营私舞弊，给用人单位造成重大损害的；

（四）劳动者同时与其他用人单位建立劳动关系，对完成本单位的工作任务造成严重影响，或者经用人单位提出，拒不改正的；

（五）因本法第二十六条第一款第一项规定的情形致使劳动合同无效的；

（六）被依法追究刑事责任的。

第四十二条　劳动者有下列情形之一的，用人单位不得依照本法第四十条、第四十一条的规定解除劳动合同：

（一）从事接触职业病危害作业的劳动者未进行离岗前职业健康检查，或者疑似职业病病人在诊断或者医学观察期间的；

（二）在本单位患职业病或者因工负伤并被确认丧失或者部分丧失劳动能力的；

（三）患病或者非因工负伤，在规定的医疗期内的；

（四）女职工在孕期、产期、哺乳期的；

（五）在本单位连续工作满十五年，且距法定退休年龄不足五年的；

（六）法律、行政法规规定的其他情形。

2.《中华人民共和国妇女权益保障法》

第二十七条　任何单位不得因结婚、怀孕、产假、哺乳等情形，降低女职工的工资，辞退女职工，单方解除劳动（聘用）合同或者服务协议。

3.《女职工劳动保护特别规定》

第五条　用人单位不得因女职工怀孕、生育、哺乳而降低其工资、予以辞退、与其解除劳动或者聘用合同。

# 第三部分

# 劳动关系建立与劳动合同履行合规

# 14. 倒签日期的劳动合同有没有法律效力？

## 【固法观点】

司法实践中，全国各地法院对于倒签劳动合同行为的合法性存在两种不同的解释。

对于广东地区的司法实践而言，若倒签行为属于用人单位与劳动者之间的真实意思表示，不存在用人单位欺诈、胁迫等违背劳动者意愿的情形的，则应当认定为劳动者对倒签后的劳动合同的认可，从而证明劳动者放弃了向用人单位要求支付未签订劳动合同期间二倍工资的权利。

对于上海等地区的司法实践而言，通常会认为倒签行为属于违反了《中华人民共和国劳动合同法》所规定的，用人单位应当自用工之日起一个月内订立书面劳动合同的规定，该行为不合法，不能免除用人单位支付二倍工资的法律责任。

## 【案例分析】

杨某于 2020 年 12 月 9 日入职广州某贸易有限公司担任市场经理助理一职，双方签订了期限为 2020 年 12 月 9 日至 2023 年 12 月 8 日的《劳动合同》一份，合同上签署的时间为 2020 年 12 月 9 日。

后该贸易公司以杨某不服从公司管理等违纪行为为由解除与杨某的劳动关系。杨某于 2021 年 4 月提起了劳动仲裁，其中一项仲裁请求为要求公司支付 2020 年 12 月 9 日至 2021 年 3 月 31 日的未签订劳动合同二倍工资差额。仲裁庭支持了该项请求。公司不服，提起诉讼，一审法院判决维持仲裁裁决，公司上诉。

公司认为，杨某未举证证明公司存在欺诈或胁迫行为，合同的订立应视为双方意思自治，在该补订行为没有损害劳资平衡或危害社会公共利益的前提下，应认定为合法有效，因此，公司无需向杨某支付未签订劳动合同二倍工资差额。

二审广州中院认为，根据公司提交的劳动合同显示，双方以书面形式订立的劳动合同内容没有违反法律、行政法规的强制性规定，劳动合同的期限为 2020 年 12 月 9 日起至 2023 年 12 月 8 日止，落款处有双方签章确认，落款日期为 2020 年 12 月 9 日。诉讼中，杨某明确表示该劳动合同上记载的合同期限及落款处签名、日期均为其本人亲笔填写，且杨某没有举证证明公司与其签订劳动合同时采取了欺诈、威胁等手段，故该劳动合同合法有效。另外，杨某确认公司曾于 2021 年 3 月中旬与其沟通签订劳动合同的事宜，证明双方均有签订劳动合同的真实意思表示。劳动者同意倒签书面劳动合同的，应视为劳动者确认劳动合同期限已经涵盖未签劳动合同的时期，本案中杨某同意倒签期限为 2020 年 12 月 9 日起至 2023 年 12 月 8 日止的劳动合同，视为其对未签订劳动合同的期间进行追认，故公司无需向杨某支付未签订劳动合同的二倍工资差额。

## 【法理分析】

《中华人民共和国劳动合同法》要求用人单位与劳动者签订书面劳动合同，是为了进一步维护劳动关系稳定、保证劳动者的权益不受侵犯，是立法者通过法律手段对劳动关系中合同责任的一种强制性约束。通过书面的劳动合同，可以更清楚地体现双方劳动关系并明确劳动义务与权利。此外，从保护劳动者的角度出发，在双方产生争议时，书面的合同文本可相对减轻劳动者的举证义务，有利于法院查明事实。

从以上立法目的可以看出，若用人单位与劳动者倒签劳动合同，但该倒签行为符合双方意思自治等合同订立要件，不存在欺诈、胁迫等导致合同无效情形的，则该行为并不违背立法目的，也未侵犯劳动者合法权益，该合同应当认为有效。

## 【实操建议】

用人单位应当及时与劳动者签订书面劳动合同。"倒签""补签"等行为的有效性目前并未有明确的法律法规予以确定，因此，及时合规地签订书面劳动合同是用人单位防止出现赔偿风险的最好途径。

倒签、补签书面劳动合同的，应当是双方自愿达成一致而签署的，不能存在任何欺诈与胁迫行为。当用人单位发现漏签、未签劳动合同的，应当及时止损，尽早安排与劳动者协商并签署。若与员工协商一致的，建议可将合同期限追认至双方实际用工之日，同时签订日期也建议签署为实际用工之日。

倒签或补签劳动合同的，应当由劳动者本人进行签署，不得允许由他人代签。同时，保持合同文本的统一性，尽可能避免出现修改、涂抹等痕迹，避免发生争议时法院认定为公司存在擅自修改合同文本的风险。若确实需要修改的，应当由双方进行确认并保留双方确认的相关证据。

## 【法规索引】

《中华人民共和国劳动合同法》

第十条　建立劳动关系，应当订立书面劳动合同。

已建立劳动关系，未同时订立书面劳动合同的，应当自用工之日起一个月内订立书面劳动合同。

用人单位与劳动者在用工前订立劳动合同的，劳动关系自用工之日起建立。

第八十二条　用人单位自用工之日起超过一个月不满一年未与劳动者订立书面劳动合同的，应当向劳动者每月支付二倍的工资。

用人单位违反本法规定不与劳动者订立无固定期限劳动合同的，自应当订立无固定期限劳动合同之日起向劳动者每月支付二倍的工资。

# 15. 非全日制用工单位不签合同有何利弊?

## 【固法观点】

出于保证经营管理效率,节省人力资源成本等目的,许多企业会在用人时使用非全日制用工的方式与劳动者确立劳动关系。然而,由于非全日制用工的特殊性,部分企业在与劳动者确定非全日制用工关系时,仅通过口头协商方式进行,没有与劳动者签订书面的非全日制劳动合同。从效率而言,通过口头方式订立劳动合同,对双方来说是一种更加高效便捷、省时省力的操作方法,但是,由于口头订立合同的局限性,许多双方的权利义务内容无法固定,容易为企业带来无法被认定为非全日制劳动关系,需按照全日制劳动关系承担责任的巨大风险。

## 【案例分析】

黄某于2011年10月份入职某食品公司,担任兼职电工,负责电路和屠宰设备养护,由于该岗位的特殊性,黄某的工作时间并不固定,仅在公司需要时提供电路及设备维护工作。双方未签订书面劳动合同。

后由于用工矛盾,黄某于2021年提起劳动仲裁,要求公司支付未签订劳动合同的二倍工资差额、社会保险费用及确认双方存在劳动关系。仲裁庭最终裁决驳回了黄某的全部仲裁请求,但在裁决中认可了黄某认为双方属于全日制用工关系的主张。该案中,劳仲委认为黄某工作岗位为电工,主要负责公司电路及屠宰设备的维护工作,其工作岗位的特殊性导致工作时间的不固定。由于双方没有签订相关协议,公司亦未提供双方非全日制劳动关系的相关证据,对公司认为黄某属于非全日制劳动关系的主张不予采纳。

对此,针对双方是否属于全日制用工关系,公司向法院提出申请撤销仲裁裁决，认为裁决属于适用法律错误，双方应属于非全日制劳动关系。公司提出，黄某白天时间完全自由，在厂外从事其他工作，晚上有需要电路维护或屠宰设备出现故障时，才电话通知其到车间处理，每天工作时间不超过四小时，每周工作时间不超过二十四小时，符合《中华人民共和国劳动合同法》第六十八条规定非全日制的用工特征。此外，仲裁委的认定将直接导致大量非全日制工人集体仲裁、上访，要求按照全日制用工一样的待遇，签订书面合同、补缴社会保险等，引发一系列社会问题。加上公司大股东因涉黑股份被没收，由国有资产服务中心代管，接管之前管理混乱，出现很多不明用工关系，为确保生猪供应稳定，维护民生工程，依法撤销上述裁决，依法认定双方属于非全日制用工关系。

法院认为，本案中，首先双方未签订相关的劳动协议，其次黄某的工资按月结算发放，与非全日制用工以小时或者计件计酬、劳动报酬结算支付周期不得超过十五日的特征明显不符，最后，公司确认黄某的离职申请需经过其公司审批同意的事实，与非全日制用工关系劳动者终止用工仅需通知用人单位的特征不符。最终认定双方劳动关系不属于非全日制用工关系。

〔案例出处：（2021）粤 18 民特 53 号〕

## 【法理分析】

非全日制用工的设置满足了用人单位在业务波动时灵活安排用工和倾向短时间劳动的劳动者择业的需求，其最大的特点在于灵活性，包括了双方缔约与解约的自由，劳动合同内容的意定，可能存在双重及多重劳动关系以及在工时制度上有特殊标准。

非全日制用工劳动关系中的几个重要法律特征为：

1. 以小时计酬为主，劳动者在同一用人单位一般平均每日工作时间不超过四小时，每周工作时间累计不超过二十四小时；

2. 任何一方都可以随时通知对方终止用工；

3. 可以订立口头协议。劳动者可以与一个或者一个以上用人单位订立劳动合同；

4. 劳动报酬结算支付周期最长不得超过十五日；

5. 不得约定试用期。

对于是否签订书面劳动合同这一问题，虽从法律规定上来看，非全日制并不强制用人单位签订书面劳动合同，但考虑到其本质上的灵活特征，且用人单位管理趋于涣散，单位举证难度过大，如果双方可通过书面形式明确工作时间及薪资发放周期，势必会相应降低用人单位举证难度，增加个案胜诉的机会。法院在审理过程中，若双方签订了书面劳动合同，将有助于推动法院认可双方建立非全日制用工的合意并已按照该合意实际履行。

## 【实操建议】

在实务中，企业与劳动者建立非全日制用工关系的，应当订立书面劳动合同，且合同中应当明确约定工作时间、薪酬支付方式与支付周期等符合非全日制用工关系的条款，固定双方建立非全日制用工关系的事实。此举将有利于在产生用工矛盾时保证企业向法院进行有效举证，增强法官的倾向性。

此外，在实际履行合同过程中，企业亦应按照合同约定履行对劳动者的工作时间以及薪酬支付方式管理，防止在法院审理过程中被认定为事实上的全日制用工关系，导致需承担全日制用工关系下用人单位的相关责任，造成用人单位额外的损失。

## 【法规索引】

1.《中华人民共和国劳动合同法》

第六十八条　非全日制用工，是指以小时计酬为主，劳动者在同一用人单位一般平均每日工作时间不超过四小时，每周工作时间累计不超过二十四小时的用工形式。

第六十九条　非全日制用工双方当事人可以订立口头协议。

从事非全日制用工的劳动者可以与一个或者一个以上用人单位订立劳动合同；但是，后订立的劳动合同不得影响先订立的劳动合同的履行。

第七十条　非全日制用工双方当事人不得约定试用期。

第七十一条　非全日制用工双方当事人任何一方都可以随时通知对方终止用工。终止用工，用人单位不向劳动者支付经济补偿。

第七十二条　非全日制用工小时计酬标准不得低于用人单位所在地人民政府规定的最低小时工资标准。

非全日制用工劳动报酬结算支付周期最长不得超过十五日。

**2.《江苏省劳动人事争议仲裁委员会关于审理劳动人事争议案件的指导意见（二）》**

**第九条**　用人单位与劳动者未订立书面劳动合同，用人单位主张双方为非全日制用工关系的，应由用人单位对其主张负举证责任。用人单位与劳动者已订立了书面非全日制劳动合同，劳动者主张双方为全日制用工关系的，应由劳动者对其主张负举证责任，但与争议事项有关的证据属于用人单位掌握管理，用人单位不提供的除外。

# 16. 连续签订两次固定期限劳动合同后单位拒绝续签的有何法律后果？

## 【固法观点】

在与劳动者已经连续签订两次固定期限的劳动合同，且不存在《中华人民共和国劳动合同法》第三十九条和第四十条第一项、第二项规定的情形的，如用人单位拒绝续签并解除与劳动者劳动关系的，用人单位需要承担支付赔偿金的风险。

此外，根据《中华人民共和国劳动合同法》规定以及实践案例，在与劳动者连续两次签订劳动合同后，除非劳动者决定不续订劳动合同，或者提出订立固定期限劳动合同，否则用人单位应当直接与劳动者订立无固定期限的劳动合同。

《中华人民共和国劳动合同法》第十四条第二款第三项赋予劳动者更多选择的权利，包括是否续订、续订固定期限还是无固定期限的劳动合同，而用人单位则无权终止劳动合同，若因此终止合同的，用人单位需要支付违法解除的赔偿金。

## 【案例分析】

2018年2月26日，欧阳入职某学校，在职期间，欧阳与学校共计签署了5份固定期限的《聘任合同》，约定学校聘用欧阳从事教学工作，工资由基本工资、课时补贴、岗位补贴、奖金等部分组成，劳动合同期限均为到本学期结束。2022年7月24日，第五份合同到期后，学校以合同到期不续聘为由，解除与欧阳的劳动关系。欧阳认为学校的解除行为属于违法解除，遂提起仲裁请求要求确认劳动关系，并且要求学校向其支付违法解除劳动合同赔偿金。仲裁庭裁决认为学校仅需向其支付经济补偿金，欧阳遂提起一审。

一审法院认为，依据欧阳与学校签订的劳动合同状况可知，自其与学校签订第三份固定期限劳动合同开始，欧阳已经具备要求学校与其签订无固定期限劳动合同关系的权利，最后一份合同到期时，欧阳仍然享有要求学校与其签订无固定期限劳动合同的权利。在此情况下，学校以固定期限劳动合同到期为由，解除与欧阳之间的劳动关系，为违法解除，应当支付赔偿金。

二审法院认为，最后一份合同到期时，欧阳仍然享有要求学校与其签订无固定期限劳动合同的权利。在此情况下，学校应征求欧阳是否愿意续订劳动合同的意见，学校未征求欧阳的意见，直接以固定期限劳动合同到期为由，解除与欧阳之间的劳动关系，为违法解除，应向欧阳支付违法解除劳动合同的赔偿金。因此二审判决维持一审原判。

〔案例出处：（2021）粤 01 民终 22823 号〕

## 【法理分析】

《中华人民共和国劳动合同法》第十四条第二款规定，如劳动者与用人单位连续订立二次固定期限劳动合同，且劳动者没有本法第三十九条和第四十条第一项、第二项规定的情形，续订劳动合同的，除劳动者提出订立固定期限劳动合同外，应当订立无固定期限劳动合同。

对于这一条款，法理上可解读为强制缔约说，即除非劳动者主动提出终止或者签订固定期限劳动合同，否则用人单位就只能与劳动者签订无固定期限的劳动合同，用人单位并没有选择权。从立法本意的角度，本条规定旨在构建和谐稳定的劳动合同关系，促使企业签订较为长期的劳动合同。如把选择权交予用人单位，本条关于订立无固定期限劳动合同的规定则将无法落于实处。

对于广州乃至广东地区的司法实践而言，强制缔约说也得到了支持，即结合实践与立法本意，当前的裁审尺度仍倾向于保护劳动者维持稳固劳动关系，从而否定了用人单位的单方终止权利。

较为明朗的是，从续签合同类型而言，如在第二份劳动合同到期后，双方协商一致同意签订下一份固定期限劳动合同的，合同有效性会得到法院支持，这也是从一定程度上对用人单位选择权的一种弥补，也遵从了合同意思自治的特性。

## 【实操建议】

1. 用人单位在对员工劳动合同期限的设置上，应尽量避免短期化的劳动合同；在与员工首次续订劳动合同时，就要做好合同到期后根据员工需求签订无固定期限劳动合同的准备。

2. 用人单位与员工的第二次固定期限劳动合同届满前，且用人单位意图建立固定期限劳动合同的，应当征询员工是否同意续订固定期限劳动合同。如果员工同意订立固定期限劳动合同的，用人单位应留存相应的沟通记录作为证据；从用人单位角度而言，可以考虑优先协商订立固定期限劳动合同。

3. 用人单位与员工的第二次固定期限劳动合同届满后，双方实际续订了固定期限劳动合同的，如果员工在签订时并未提出异议，可以认为员工与用人单位协商一致签订了固定期限劳动合同。

## 【法规索引】

《中华人民共和国劳动合同法》

第十四条 有下列情形之一，劳动者提出或者同意续订、订立劳动合同的，除劳动者提出订立固定期限劳动合同外，应当订立无固定期限劳动合同：

（一）劳动者在该用人单位连续工作满十年的；

（二）用人单位初次实行劳动合同制度或者国有企业改制重新订立劳动合同时，劳动者在该用人单位连续工作满十年且距法定退休年龄不足十年的；

（三）连续订立二次固定期限劳动合同，且劳动者没有本法第三十九条和第四十条第一项、第二项规定的情形，续订劳动合同的。

第三十九条 劳动者有下列情形之一的，用人单位可以解除劳动合同：

（一）在试用期间被证明不符合录用条件的；

（二）严重违反用人单位的规章制度的；

（三）严重失职，营私舞弊，给用人单位造成重大损害的；

（四）劳动者同时与其他用人单位建立劳动关系，对完成本单位的工作任务造成严重影响，或者经用人单位提出，拒不改正的；

（五）因本法第二十六条第一款第一项规定的情形致使劳动合同无效的；

（六）被依法追究刑事责任的。

# 17. 协议延长劳动合同期限的算续订还是变更?

## 【固法观点】

在广东地区（深圳除外），并没有明文规定是否属于续订或变更，但实践中，用人单位与劳动者选择采用协议延长原劳动合同期限的，存在较大可能被认定为续签原有合同，而非变更原合同。

其他地区则对此作出了具体的规定，如北京市、山东省、浙江省规定延长劳动合同期限，即构成劳动合同续订；而江苏省、深圳市、郑州市、合肥市规定劳动合同期限延长超过六个月的，构成劳动合同续订。因此，个别地区应当参考各自地区标准执行。

## 【案例分析】

案例一：周某于 2013 年 11 月 1 日到逸臣公司工作，工作岗位是零售经理，双方签订劳动合同且购买了社保，周某离职时间是 2021 年 1 月 8 日。周某和逸臣公司于 2013 年 11 月 1 日签订第一份劳动合同，合同期限是 2013 年 11 月 1 日至 2016 年 10 月 31 日。2016 年 11 月 1 日，周某与逸臣公司签订《劳动合同变更协议书》，变更劳动合同期限至 2019 年 10 月 31 日，第一份劳动合同的其他条款仍然有效。2019 年 11 月 1 日，周某与逸臣公司签订《劳动合同变更协议书》，变更劳动合同期限至 2022 年 10 月 31 日，第一份劳动合同的其他条款仍然有效。逸臣公司在 2021 年 1 月 8 日向周某支付 12493.75 元，在 2021 年 9 月 1 日根据仲裁裁决结果向周某支付 53413.75 元。

该案诉至一审，关于周某提出的未签订劳动合同的二倍工资差额问题，一审法院认为：双方签订的劳动合同、《劳动合同变更协议书》均是双方达成的一致合意，合法有效。《劳动合同变更协议书》确认第一份劳动合同的其他条款仍然有效，系对原劳动合同条款的延续。续签《劳动合同变更协议书》的时候，周某并无证据证明其向逸臣公司提出要求签订无固定期限劳动合同，故周某要求逸臣公司支付未签订无固定期限劳动合同的二倍工资差额的主张，理据不足，一审法院不予支持。

二审中，就同样问题，法院认为：双方已经通过《劳动合同变更协议书》的形式续签劳动合同，不属于没有签订劳动合同的情形，周某该主张不能成立，一审判决正确，予以维持。

〔案例出处：（2022）粤01民终6298号〕

案例二：曾某2017年10月30日入职深圳某资产管理有限责任公司，并于2021年5月10日解除劳动关系。经查，双方共计签订三次书面劳动合同，第一次于2017年10月30日签订一份试用期劳动合同；第二次于2018年1月2日签订一份劳动合同，合同约定劳动合同期限自2018年1月2日起至2019年1月3日止，一年期满后，经双方同意可延展一年；合同第十条第（2）款约定合同期满经过双方协商一致同意续签合同的，可以另行签订书面劳动合同，双方未能另行签订新的书面劳动合同的，或者劳动合同期限届满之后曾某继续为公司工作而公司未提出反对意见的，视为双方同意按照原合同的约定条件继续履行，原劳动合同期限自动顺延一年或者公司可指定期限（二者冲突时以公司指定期限为准）。本条款规定的顺延次数不受限制，直至公司通知终止时为止。

曾某提出公司应向其支付2020年2月4日至2021年1月3日期间未签订书面劳动合同的双倍工资差额的诉讼请求。法院认为，依据《深圳经济特区和谐劳动关系促进条例》第十八条第二款的规定，双方协商延长劳动合同期限累计超过6个月的，视为续订劳动合同。本案中，第二次书面劳动合同约定，劳动合同期满，双方协商一致同意续签劳动合同的，可以另行签订书面劳动合同，未另行签订新的书面合同的，视为双方同意按照原合同约定条件继续履行，合同期限自动顺延一年，顺延次数不受限制。该条款的实质系在曾某未提出另行签订书面劳动合同的情况下，双方协商同意续订一年期的劳动合同。在曾某未提交证据证明提出要求签订无固定期限劳动合同的情况下，双方应视为已签订劳动合同。

〔案例出处：（2021）粤0304民初44088号〕

## 【法理分析】

对于劳动合同期限延长问题，《中华人民共和国劳动合同法》作出了法定延长的规定，即依据《中华人民共和国劳动合同法》第四十五条，劳动合同期满，有第四十二条规定情形之一的，劳动合同应当续延至相应的情形消失时终止。因此，可以认定延长劳动合同期限的原因是法定的，除了法定情形以外不应当肆意延长劳动合同期限。

本条的规定也主要用于防止用人单位为规避在与劳动者签订了两次固定期限劳动合同后需签订无固定期限劳动合同的法定责任。如若承认延长劳动合同期限的行为有效性，实践中将出现大量用人单位利用劳资地位的不平等性强制要求员工与其协议延长劳动合同期限，导致无固定期限劳动合同制度形同虚设。

## 【实操建议】

1. 完善劳动合同管理流程。系统化劳动合同管理，提前做好劳动合同到期预警，并由人力资源工作人员尽早与相关劳动者续签劳动合同，最大程度防范未签订劳动合同支付双倍工资的风险。

2. 结合用人单位所在地法律法规谨慎选择延期或续订劳动合同。用人单位在用工过程中，若因为突发情况或其他任何原因，需延长员工用工的，仍需结合当地司法实践，慎重判断能否采取与员工协商延长劳动合同期限的操作，如北京、山东等地，建议用人单位慎重通过协议方式延长劳动合同期限，否则将直接构成签订两次劳动合同，从而在延长期限到期后需依法与员工签署无固定期限劳动合同。

即便对于部分地区允许在一定期限内延长劳动合同期限的，应当额外注意六个月的期限，超出期限的仍然会被认定为属于续签而引发后续无固定期限劳动合同的事宜。

## 【法规索引】

1.《深圳经济特区和谐劳动关系促进条例》

第十八条　双方协商延长劳动合同期限累计超过 6 个月的，视为续订劳动合同。

2.《北京市高级人民法院、北京市劳动争议仲裁委员会关于劳动争议案件法律适用问题研讨会会议纪要（二）》

42. 用人单位与劳动者协商一致变更固定期限合同终止时间的，如变更后的终止时间晚于原合同终止时间，使整个合同履行期限增加，视为用人单位与劳动者连续订立两次劳动合同。对初次订立固定期限合同时间变更的，按连续订立两次固定期限劳动合同的相关规定处理，对两次及多次订立固定期限合同时间变更的，按订立无固定期限劳动合同的相关规定处理。如变更后的终止时间比原合同终止时间提前，使整个合同履行期限减少，则仅视为对原合同终止时间的变更。

**3.《山东省劳动合同条例》**

**第十六条**　用人单位与劳动者协商一致，可以续订劳动合同；劳动合同期满，用人单位与劳动者协商一致延长劳动合同期限的，视为用人单位与劳动者续订劳动合同。

**4.《浙江省高级人民法院民事审判第一庭、浙江省劳动人事争议仲裁院关于印发〈关于审理劳动争议案件若干问题的解答（二）〉的通知》**

**第七点**　用人单位与劳动者在劳动合同中约定"合同到期后劳动者继续在用人单位工作的，视为原劳动合同期限的延长"。延长的劳动合同到期后，劳动者提出其已符合签订无固定期限劳动合同的条件，要求用人单位与其续签无固定期限劳动合同的，应否支持？劳动者以延长期间用人单位未与其签订书面劳动合同为由要求支付二倍工资的，应否支持？

答：劳动合同中约定"合同到期后劳动者继续在用人单位工作的，视为原劳动合同期限的延长"，双方实际履行了该约定的，视为双方之间订立了新的劳动合同，因此，延长的劳动合同到期后，用人单位不能直接终止劳动合同，如劳动者提出签订无固定期限劳动合同且符合《中华人民共和国劳动合同法》第十四条第二款第三项规定的，应予支持。但劳动者以延长期间用人单位未与其签订书面劳动合同为由要求支付二倍工资的，不予支持。

**5.《江苏省劳动合同条例》**

**第十七条**　按照用人单位与劳动者的约定，劳动合同期满后自动续延的，视为双方连续订立劳动合同。

用人单位与劳动者协商延长劳动合同期限，累计超过六个月的，视为双方连续订立劳动合同。

# 18. 劳动合同中如何合理界定工作地点的地域范围？

## 【固法观点】

用人单位在与劳动者签订劳动合同时，不应当过于宽泛地约定劳动者的工作地点为"全国"或某省等范围。一般情况下，可以以市/县为单位来约定工作地点。如地点约定过于宽泛，且没有针对劳动者工作岗位特点、用人单位经营模式的特别说明的，则应当以实际履行地作为工作地点。用人单位以工作地点约定为"全国"或某省为由，未与劳动者协商一致而变更工作地点的，有较大风险被认定为违法，从而应当承担相应的法律责任。

鉴于不同行业、不同岗位其工作性质有很大出入，譬如外勤销售人员、高级管理人员，因活动区域比较宽泛，一般会允许企业约定相对固定的活动区域（如上海市、黄浦区等）。用人单位对工作地点作出的相对宽泛的约定必须有合理和善意的考虑，不能以模糊工作地点来侵犯劳动者权益。如约定过窄，当用人单位需设立近距离的分支机构或迁址时，则需另行与劳动者协商一致变更；如约定过宽，则属于约定不明（没有约定），将以实际履行地作为工作地点。

## 【案例分析】

谭某于2018年7月24日入职合创公司处工作。合创公司与谭某签订自2018年7月24日起至2021年7月23日止的劳动合同，合同约定：谭某的工作岗位为业务类岗位，具体岗位以岗位责任书为准，工作地点为公司经营场所范围内，谭某应服从合创公司的岗位及工作地点调整安排。谭某入职后的实际工作地点为广东地区。合创公司拟调动谭某到上海任职项目水电主管，在工资待遇等劳动条件无任何不利变更的情况下，合创公司为谭某提供宿舍及交通补助。谭某拒绝该工作地点变更，并未赴职，后合创公司以谭某长期旷工为由解除劳动合同。

谭某不服，遂提起劳动仲裁，裁决认定合创公司应当支付违法解除劳动合同的经济赔偿金。随后公司提起诉讼。

合创公司认为，双方《劳动合同》约定工作地点为公司经营场所范围内，合创公司作为建筑行业，其经营模式和性质决定了谭某的工作岗位存在随时调整工作地点的特性；合创公司调岗行为属于用人单位合法行使用工自主权，劳动者的劳动权与企业的用工自主权受法律平等保护，二者不可偏废；合创公司调动谭某到华东区域任职项目水电主管，调整后的岗位为其所能胜任、工资待遇等劳动条件无任何不利变更，合创公司并提供宿舍及交通补助，充分考虑了调动对谭某的影响；合创公司对谭某进行调动不属于具有侮辱性、惩罚性，或者导致谭某工资水平下降的情形，该调岗行为应视为用人单位合法行使用工自主权。

一、二审法院均认为，根据《中华人民共和国劳动合同法》第十七条之规定，劳动合同应当具备工作地点的条款，现合创公司、谭某双方约定谭某的工作地点为公司经营场所范围内，该约定地点并不明确，应当以实际履行劳动合同的地点或双方协商一致的工作地点为准。本案中，合创公司调整谭某岗位前实际履行工作地点在广东省内，合创公司单方将工作地点变更为上海市，必然对谭某工作生活的便利性、家庭照顾的可能性、上下班时间成本均产生影响，故该调整理应由双方平等协商进行，谭某已明确提出异议对合创公司调整的工作地点不予认可，属于双方未能协商一致变更劳动合同的情形，合创公司以谭某不服从调动安排为由解除劳动关系缺乏依据。合创公司解除与谭某的劳动关系属违法，合创公司应向谭某支付违法解除劳动关系赔偿金。

〔案例出处：（2022）粤 01 民终 16031 号〕

## 【法理分析】

纵览《中华人民共和国劳动法》与《中华人民共和国劳动合同法》中关于劳动合同订立的必备条款可知，《中华人民共和国劳动法》并未将工作地点列入必备条款中，而在《中华人民共和国劳动合同法》出台后，工作地点被列入了劳动合同必备条款的一部分，同时，《中华人民共和国劳动合同法》还强调用人单位在招用劳动者时即应当如实告知劳动者工作地点。同时规定，工作地点作为劳动合同的必备组成部分，不应当随意变更，如确需变更的，应当在双方协商一致后采用书面形式进行变更。此外,《中华人民共和国劳动合同法》第四十条规定,用人单位在客观情况发生重大变化致使劳动合同无法履行时,可以与劳动者协商变更工作地点。如果未能就工作地点变更达成一致,则用人单位需要承担支付劳动者经济补偿金的责任。

由此可见,劳动法律对工作地点的设置有较高的要求,用人单位应当重视劳动合同中关于工作地点的合理化设置。在考虑工作地点设置时,充分考量企业经营特点、劳动者工作性质以及工作变动范围的大小,且不应当仅将劳动合同约定作为变更劳动者工作地点的唯一依据,即便在有劳动合同规定的前提下,如变更会对劳动者工作生活造成过分冲击或影响的,仍应获得劳动者的同意。

## 【实操建议】

用人单位在设置劳动合同中的工作地点条款时,应当综合考虑公司或分公司/分支机构所在地以及劳动者变更工作地点的可能性,对于存在较大调动可能性的职位/劳动者,需设定较为宽泛的工作地点的,应当在劳动合同中明确企业经营模式的特殊性以及劳动者岗位的特性。如此设定之下,在面对裁判者的询问时,用人单位可以有合理的逻辑用以解释单方变更工作地点的必要性。

仍需一提的是,对于变更工作地点这一问题,用人单位应当尽量提前与劳动者达成一致,并签订书面协议,固定变更事实。

此外,对于变更后的工作地点,应当注意如下规则:

1. 调整后的工作地点不应当具有侮辱性、歧视性;

2. 不应当明显增加劳动者的工作成本。如确有增加的,用人单位应当提供相应的补偿或替代条件,用于弥补劳动者增加的工作成本;

3. 调整后的工作地点不应当导致劳动者订立劳动合同的目的落空。

## 【法规索引】

1.《广东省人力资源和社会保障厅关于做好企业转型升级过程中劳资纠纷预防处理工作的意见》

企业在本市行政区域内搬迁,职工上下班可乘坐本市公共交通工具,或企业提供交通补贴、免费交通工具接送等便利条件,对职工生活未造成明显影响的,劳动合同继续履行。

**2.《深圳市中级人民法院关于审理劳动争议案件的裁判指引》**

八十、用人单位在深圳市行政区域内搬迁，劳动者要求用人单位支付经济补偿的，不予支持。

用人单位由深圳市行政区域内向深圳市行政区域外搬迁，劳动者要求支付经济补偿的，应予支持。

**3.《中华人民共和国劳动合同法》**

第八条　用人单位招用劳动者时，应当如实告知劳动者工作内容、工作条件、工作地点、职业危害、安全生产状况、劳动报酬，以及劳动者要求了解的其他情况；用人单位有权了解劳动者与劳动合同直接相关的基本情况，劳动者应当如实说明。

第十七条　劳动合同应当具备以下条款：工作内容和工作地点。

**4.《长三角区域"三省一市"劳动人事争议疑难问题审理意见研讨会纪要》**

八、用人单位在劳动合同中约定"全国范围""长三角区域"等宽泛工作地点的，该约定效力的认定。

用人单位与劳动者在劳动合同中宽泛约定工作地点，但未对用人单位工作地点、经营模式、劳动者工作岗位特性等特别提示的，属于对工作地点约定不明。

对于从事全国范围的销售、长途运输、野外作业等工作地点无法固定的特殊工作，劳动合同将劳动者工作地点约定为"全国范围""长三角区域"等宽泛工作地点的，可以认定有效。

劳动合同对工作地点没有约定、约定不明确或者劳动合同约定与实际履行地不一致的，应当以实际履行地为认定工作地点的主要依据。

# 19. 如何判断单位对劳动者工作地点调整的有效性？

## 【固法观点】

> 劳动合同中劳资双方事先约定用人单位有权单方调整工作地点的，该约定无效，对于工作地点的调整应当由双方协商一致后进行变更。同时，用人单位对劳动者工作地点的调整应当在合理的限度之内，切实考量该调整对劳动者的工作生活是否会产生较大的负面影响，以保证工作地点调整的有效性。
>
> 如劳动者与用人单位在劳动合同内约定了工作地点范围，用人单位在约定范围内对劳动者的工作地点进行调整，若该调整对劳动者的实际影响不大、变动不大或用人单位已经采取支付交通补贴等方式弥补，基本消除由此产生的负担或者影响的，则该约定及地点调整有效，双方应当继续履行劳动合同。

## 【案例分析】

陈某于 2007 年 10 月 8 日入职某运输公司，任职仓管员，双方劳动合同约定陈某的工作地点为广州市，而陈某实际上自 2015 年起即在广州市番禺区工作。2020 年 9 月 10 日，运输公司单方将陈某的工作地点由广州市番禺区调整至广州市天河区。陈某不同意这一调整，后拒不上班。2020 年 10 月 20 日，陈某以被迫解除劳动合同为由提起仲裁。

陈某认为，其长期在番禺区工作，运输公司单方将工作地点变更到天河区，不仅对其履行劳动合同构成重大障碍，工作地点的变更将使其为履行合同付出更多的经济成本，事实也降低了其收入。

运输公司认为，公司并未变更劳动合同约定的工作地点及岗位，且本次工作安排亦属于公司的生产经营需要，并不具有针对性和惩罚性，且调动前后的工资水平基本相当，公司对陈某的岗位调整合法合理。

最终法院判决认为，用人单位行使用工自主权为劳动者调岗的，应当考虑调岗的合理性与必要性，以及是否对劳动者带来重大影响或使劳动者的合法权益受到损害。本案中虽劳动合同约定了工作地点为广州，但广州市范围较广，公司在广州区域内有很多工作点，公司在对陈某进行调岗时应当考虑其原工作区域和居住区域。陈某居住在南沙区，其从 2015 年开始就在其居住地附近的番禺钟村、南沙万顷沙、番禺大龙街等工作点工作。公司以成立了新的天河大件集配站为由，将陈某从原工作区域番禺区调至天河区工作，但公司提供的调动人员名册中仅有 2 人为天河区外调入，其他人员都是天河区内调整。此外，公司对于陈某表达不愿调整岗位的诉求，并未予以反馈或协商。因此，陈某要求解除劳动关系并要求公司支付经济补偿金，合理合法。

〔案例出处：（2021）粤 01 民终 15978 号〕

## 【法理分析】

从法律规定的角度而言，用人单位变更工作地点的行为属于变更劳动合同内容。据《中华人民共和国劳动合同法》第三十五条规定，用人单位变更劳动合同约定的内容的，应当与劳动者进行平等协商，并作出相应的书面变更协议。对于工作地点进行格外约束的原因是，劳动者通常都会将用人单位的工作地点作为其考虑是否入职该单位的重要因素之一，即地点是影响劳动者工作条件的基本要素之一。

实践中，劳资双方即便事先约定用人单位有权调整劳动者的工作地点，劳动者服从安排，也并不意味着用人单位的任何工作地点调整都是合法并被接受的。从公平性的角度而言，用人单位享有自主经营的权利，有权根据经营需要变更劳动者的工作地点，但应当在一定的合理限度内。对于合理限度的界定，需要兼顾用人单位的经营需要和劳动者提供劳动的便利性两方面因素。工作地点的调整是否应当被接受的关键在于，调整后的工作地点对原劳动合同产生的影响大小以及是否能够通过合理手段弥补负面影响。在劳动者通过劳动力换取经济效益的前提下，如工作地点的变更严重影响了劳动者所得，或实质性阻碍了原劳动合同履行的，则该调整将被视为无效，用人单位应当承担相应的法律责任。

## 【实操建议】

1. 本质上，是否约定用人单位的单方变更权与用人单位是否能够改变劳动者工作地点没有必然联系。但从经营管理以及单位行使自主管理权的角度而言，用人单位仍应当在合同中对此权利进行约定，由此更好地行使管理权，也能够在出现矛盾或争议时占据主动权。

2. 单位调整劳动者工作地点的，应当尽可能地减少对劳动者的负面影响，维持原劳动合同履行条件。对于无法避免的交通成本等因素，用人单位可以采取补贴或班车等方式尽可能地降低对劳动者的影响。此外，协商获得劳动者书面同意也是一个能够最大程度减少后续的法律风险的方式。

3. 对于变更前后的工作地点，虽无明确规定距离远近，但结合广东省的规定，建议保持在市行政范围之内。综合而言，调整行为的合理性仍应当多方面考量，不能仅以距离来定论。

## 【法规索引】

1.《北京市高级人民法院、北京市劳动人事争议仲裁委员会关于审理劳动争议案件法律适用问题的解答》

用人单位与劳动者在劳动合同中宽泛地约定工作地点是"全国""北京"等，如无对用人单位经营模式、劳动者工作岗位特性等特别提示，属于对工作地点约定不明。劳动者在签订劳动合同后，已经在实际履行地点工作的，视为双方确定具体的工作地点。用人单位不得仅以工作地点约定为"全国""北京"为由，无正当理由变更劳动者的工作地点。

用人单位与劳动者在劳动合同中明确约定用人单位可以单方变更工作地点的，仍应对工作地点的变更进行合理性审查。具体审查时，除考虑对劳动者的生活影响外，还应考虑用人单位是否采取了合理的弥补措施（如提供交通补助、班车）等。

下列情形一般属于"劳动合同订立时所依据的客观情况发生重大变化"：（1）地震、火灾、水灾等自然灾害形成的不可抗力；（2）受法律、法规、政策变化导致用人单位迁移、资产转移或者停产、转产、转（改）制等重大变化的；（3）特许经营性质的用人单位经营范围等发生变化的。

2.《广东省高级人民法院关于审理劳动争议案件疑难问题的解答》

企业因自身发展规划进行的搬迁，属于劳动合同订立时所依据的客观情况发生重大变化，用人单位应与劳动者协商变更劳动合同内容。未能就变更劳动合同内容达成协议的，劳动者要求解除劳动合同以及用人单位支付解除劳动合同的经济补偿金的，予以支持。但如企业搬迁未对劳动者造成明显的影响，且用人单位采取了合理的弥补措施（如提供班车、交通补贴等），劳动者解除劳动合同理由不充分的，用人单位无须支付解除劳动合同的经济补偿金。

3.《广东省人力资源和社会保障厅关于做好企业转型升级过程中劳资纠纷预防处理工作的意见》

企业在本市行政区域内搬迁，职工上下班可乘坐本市公共交通工具，或企业提供交通补贴、免费交通工具接送等便利条件，对职工生活未造成明显影响的，劳动合同继续履行。

4.《深圳市中级人民法院关于审理劳动争议案件的裁判指引》

八十、用人单位在深圳市行政区域内搬迁，劳动者要求用人单位支付经济补偿的，不予支持。用人单位由深圳市行政区域内向深圳市行政区域外搬迁，劳动者要求支付经济补偿的，应予支持。

# 20. 既不服从调整地点也不上班能否认定为旷工？

## 【固法观点】

在单位调岗合法合理的前提下，员工不服从安排也不上班的，可以认定为旷工。调整岗位合理性判断的标准在于，当工作地点调整后，是否会对劳动者的权利义务产生重大影响，是否会对原劳动合同的履行造成实质性的障碍。如劳动者因用人单位的工作地点调整不合理而未到岗，用人单位以此解除与该劳动者的劳动合同的，可能被认定为违法解除而需支付经济赔偿金。

## 【案例分析】

李某于2010年3月5日入职某银行，任客户经理一职。李某与银行共签订两期劳动合同，合同约定的工作岗位均为公司客户经理，工作地点均为广州市。2019年3月26日，某银行发出《工作调动单》，将李某的工作岗位从广州市天河区调整到广州市增城区，岗位为公司客户经理，并要求其在2019年3月29日前到人力资源部办理相关手续；李某回复银行表示不同意上述工作调动；之后银行多次通知李某前往增城支行报到，并表示李某职级待遇不变且另外提供600元/月交通补贴和六个月的适应期；李某亦均回复不同意工作调动并实际未到增城支行报到上班。2019年4月23日，银行以李某未到增城支行报到上班累计旷工15天为由单方解除与其劳动关系。

李某认为银行的工作调动事前未与其进行任何协商，未对工资待遇进行明确，且该调动增加其上下班的路途时间，损害了其利益。银行以其未到岗为由解除劳动关系属于非法解除。

双方提起劳动仲裁，随后诉至法院。

一审法院认为，第一，银行作为用人单位依法享有用工自主权，其依正常生产经营需要有权在综合考虑李某的工作经历后，对其进行调岗。第二，根据双方确认的《劳动合同》显示李某的工作地点为广州市，而调岗至增城支行在广州行政区域范围内，亦不违反双方签订的《劳动合同》的规定。第三，结合银行提交的一系列《通知》可知，银行已就岗位调整问题与李某提前多次协商并进行书面确认，亦多次明确调岗后李某的职级待遇不变，并提供 600 元/月的交通补贴、相应培训及六个月岗位适应期，可见在调整工作岗位上已履行了相关的告知义务，并提供补贴等福利，其对李某的调岗并无不当。李某作为劳动者，应服从用人单位安排，履行自己的义务，提供劳动。

二审法院认为，劳动者的工作地点发生变更，双方理应协商一致。但本案中，银行系基于自身经营发展需要调整劳动者的工作地点，并未变更劳动者的工资待遇和劳动关系，且并未超出广州市范围，银行亦提供交通补贴，可以认定前述调整属于用人单位合法行使用工自主权的范畴，李某应当配合银行的经营安排。

最终，法院认定银行的解除行为不构成违法解除。

〔案例出处：（2020）粤 01 民终 17887、17888 号〕

## 【法理分析】

用人单位作为用工主体，虽然拥有用工自主权，但是该权利并非用人单位绝对的单方权利，其行使应限制在合理的范围之内，以平衡企业经营自主权与劳动者合法权益。故在双方对于调岗之约定过于宽泛的情况下，应对用人单位调岗之合理性进行考察。

工作地点不仅是劳动者的工作场所，亦是劳动者家庭生活和社会交往之依托。虽然连锁企业具有一定的特殊性，但是并不能以强调劳动者必须无条件服从等方式要求劳动者牺牲其合法权益去满足企业的经营需求。因此，在调动工作地点时，应从适当性以及必要性之角度去衡量企业经营与造成劳动者生活与工作条件和成本变化之间的关系，兼顾双方的利益而达到共赢。

## 【实操建议】

1. 用人单位认为有必要调整劳动者岗位的，应当尽量事先取得劳动者的书面同意，既能减少后续争议，也能在产生矛盾时具有主动权。

2. 在劳动合同的工作地点设置上，用人单位可以根据劳动者岗位工作性质、工作特点以及公司的经营特色，预先设置合理的工作地点范围，以便在需要调整工作地点时可以与员工进行协商；在双方产生矛盾时也能较为清晰地解释工作地点变更的必要性与合理性，以此获得司法机关的支持。

3. 用人单位应当完善公司的考勤管理机制与处罚机制，构建合理的"行为—处罚"层次，明确旷工行为的表现，强调旷工行为持续时间的不同处理方式。

4. 在旷工以及自动离职等行为的认定上，用人单位应当遵循程序合理的原则，并且给予劳动者合理的陈述与申辩机会。劳动者提出适当理由的，用人单位应当予以回应，尊重劳动者的合理合法权益。

5. 随着《中华人民共和国企业劳动争议处理条例》等规定的废止与失效，在合理调岗的前提下，员工拒不到岗也不上班的，应当按照"旷工"处理，不应按照"自动离职"处理。

6. 出现此类情况时，劳动者可以采取合适的手段提出诉求与异议，比如可以通过书面方式与用人单位进行沟通，合理协商，必要时候可求助于劳动保障监察大队等部门介入调解，通过合理合法的手段提出诉求，避免导致双方劳动关系陷入僵局乃至劳动关系解除。

## 【法规索引】

1.《中华人民共和国劳动合同法》

第三十五条 用人单位与劳动者协商一致，可以变更劳动合同约定的内容。变更劳动合同，应当采用书面形式。变更后的劳动合同文本由用人单位和劳动者各执一份。

第三十九条 劳动者有下列情形之一的，用人单位可以解除劳动合同：

（一）在试用期间被证明不符合录用条件的；

（二）严重违反用人单位的规章制度的；

（三）严重失职，营私舞弊，给用人单位造成重大损害的；

（四）劳动者同时与其他用人单位建立劳动关系，对完成本单位的工作任务造成严重影响，或者经用人单位提出，拒不改正的；

（五）因本法第二十六条第一款第一项规定的情形致使劳动合同无效的；

（六）被依法追究刑事责任的。

# 21. 培训期间员工享有的工资福利是否属于专项培训费用？

## 【固法观点】

> 劳动者违反服务期约定的，应当按照约定向用人单位支付违约金，违约金的数额不得超过用人单位提供的培训费用。根据《劳动合同法实施条例》的规定，培训费应当包括用人单位直接支付的培训费、住宿费用、交通费用等以及其他因培训产生的直接费用，但是不应当包括工资及其他福利待遇。

## 【案例分析】

陈某于 2014 年入职某医院。2016 年 3 月，双方签订《进修合同》约定派陈某进修 3 个月，费用由医院承担，期满后陈某必须服务满五年，否则要退回进修期间的工资、补助、进修费等一切费用，同时少服务一年应赔偿违约金 1 万元及其他损失。该次进修共花费 8560 元，医院按相关规定向陈某发放了进修期间的工资。陈某进修结束后回到某医院工作，于 2021 年 5 月提出辞职。医院遂申请劳动仲裁要求陈某退回进修期间的一切费用并支付违约金。

梅州市中级人民法院审理认为，《进修合同》中关于服务期未满须退回进修期间一切费用的约定违反了劳动合同法的相关规定，故医院要求陈某退还进修期间的一切费用，依据不足。陈某提出离职时离服务期满还差 48 天，故应向医院支付该 48 天对应的培训费用作为违约金。

〔案例出处：《某医院诉陈某劳动争议案：劳动者未满服务期辞职无需退还培训期间工资——2022 年广东省高级人民法院十大典型劳动争议案例之六》〕

## 【法理分析】

用人单位安排劳动者的专业培训系为提高劳动者个人工作技能，同时也使得劳动者有机会为用人单位创造更大的经营效益，故专业培训期间应视为劳动者为用人单位提供了正常劳动，培训期间的工资福利系劳动者的劳动报酬而非因培训产生的直接费用。如果用人单位要求劳动者退还培训期间的工资福利，则侵害了劳动者获取劳动报酬的权利。

结合《中华人民共和国劳动合同法》第二十二条以及《劳动合同法实施条例》第十六条规定，劳动者违反服务期约定，用人单位要求劳动者支付的违约金数额不得超过用人单位因培训产生的直接费用，且需要按照未履行服务期的比例折算。如果支持退还服务期的工资福利，则突破了对服务期违约金上限的限制，变相加重了劳动者的违约责任，违反了前述条款的规定。

## 【实操建议】

从企业立场出发，在取得员工同意的前提下，尽量延长服务期，则企业投入的培训费效益增大，相同时间内员工违约对应的未履行服务期更长，企业可追索的违约金比例更高。反之，从员工立场而言，服务期应尽可能缩短。

同时，从劳资稳定及长久合作考虑，建议企业正确评估培训员工的成本以及员工可承担的违约责任，勿以为只要加重劳动者的违约责任就可以令劳动者遵守服务协议以实现留住人才的目的。从以上判例可知，劳动者违反服务期约定，用人单位要求劳动者支付的违约金有法定上限，不能变相突破，企业要留住人才还得另寻他法。

## 【法规索引】

### 1.《中华人民共和国劳动合同法》

**第二十二条**　用人单位为劳动者提供专项培训费用，对其进行专业技术培训的，可以与该劳动者订立协议，约定服务期。

劳动者违反服务期约定的，应当按照约定向用人单位支付违约金。违约金的数额不得超过用人单位提供的培训费用。用人单位要求劳动者支付的违约金不得超过服务期尚未履行部分所应分摊的培训费用。

用人单位与劳动者约定服务期的，不影响按照正常的工资调整机制提高劳动者在服务期期间的劳动报酬。

2.《中华人民共和国劳动合同法实施条例》

**第十六条**　劳动合同法第二十二条第二款规定的培训费用，包括用人单位为了对劳动者进行专业技术培训而支付的有凭证的培训费用、培训期间的差旅费用以及因培训产生的用于该劳动者的其他直接费用。

# 22. 为"挂证"签署的劳动合同是否有效？

## 【固法观点】

"挂证"常见于工程建设领域。为提升自身资质等级，不少建设工程企业会选择与持有执业资格证书的劳动者合作，劳动者将证书注册至公司名下，由公司支付一定金额的使用费，但不真实聘用。然而，根据我国建筑领域职业资格相关的法律法规规定，将执业证书注册（包含初始注册与变更注册）至用人单位名下时，需提供与该用人单位签署的劳动合同，同时应由该用人单位为持证人缴纳社保。故此，部分持有执业资格证书的劳动者可能同时与两家用人单位签订劳动合同，其中一家为不需要劳动者执业资格证书的实际工作单位，而另一家为"挂证"单位，即与持证人不具有实际用工关系的注册单位，除固定的执业证书使用费以外，注册单位不向劳动者支付任何其他薪酬福利。在司法实践中，为"挂证"签署的劳动合同通常会因违反法律强制性规定而被认定为无效。

## 【案例分析】

2013年12月8日，杨某与某建设实业公司（以下简称建设公司）签订了《高级人才聘用（兼职）合同》，约定：建设公司因发展所需，需要杨某二级房建、市政专业建造师证书以及建筑工程管理高级工程师职称，建设公司同意聘用杨某为兼职工程技术人员，实行不坐班工作制，在杨某的配合下，为建设公司办理注册手续。聘用期限为2013年12月8日至2014年12月8日。聘用期间，杨某仅授权建设公司使用杨某的注册证书进行建设公司企业资质升级或资质年检活动，建设公司免费为杨某办理初始注册、续期注册、变更注册和资质年检等相关手续。建设公司需支付杨某第一年的聘用工资 35000 元。签订《高级人才聘用（兼职）合同》当天，杨某将其《二级建造师注册证书（房建专业）》等与资质文件有关的物品交由建设公司收执。

2015 年 4 月 1 日，杨某、建设公司双方在《高级人才聘用（兼职）合同》的基础上签订了《补充协议》，约定聘期自 2015 年 4 月 1 日起至 2017 年 4 月 1 日止，聘用工资调整为每年 38000 元。

2016 年 5 月 11 日，因国家禁止以证件挂靠的方式提升企业资质，双方协商同意解除《高级人才聘用（兼职）合同》，建设公司拒绝办理《高级人才聘用（兼职）合同》解除相关手续，且扣押杨某上述五本证件原件，引发双方纠纷。

审理法院认为，杨某与建设公司虽然签订了《高级人才聘用（兼职）合同》，但是杨某并非建设公司的员工，而是有自己的固定工作单位，杨某从未在建设公司处工作，也不接受建设公司规章制度的约束，除了领取证书的挂靠年费外，建设公司不向杨某支付其他劳动报酬，杨某与建设公司之间不存在劳动关系。《高级人才聘用（兼职）合同》实质上是杨某将其建筑专业证书有偿出租给建设公司使用，挂靠在被告处，按年度收取挂靠费用的挂靠合同。建设公司通过杨某的挂靠行为办理资质升级或资质年检手续，满足了其不应该拥有的从业资质，超越自身专业能力对外投标或从事建筑工程建造，违反了"建筑企业必须在资质等级许可范围内从事建筑活动"这一规定，客观上扰乱了正常的建筑市场秩序，属于以签订合同的合法形式掩盖租用建筑专业证书的非法目的，损害了社会公共利益。因此，杨某与建设公司签订的《高级人才聘用（兼职）合同》为无效合同。

〔案例出处：（2018）粤 0802 民初 2597 号〕

## 【法理分析】

即便劳动者与用人单位出于"挂证"目的，签署劳动合同，双方并不构成劳动关系。根据我国相关法律法规规定，劳动者与用人单位是否存在劳动关系，主要应从劳动者与用人单位是否存在劳动法上的隶属关系考量。而在"挂证"关系中，虽然用人单位与劳动者签署了劳动合同甚至为劳动者缴纳社保，但劳动者的工作时间和工作地点并不受用人单位的约束，用人单位向劳动者支付的为资格证书使用费而非劳动报酬，双方不存在人身或组织上的隶属关系，亦不存在事实上的劳动关系，双方就此产生争议的，通常认为不属于劳动争议案件受理范畴。

持证人注册单位与实际工作单位不符、买卖租借（专业）资格（注册）证书等"挂证"行为是国家近几年来重点整治的违法违规行为，与职业资格相关的行业都出台了相关政策禁止变造、倒卖、出租、出借，或者以其他形式转让资格证书、注册证书或者执业印章的行为。从本质上说，设立相关职业资格的行业（如建筑工程、消防工程、医学领域）通常都事关社会公共利益和人民的生命健康安全，需要从业人员和相关企业认真负责对待，故需要有完善的、严格的准入和特别许可制度。而"挂证"行为正是扰乱了国家设立的重要行业的管理秩序，损害了社会公共利益，并且违反了相关行业的强制性规定，故因此建立的劳动合同亦应认定为无效。

另外值得一提的是，"挂证"行为无论对于劳动者、挂靠单位还是劳动者的实际用人单位而言，均面临极大的风险。尤其是对于劳动者而言，其一，"挂证"可能导致其社保缴纳单位与实际用工单位不一致，而无法享受社会保险待遇（尤其是工伤待遇）；其二，"挂证"因违反相关的资质管理规定，劳动者可能面临被吊销职业资格，并被科处罚款的风险。

## 【实操建议】

1. 对于需提升自身职业资质的"挂靠单位"而言，应当熟知国家禁止挂靠的相关政策，并通过合法的手段吸纳足够的人才以符合相关行业的资质条件，并获取相应的资质。

2. 对于劳动者的实际用人单位，应当制止劳动者将其资质证书挂靠至第三方企业的行为，并在规章制度中明确该等行为为严重违法行为。若劳动者坚持挂靠并要求不缴纳社保的，应及时作出解雇等处理。

3. 对于劳动者而言，则应更加爱惜自己的羽毛。将通过努力取得的资质证书出借、挂靠给第三方使用虽然短期上能够获取一定的利益，但同时也面临着无法享受社会保险待遇、被吊销执业资格乃至罚款的风险，应谨慎而行。

## 【法规索引】

1.《注册造价工程师管理办法》

第二十条 注册造价工程师不得有下列行为：

……

（八）涂改、倒卖、出租、出借或者以其他形式非法转让注册证书或者执业印章；

......

2.《中华人民共和国民法典》

第一百四十三条　具备下列条件的民事法律行为有效：

（一）行为人具有相应的民事行为能力；

（二）意思表示真实；

（三）不违反法律、行政法规的强制性规定，不违背公序良俗。

第一百四十六条　行为人与相对人以虚假的意思表示实施的民事法律行为无效。

以虚假的意思表示隐藏的民事法律行为的效力，依照有关法律规定处理。

# 23. 企业能否根据末位淘汰制进行调岗调薪？

## 【固法观点】

当前，为了提高经营生产效率，加强规范企业管理，激发员工工作积极性，许多企业会针对不同的岗位制定特殊的考核标准，规定若员工未能通过公司考核标准或排名靠后的，则将根据员工表现对其进行岗位调整与薪酬调整，即"末位淘汰制"。"不能胜任工作"是《中华人民共和国劳动合同法》规定的法定调岗事由之一，如用人单位能够证明其依据"末位淘汰制"进行调岗调薪的劳动者不能胜任工作，且其对劳动者进行岗位调整具有合理性、合法性，通常能够得到裁审者的支持。

## 【案例分析】

戴某于1996年入职某玻璃有限公司，职务为包装操作工。2010年11月起戴某任该包装操作工作的课长。双方最后一期劳动合同期限为自2014年3月1日起至2019年2月28日止，约定戴某的工作岗位为操作工，公司根据工作需要，按照诚信原则，可依法变动戴某的工作岗位，戴某接受公司所给予的职务调整和变动。

后由于客户投诉，公司于2015年11月发布公告称根据季度奖考绩排名，最后10%的人员将予以降职处理。2016年1月，因戴某考绩排名倒数第5名，公司对其作出人事调整通知，告知其职位由课长降职为班长，基本工资由1500元调整为700元，奖金亦同步降低。

戴某于2016年7月提起劳动仲裁，要求公司支付工资差额以及经济补偿金。仲裁委驳回其所有仲裁请求。后戴某以岗位调整违法、公司调岗后降薪的规定违法为由，诉至法院。

法院认为，劳动者排名末位与劳动者不能胜任工作岗位之间并无必然联系，故用人单位根据末位淘汰制解除劳动关系违反法律规定。但在解除劳动关系情形之外，末位淘汰制并非当然违法。根据查明的事实，戴某调岗前担任的职务为某玻璃公司包装股课长，该岗位具有一定的管理性质，要求劳动者具备更优秀、全面的职业技能。用人单位根据劳动者的工作业绩安排相对更为优秀的劳动者担任该职务既符合用人单位对于保证和提高产品质量的要求，亦能较大程度激发劳动者的工作积极性，故用人单位依据末位淘汰制调整劳动者工作岗位在一定条件下应予以支持。

〔案例出处：（2017）苏 05 民终 450 号〕

## 【法理分析】

"末位淘汰"通常是指用人单位根据本单位的总体目标，结合各个岗位的实际情况，设置考核指标，并以此对员工进行考核，对考核得分、排名在后的劳动者进行淘汰的绩效管理制度。"淘汰"不仅限于解除劳动合同，还泛指降职、降级、调整岗位等，故在判定用人单位制定的末位淘汰制度是否违法时不能一概而论，还应根据末位淘汰条款是劳动合同的解除条款还是工作岗位调整等综合进行判断。用人单位根据末位淘汰制度直接解除劳动合同因违反《中华人民共和国劳动合同法》的强制性规定而无效，无论该等制度是否经过民主程序并经劳动者同意。与之相反，如用人单位及末位淘汰制度调整工作岗位或者工资待遇符合相关的法律法规规定，且经过了民主协商程序（如制定制度、与劳动者签署劳动合同明确约定等），则通常被视为合法。

究其根本，允许用人单位根据末位淘汰制对劳动者进行调岗实质上是对用人单位用工自主权以及劳动者合法权利的平衡与取舍。用工自主权是指用人单位在遵守国家有关法律法规的前提下，根据经营需要，自主地决定用工形式、用工办法、工作地点、工作岗位、工资报酬等事项的权利。企业拥有用工自主权，前提是不违反法律法规的禁止性、强制性规定，在此条件下，企业行使的用工自主权应当受到保护。实际上，用人单位依据末位淘汰制对员工实行奖优惩劣，对排名靠后的员工采取调岗调薪等措施，是企业经营自主权的重要内容，有利于企业提高生产经营效率，充分发挥员工的优势，亦能在一定程度上激发劳动者的工作积极性。

## 【实操建议】

虽然当前司法实践中，允许用人单位在合法、诚信的基础上，基于末位淘汰制度对劳动者进行岗位与薪资调整，但用人单位在进行调岗调薪时仍应注意以下几点：

1. 用人单位应对劳动者的岗位制定明确合理的考核标准；

2. 考核标准应已经过民主程序且充分告知劳动者；

3. 用人单位应严格按照考核标准对劳动者进行考核，且有充分的证据表明劳动者不符合考核标准；

4. 用人单位的调岗调薪不应具有侮辱性或惩罚性。

对于劳动者而言，入职时应对所在岗位是否有明确的绩效考核要求进行充分的了解。若用人单位设置了不合理的考核要求及考核处理办法，应主动向用人单位提出并进行协商调整。而在劳动合同履行过程中，如用人单位绩效考核结果与劳动者的实际表现不相符合或劳动者对根据绩效考核作出的调岗、调薪结果有异议的，亦应当及时提出并拒绝在考核结果上签字，以避免被认定为通过实际履行与用人单位达成变更劳动合同的合意。

## 【法规索引】

### 《中华人民共和国劳动合同法》

**第四条**　用人单位应当依法建立和完善劳动规章制度，保障劳动者享有劳动权利、履行劳动义务。

用人单位在制定、修改或者决定有关劳动报酬、工作时间、休息休假、劳动安全卫生、保险福利、职工培训、劳动纪律以及劳动定额管理等直接涉及劳动者切身利益的规章制度或者重大事项时，应当经职工代表大会或者全体职工讨论，提出方案和意见，与工会或者职工代表平等协商确定。

在规章制度和重大事项决定实施过程中，工会或者职工认为不适当的，有权向用人单位提出，通过协商予以修改完善。

用人单位应当将直接涉及劳动者切身利益的规章制度和重大事项决定公示，或者告知劳动者。

**第四十条**　有下列情形之一的，用人单位提前三十日以书面形式通知劳动者本人或者额外支付劳动者一个月工资后，可以解除劳动合同：

（一）劳动者患病或者非因工负伤，在规定的医疗期满后不能从事原工作，也不能从事由用人单位另行安排的工作的；

（二）劳动者不能胜任工作，经过培训或者调整工作岗位，仍不能胜任工作的；

（三）劳动合同订立时所依据的客观情况发生重大变化，致使劳动合同无法履行，经用人单位与劳动者协商，未能就变更劳动合同内容达成协议的。

# 24. 能否以绩效评级结果作为员工不能胜任工作的依据？

## 【固法观点】

《中华人民共和国劳动合同法》第四十条第（二）项规定，劳动者不能胜任工作，经过培训或者调整工作岗位，仍不能胜任工作的，用人单位可以解除劳动合同。目前，在许多公司的管理实践中，常常以绩效评级结果认定员工不能胜任工作并以此解除劳动关系。在裁审实践中，用人单位将绩效评级作为员工不能胜任工作的依据时，应对岗位职责和工作内容制定考核的具体标准或规定，并在员工手册中明确特定绩效评级结果即等同于"不能胜任工作"，才能适用《中华人民共和国劳动合同法》第四十条第（二）项规定进行合法的劳动合同管理。

## 【案例分析】

邓某某于 2012 年 7 月 12 日入职某公司处，双方于 2015 年 7 月 12 日签订了无固定期限劳动合同，该劳动合同约定邓某某的工作岗位为市场专员，月工资为 35570 元。公司于 2019 年 11 月 8 日以短信、邮寄的方式送达《解除劳动合同通知》给邓某某，并于当天通知所在公司工会，载明解除理由："鉴于你在 2018 年年终绩效评估中绩效评级为 3 分即'远低于预期（不能胜任工作）'，公司采取培训等改进措施后，2019 年半年度绩效评估再次被评估为'不能胜任工作'；公司决定根据《中华人民共和国劳动合同法》第四十条第（二）项规定解除与你的劳动合同，并依法支付经济补偿金和代通知金。"

2019 年 12 月 18 日，邓某某向仲裁委员会提起仲裁，仲裁请求公司向其支付工资及经济补偿金、补缴社保及公积金、公司继续履行劳动合同、支付违法解除劳动合同赔偿金等。仲裁委驳回邓某某的全部仲裁请求后，邓某某起诉至法院。

法院认为，本案中，邓某某2018年年终绩效评估中绩效评级为3分即"远低于预期（不能胜任工作）"，公司采取培训等改进措施后，2019年7月8日的绩效改进计划显示"表现未达到预期"，2019年8月9日的电子邮件显示为"2019年上半年的绩效评估为'不能胜任工作'"，邓某某虽不确认员工手册、部分电子邮件及评估结果的真实性，但因其已签名确认收到员工手册且在职期间未有证据显示其曾提出异议。公司提交的大量电子邮件、绩效管理计划、绩效改进计划显示针对邓某某工作中的不足已通过制定工作计划、每周开会等形式进行了培训，此种培训方式并不违反员工手册的规定，且绩效管理及考核结果中详细列出邓某某工作中的不足达到10多项，该考核结果具体明确，可作为邓某某是否胜任其岗位的管理依据，公司据此解除其与邓某某的劳动合同并无不妥，公司主张合法解除理据充足。

〔案例出处：（2021）粤01民终16081号〕

## 【法理分析】

"不能胜任工作"在《中华人民共和国劳动合同法》第四十条中有所提及，而关于"不能胜任工作"的含义，最早出自《关于〈劳动法〉若干条文的说明》，指不能按要求完成劳动合同中约定的任务或者同工种、同岗位人员的工作量。通过对案例的分析与研究，裁审机构在认定是否"不能胜任工作"时一般需要考量：（1）用人单位是否对劳动者相应的工作制定了明确的考核标准；（2）考核标准是否经过民主程序且充分告知劳动者；（3）用人单位是否严格按照考核标准对劳动者进行考核，且有充分的证据表明劳动者不符合考核标准。在满足前述要求的同时，裁审机关还需对考核标准本身的合理性进行审查。可以说，裁审机关对于"不能胜任工作"的认定标准较为严苛，且用人单位需承担较重的举证责任。

绩效评级是很多公司用于对劳动者进行考核的标准。但是绩效评级结果与劳动者能否胜任工作之间并非存在必然联系。用人单位根据绩效评级结果认定劳动者不能胜任工作的，还应当在相关规章制度中明确劳动者绩效评级结果不合格等同于"不能胜任工作"，且公司有权进行相应的处理，否则仍存在违法调岗或解除的风险。

## 【实操建议】

1. 用人单位应在相关绩效评级制度中明确定性：劳动者的绩效考核结果在某一分数或者某一等级之下的，视为不能胜任工作。

2. 用人单位以劳动者不能胜任工作为由解除劳动合同的，还应按照《中华人民共和国劳动合同法》的规定履行法定程序，包括但不限于：

（1）用人单位在评级结果出具后，应书面通知劳动者存在不能胜任工作的情形，要求劳动者签收，并根据实际情况选择调整劳动者的工作岗位，或为劳动者提供专项培训并书面通知劳动者。用人单位选择调岗的，应明确告知劳动者新岗位的工作职责、胜任标准以及相应的劳动报酬，且该等岗位调整不能具有惩罚性或侮辱性。若用人单位选择提供专项培训的，则应合理确定培训形式和培训内容，并留存劳动者签字确认的培训材料以及培训过程证据，如培训签到表、培训记录等。

（2）用人单位在进行调岗或培训后，应再次对劳动者进行绩效评级，并根据客观实际情况确定劳动者的考评结果。

（3）若劳动者经过调岗或培训后，绩效考核结果仍不合格，且符合相关制度规定的"不能胜任工作"情形的，应将拟单方解除劳动合同的理由通知工会后，向劳动者发出解除劳动合同通知，并支付经济补偿。

## 【法规索引】

1.《中华人民共和国劳动合同法》

第四十条　有下列情形之一的，用人单位提前三十日以书面形式通知劳动者本人或者额外支付劳动者一个月工资后，可以解除劳动合同：

（一）劳动者患病或者非因工负伤，在规定的医疗期满后不能从事原工作，也不能从事由用人单位另行安排的工作的；

（二）劳动者不能胜任工作，经过培训或者调整工作岗位，仍不能胜任工作的；

（三）劳动合同订立时所依据的客观情况发生重大变化，致使劳动合同无法履行，经用人单位与劳动者协商，未能就变更劳动合同内容达成协议的。

**2. 劳动部办公厅关于印发《关于〈劳动法〉若干条文的说明》的通知**

第二十六条　有下列情形之一的，用人单位可以解除劳动合同，但是应当提前三十日以书面形式通知劳动者本人：

（一）劳动者患病或者非因工负伤，医疗期满后，不能从事原工作也不能从事由用人单位另行安排的工作的；

（二）劳动者不能胜任工作，经过培训或者调整工作岗位，仍不能胜任工作的；

（三）劳动合同订立时所依据的客观情况发生重大变化，致使原劳动合同无法履行，经当事人协商不能就变更劳动合同达成协议的。

本条第（一）项指劳动者医疗期满后，不能从事原工作的，由原用人单位另行安排适当的工作之后，仍不能从事另行安排的工作的，可以解除劳动合同。

本条第（二）项中的"不能胜任工作"，是指不能按要求完成劳动合同中约定的任务或者同工种、同岗位人员的工作量。用人单位不得故意提高定额标准，使劳动者无法完成。

# 25. 劳动合同中能否约定劳动争议纠纷只能由用人单位所在地的人民法院管辖？

## 【固法观点】

实践中，出于诉讼便利的考虑，很多用人单位在劳动合同、解除劳动合同协议书、竞业限制协议书中约定由用人单位所在地法院管辖，拟通过《中华人民共和国民事诉讼法》第三十四条的规定排除劳动合同履行地法院的管辖。然而，基于劳动合同的特殊法律性质，以及相关的法律规定，用人单位与劳动者在劳动合同中约定的管辖权条款通常会因排除劳动者的合法权利，给劳动者造成不便而被认定为无效。

## 【案例分析】

陈某于 2011 年 5 月 1 日入职某科技公司，担任司机，工作地点位于北京市朝阳区酒仙桥路××号，双方签订期限为 2011 年 5 月 1 日至 2014 年 4 月 30 日的劳动合同（甲方为某科技公司，乙方为陈某），合同第十二条约定："劳动争议的程序为……不服仲裁裁决的一方，可在收到仲裁裁决书即日起十五天内，向甲方所在地人民法院起诉。"某科技公司的住所地为湖北省武汉市蔡甸区。

合同履行中，双方发生纠纷。2012 年 9 月 19 日，陈某向北京市朝阳区劳动人事争议仲裁委员会（以下简称朝阳区仲裁委）申请仲裁，要求某科技公司支付其违法解除劳动关系的赔偿金 103950 元。2013 年 3 月 8 日，朝阳区仲裁委作出裁决：1. 某科技公司支付陈某违法解除劳动合同的赔偿金 20790 元；2. 驳回陈某的其他仲裁请求。陈某对仲裁裁决不服，起诉至北京市朝阳区人民法院，某科技公司未起诉。

一审法院向某科技公司送达起诉书及开庭传票，某科技公司在答辩期内提出管辖异议，并主张依据其与陈某签订的劳动合同，不服仲裁裁决的，由被告所在地的人民法院管辖，被告住所地为湖北省武汉市蔡甸区，故北京市朝阳区人民法院对此案无管辖权，申请：要求北京市朝阳区人民法院将此案移送有管辖权的人民法院，或报请上级人民法院指定管辖。

法院认为，陈某系以某科技公司违法解除与其的劳动合同为由提起的诉讼，并请求判令某科技公司支付陈某违法解除劳动合同赔偿金等。虽然陈某与某科技公司签订的《劳动合同书》对于劳动争议的管辖进行了约定，但陈某称《劳动合同书》系某科技公司提供的格式合同，故本案不适用协议管辖的约定。

〔案例出处：（2014）三中民终字第 10006 号〕

## 【法理分析】

首先，《中华人民共和国民事诉讼法》第三十五条有关约定管辖的规定体现了私法领域的意思自治原则。允许合同或其他权益纠纷的当事人在一定范围内选择管辖法院能够方便当事人的诉讼亦有利于案件事实的查明。通常认为，协议管辖的适用领域仅为合同或者其他财产权益纠纷，这里的合同纠纷包括因合同订立、履行、变更、解除、违约等所产生的纠纷，其他财产权益纠纷包括因物权、知识产权中的财产权而产生的民事纠纷，因身份关系产生民事纠纷的不能协议选择管辖法院。劳动争议案件涉及的法律关系为用人单位与劳动者之间的劳动关系，具有人身属性，不适用协议管辖的有关规定。

其次，约定管辖不能违反级别管辖和专属管辖的规定。《中华人民共和国劳动争议调解仲裁法》《最高人民法院关于审理劳动争议案件适用法律问题的解释》均规定了劳动争议案件由用人单位所在地或者劳动合同履行地的基层人民法院管辖，属于法定管辖的范畴。劳动合同关系作为特殊的民事法律关系，根据"特别法优于一般法"的原则，在劳动争议案件管辖权确定时，应遵循劳动相关法律及司法解释的专门规定。

最后，在劳动合同中约定管辖地实质上排除了劳动者进行选择的权利，侵犯了劳动者的合法权益。实践中存在大量的用人单位所在地与劳动合同的实际履行地不相同的情况，如允许用人单位约定排除劳动合同履行地的管辖，可能会导致劳动者诉讼成本的大幅增加，且不利于案件事实的查明。

## 【实操建议】

对于用人单位而言，建议不能在劳动合同中对劳动争议的管辖地进行约定，即使有相关的约定，在司法实践中获得裁审者支持的概率也相对较低。但在用人单位起诉劳动者的情形下，可以从诉讼的效率及成本考量，在用人单位所在地或者劳动合同履行地中选择有利于用人单位的管辖法院提起诉讼。

对于劳动者而言，在签订劳动合同时，应当对劳动合同是否有限制、排除劳动者权利的条款进行判断，并要求用人单位删除或调整相关条款。若在劳动合同履行过程中，劳动者与用人单位产生争议的，即使劳动合同约定了争议管辖地，但劳动者仍可以在用人单位所在地或劳动合同履行地中选择有利于劳动者一方的法院提起诉讼。

## 【法规索引】

1.《中华人民共和国民事诉讼法》

第三十五条 合同或者其他财产权益纠纷的当事人可以书面协议选择被告住所地、合同履行地、合同签订地、原告住所地、标的物所在地等与争议有实际联系的地点的人民法院管辖，但不得违反本法对级别管辖和专属管辖的规定。

2.《中华人民共和国劳动争议调解仲裁法》

第二十一条 劳动争议仲裁委员会负责管辖本区域内发生的劳动争议。

劳动争议由劳动合同履行地或者用人单位所在地的劳动争议仲裁委员会管辖。双方当事人分别向劳动合同履行地和用人单位所在地的劳动争议仲裁委员会申请仲裁的，由劳动合同履行地的劳动争议仲裁委员会管辖。

3.《最高人民法院关于审理劳动争议案件适用法律问题的解释（一）》

第三条 劳动争议案件由用人单位所在地或者劳动合同履行地的基层人民法院管辖。

劳动合同履行地不明确的，由用人单位所在地的基层人民法院管辖。

法律另有规定的，依照其规定。

# 26. 外国职工达到我国法定退休年龄，劳动合同能否终止？

## 【固法观点】

　　根据我国涉外民事关系法律适用法的相关规定，在涉及劳动者权益保护的民事法律关系中，应直接适用法院地法即中国的法律。而在我国，一般认为劳动者在达到法定退休年龄后，即不具备成为劳动关系主体的资格，劳动合同自然终止。但也有观点认为，劳动者是否具备劳动关系主体资格，应当以劳动者是否已经享受养老保险待遇为界限，如劳动者在达到法定退休年龄后，因用人单位原因导致无法享受养老保险待遇的，劳动者与用人单位建立的劳动关系存续。

## 【案例分析】

　　Perry 于 2010 年 11 月 29 日入职某学校，双方签订了数份国际教师聘用合同。Perry 在 2018 年 12 月 12 日与某学校签订了自 2019 年 8 月 1 日至 2021 年 7 月 31 日止的聘用合同，担任国际教师一职。

　　Perry 出生日期为 1956 年 4 月 18 日，国籍为美国，工作许可类型为 B（专业人才），2016 年 4 月 18 日已经符合中国的退休年龄，但工作许可有效期截止到 2019 年 5 月 23 日，用人单位为某学校。人社部门回应，Perry 就业许可证显示有效至 2019 年 5 月 23 日的原因推断为其入职某学校的时间较长，2010 年 11 月 29 日就入职了，老的就业许可证到期时间系统显示为 2017 年 7 月 31 日，当时还是纸质版的载明为外国专家证的工作证。2017 年 5 月纸质版不再使用，统一重新制证，新的工作证制作完成后，Perry 于 2018 年 3 月 12 日办理了一次延期申请，2018 年 4 月 24 日决定予以延期，从工作证到期之日开始顺延一年，也就是 2019 年 5 月 23 日工作许可证到期。当时的主管部门是人社局，可能有外国人办证年龄放宽到 65 周岁的非正式通知，但是 2019 年开始又从严执行《国家外国专家局关于印发外国人来华工作许可服务指南（暂行）的通知》，对于 B 类人员在中国就业的年龄一律按照 60 周岁处理，不分男女。

法院认为，Perry 持有有效期内的就业许可证，符合外国人在中国境内用人单位就业的法定条件，具备了与某学校建立劳动关系的前提条件，但并不表示持有工作许可证的外国人，与中国境内用人单位建立的用工关系必然为劳动关系。在涉外因素用工关系的认定上还需结合法院地法律的具体规定，根据我国法律规定，劳动者达到法定退休年龄的，劳动合同终止。建立劳动关系的主体是符合法律规定的劳动者和用人单位，就劳动者而言，应当为已满 16 周岁的自然人，但不包括达到法定退休年龄、办理退休手续、依法享受养老保险待遇、领取退休金等情况的人员，在具备就业许可证但不符合就业年龄的情况下，Perry 并不是劳动关系上的适格劳动者，Perry 出生于 1956 年 4 月 18 日，至 2016 年 4 月 17 日已达到我国法定退休年龄，后续 Perry 在某学校工作，双方建立的不是劳动关系。

〔案例出处：（2019）苏 0214 民初 2735 号〕

## 【法理分析】

根据我国涉外民事关系法律适用法的相关规定，用人单位与被聘用的外国人发生劳动争议应直接适用法院地法律作为准据法。《外国人在中国就业管理规定》规定用人单位在为外籍人员办理就业许可后，方可聘用，同时规定了外国人在中国就业的条件之一为年满 18 周岁，但未规定年龄的上限。故有观点认为即使外国员工年龄已经达到中国的法定退休年龄，若其就业许可证仍在有效期限内，用人单位仍可与劳动者保持劳动关系，劳动合同不终止。但需指出的是，颁发就业许可证是对外国人的劳动关系进行严格管理的措施之一，取得就业许可证仅代表外国人获得了与用人单位建立劳动关系的主体资格。对于涉及外国劳动者权益保护的法律关系，需要适用我国具体的法律规定，根据《中华人民共和国劳动合同法实施条例》的规定，劳动者达到法定退休年龄的，劳动合同终止。

但也有部分观点认为，根据《中华人民共和国民法典》以及《最高人民法院关于审理劳动争议案件适用法律问题的解释（一）》的规定，劳动合同终止的分界点应为劳动者开始享受养老保险待遇而非达到法定退休年龄。如果劳动者因为用人单位原因不能享受养老保险待遇的，则劳动合同继续履行，而不应直接认定为终止劳务关系。我国在 2011 年开始推行外国员工社会保险强制购买制度，即对于在中国境内合法就业的外国人，应依法参加职工基本养老保险、职工基本医疗保险、工伤保险、失业保险和生育保险。这也代表着外国劳动者同样会面临达到法定退休年龄但因用人单位原因而不能享受养老保险待遇的问题，此时以是否享受养老保险待遇作为判定劳动合同能否终止的界限对外国劳动者的权益保护就有重要的意义。

## 【实操建议】

对于用人单位而言，可以考虑从以下几个方面加强对外国职工的管理，以避免用人单位与劳动者的法律关系处于不确定的状态：

1. 如用人单位需聘用外国职工的，应依法为其办理就业许可证，以避免因外国职工不具备在中国建立劳动关系的主体资格而导致劳动合同被认定无效。

2. 如拟聘用的外国职工已达到我国法定退休年龄，用人单位应与外国职工协商订立劳务协议而非劳动合同，避免被认定为用人单位已经与已退休的外国职工协商一致订立劳动合同而被认定为建立的是劳动关系。

3. 若在合同履行过程中，外国职工达到法定退休年龄的，用人单位在终止劳动合同前，应当了解当地的政策和司法实践，并据此作出是否终止劳动合同的决定，以避免因违法终止或可终止而未终止导致劳动纠纷。

## 【法规索引】

1.《最高人民法院关于适用〈中华人民共和国涉外民事关系法律适用法〉若干问题的解释（一）》

第八条　有下列情形之一，涉及中华人民共和国社会公共利益、当事人不能通过约定排除适用、无需通过冲突规范指引而直接适用于涉外民事关系的法律、行政法规的规定，人民法院应当认定为涉外民事关系法律适用法第四条规定的强制性规定：

（一）涉及劳动者权益保护的；

（二）涉及食品或公共卫生安全的；

（三）涉及环境安全的；

（四）涉及外汇管制等金融安全的；

（五）涉及反垄断、反倾销的；

（六）应当认定为强制性规定的其他情形。

**2.《中华人民共和国劳动合同法实施条例》**

第二十一条　劳动者达到法定退休年龄的，劳动合同终止。

**3.《中华人民共和国劳动合同法》**

第四十四条　有下列情形之一的，劳动合同终止：

（一）劳动合同期满的；

（二）劳动者开始依法享受基本养老保险待遇的；

　……

# 27. 自行约定不定时工作制是否有效？

## 【固法观点】

> 不定时工作制有严格的适用主体和程序要求，符合国家规定的特殊岗位的劳动者，一般需经过当地人力资源社会保障部门审批同意后，用人单位才能对其实行不定时工作制，不符合前述要求而自行约定适用不定时工作制，原则上无效。但如当地劳动行政部门已明确对不定时工作制无需经过审批，且企业在实行不定时工作制时符合当地劳动行政部门要求并在履行过程中按照不定时工作制进行用工管理的，该约定有效。

## 【案例分析】

2017 年 11 月 1 日，张某与某物业公司签订 3 年期劳动合同，约定张某担任安全员，月工资为 3500 元，所在岗位实行不定时工作制。物业公司于 2018 年 4 月向当地人力资源社会保障部门就安全员岗位申请不定时工作制，获批期间为 2018 年 5 月 1 日至 2019 年 4 月 30 日。

2018 年 9 月 30 日，张某与物业公司经协商解除了劳动合同。双方认可 2017 年 11 月至 2018 年 4 月、2018 年 5 月至 2018 年 9 月期间，张某分别在休息日工作 15 天、10 天，物业公司既未安排调休也未支付休息日加班工资。张某要求物业公司支付上述期间休息日加班工资，物业公司以张某实行不定时工作制为由未予支付。

法院认为，张某所在的安全员岗位经审批实行不定时工作制的期间为 2018 年 5 月 1 日至 2019 年 4 月 30 日，此期间内物业公司依法可以不支付张某休息日加班工资。2017 年 11 月至 2018 年 4 月期间，物业公司未经人力资源社会保障部门审批，对张某所在岗位实行不定时工作制，违反相关法律规定，故应当认定此期间张某实行标准工时制，应向张某支付加班工资。

〔案例出处：《人力资源和社会保障部  最高人民法院关于联合发布第一批劳动人事争议典型案例的通知》（人社部函〔2020〕62号案例13）〕

## 【法理分析】

不定时工作制，是相对于标准工时制而言的一种特殊工时制度，旨在平衡企业的劳动用工自主权和保障劳动者合法权益，其是指企业根据自身生产特点、岗位特殊需要或者职责范围，无法按照标准工时制进行衡量，需要灵活作业而采取的一种特殊的工时制度。

根据《工资支付暂行规定》相关规定，实行不定时工作制度的劳动者，不适用有关加班工资的规定，亦即实行不定时工作制的，一般不存在支付加班工资问题。对于实行不定时工作制的劳动者在法定节假日工作是否需要支付加班工资，各地司法审判观点不一，如北京认为不需要支付，上海、深圳则认为需要支付。正是基于上述有关适用不定时工作制无需支付加班工资的规定，实践中用人单位基于节省人力成本而大肆扩大不定时工作制的适用范围甚至规避审批直接约定适用不定时工作制的案例时有发生。

但实际上，适用不定时工作制需满足以下条件：一是不定时工作制适用于特定岗位或人员，一般为高级管理人员、长期外勤人员、推销人员、部分值班人员、长途运输人员、出租车司机、铁路、港口及仓库部分装卸人员等；二是在适用不定时工作制前，一般应获得劳动行政部门的审批同意，部分地区明确规定无需报批的除外（如深圳市、珠海市）；三是企业对具体劳动者适用该工时制度时，应与劳动者明确约定或者明确告知劳动者其适用的工时制度为不定时工作制度。

另外，根据司法实践，有效的不定时工作制度除满足以上条件外，还应满足企业在实际履行劳动合同过程中，按照不定时工作制度对员工进行管理。如用人单位虽申请并获得审批同意可适用不定时工作制，且与劳动者已进行了明确约定，但在实际用工管理过程中，仍然按照标准工时制要求劳动者每天工作8小时，每周工作五天，并要求劳动者进行调休等，司法审判机关将会根据双方实际履行情况判定劳动者适用的是标准工时制度，届时用人单位将面临按照200%的标准向劳动者计发休息日加班费和300%标准计发法定节假日加班费的风险。

## 【实操建议】

基于不定时工作制的特殊性，用人单位在适用该工时制度时，应特别注意以下几点：

1. 原则上，实行不定时工作制的工作岗位需要向劳动行政部门申请并获得审批同意，因此，用人单位在对具体劳动者适用不定时工作制时，应核实其所在工作岗位是否已获得劳动行政部门的审批。

2. 在相应工作岗位已获得劳动行政部门审批同意适用不定时工作制后，在针对具体劳动者时，应在劳动合同中明确约定其适用的工时制度或者书面告知劳动者其适用的是不定时工作制并要求劳动者签名确认。

3. 在实际履行劳动合同过程中，应按照不定时工作制对劳动者进行用工管理，避免用人单位按标准工时制（如要求员工准点打卡上下班，每天上班 8 小时，调休等）对员工进行管理而被认定为仍适用标准工时制的风险。

4. 对实行不定时工作制的劳动者，用人单位应当根据有关规定，采用集中工作、集中休息、轮休调休、弹性工作时间等方式，确保劳动者休息休假的权利。

## 【法规索引】

1.《中华人民共和国劳动法》

第三十九条　企业因生产特点不能实行本法第三十六条、第三十八条规定的，经劳动行政部门批准，可以实行其他工作和休息办法。

2.《劳动部关于企业实行不定时工作制和综合计算工时工作制的审批办法》（劳部发〔1994〕503 号）

第四条　企业对符合下列条件之一的职工，可以实行不定时工作制。

（一）企业中的高级管理人员、外勤人员、推销人员、部分值班人员和其他因工作无法按标准工作时间衡量的职工；

（二）企业中的长途运输人员、出租汽车司机和铁路、港口、仓库的部分装卸人员以及因工作性质特殊，需机动作业的职工；

（三）其他因生产特点、工作特殊需要或职责范围的关系，适合实行不定时工作制的职工。

第七条　中央直属企业实行不定时工作制和综合计算工时工作制等其他工作和休息办法的，经国务院行业主管部门审核，报国务院劳动行政部门批准。

地方企业实行不定时工作制和综合计算工时工作制等其他工作和休息办法的审批办法，由各省、自治区、直辖市人民政府劳动行政部门制定，报国务院劳动行政部门备案。

**3.《广东省劳动和社会保障厅关于印发〈关于企业实行不定时工作制和综合计算工时工作制的审批管理办法〉的通知》（粤劳社发〔2009〕8号）**

第四条　企业申请实行不定时或综合计算工时工作制，应报企业法人工商营业执照登记注册地县级以上劳动保障行政部门审批。省直属企业、部队企业经主管部门审核后报省劳动保障行政部门审批。中央企业驻粤分支机构按国家及省有关规定执行，已经国务院人力资源和社会保障部门批准的，应将批复文件报送企业登记地县级以上劳动保障行政部门备案。

第九条　经批准实行不定时工作制和综合计算工时工作制的企业，应当将劳动保障行政部门的批准决定在单位内公示，明确实行的工种及人员，并在劳动合同中予以明确，不得混岗混员、擅自扩大实行范围。

**4. 珠海市劳动和社会保障局转发《关于企业实行不定时工作制和综合计算工时工作制的审批管理办法》的通知（珠劳社办〔2009〕40号）**

一、我市企业实行不定时工作制和综合计算工时工作制的审批事项，已在我市第一轮行政审批事项清理时取消，因此我市不再受理企业实行不定时工作制和综合计算工时工作制的审批申请。

……

三、企业实行不定时工作制和综合计算工时工作制需制定相应的规章制度或实施方案，实行不定时工作制和综合计算工时工作制的规章制度或实施方案必须经过企业职工代表大会或者全体职工讨论通过，并进行公示。

**5.《深圳经济特区优化营商环境条例》**

第七十一条　用人单位因生产经营特点不能实行法定标准工时制度且符合特殊工时制度适用范围，经协商实行不定时或者综合计算工时工作制度的，可以实行告知承诺制。

# 28. 工作日延长工作时间安排调休是否有效?

## 【固法观点】

目前,我国法律法规仅规定了劳动者在休息日加班的,用人单位可以安排调休,对于工作日延长工作时间是否可以调休并无明确规定。原则上,用人单位单方安排或通过规章制度规定劳动者工作日延长工作时间以补休替代支付加班工资的,存在被认定为无效并被要求支付加班费的风险。但如用人单位与劳动者协商一致约定劳动者可自愿选择将工作日延长工作时间进行调休,且劳动者曾据此申请安排调休的,部分法院会认定劳动者该行为视为其对自身权利的处分,在计算加班费用时会将该已调休的时间扣除。

## 【案例分析】

案例一:王某于2018年8月1日入职深圳某机器人技术公司,担任Windows工程师,劳动合同期限为2018年8月1日至2021年7月31日,王某于2019年8月31日离职。王某主张其工作期间工作日加班33小时,周末加班5小时,其收到的8月份工资中,加班费仅306.61元,未足额发放,主张工资差额6178.89元。深圳某机器人技术公司则主张王某2019年8月平时加班14小时,周末加班5小时,王某当月调休4.5小时,平日加班9.5小时,周末加班5小时,公司已足额发放加班工资。

法院认为,根据《中华人民共和国劳动合同法》第四十四条的规定,平时安排劳动者延长工作时间、在休息日安排劳动者工作又不能安排补休的、法定休假日安排劳动者工作的,用人单位均应当支付加班工资。虽然《员工手册》中规定只有在公司不能安排调休的情况下,才应当向员工支付加班工资。但该规定与上述法律中关于平时加班工资支付的情况相冲突，《员工手册》的该规定不能作为公司用工管理的依据。公司认可王某调休的是平时加班时间，因此仍应支付平时加班工资。

〔案例出处：（2020）粤 03 民终 7821 号〕

案例二：周某于 2019 年 8 月 7 日与某程公司签订劳动合同，约定合同期限为 2019 年 8 月 7 日至 2021 年 8 月 6 日，担任 Unreal 主程序员，执行 8 小时工作制，某程公司严格执行国家有关休息休假的规定，确实由于生产经营需要，与周某协商确定加班事宜，且周某明白从事的是软件行业，自愿放弃业余休息时间参与公司项目开发。2021 年 3 月 9 日，周某申请劳动仲裁，要求某程公司支付 2019 年 8 月 7 日至 2020 年 6 月 29 日期间延长工作时间及休息日加班工资等。

法院认为，某程公司采用钉钉打卡的方式进行考勤管理，周某加班及请假数据均是从钉钉系统中导出，且从该系统导出的加班调休数据显示加班和调休均需通过系统进行申报和审批，周某对加班导出数据予以认可，结合庭审中某程公司关于周某加班时长的陈述和自钉钉系统中导出的周某调休数据，法院认定周某的加班时长均以调休的方式冲抵完毕。

〔案例出处：（2021）沪 02 民终 10663 号〕

## 【法理分析】

通常意义上的"加班"是指用人单位根据实际生产经营的需要，安排劳动者超出法定工作时间提供劳动。基于加班是在法定工作时间之外的继续劳动，为保障劳动者休息权，法律对加班时间进行了严格的限制，一般来说每工作日不得超过 1 小时，特殊情况下每日不得超过 3 小时，且每月不得超过 36 小时。

根据现行有效的法律规定，加班分为工作日延长工作时间（即通常所说的加点）、休息日加班以及法定休假日加班三种，且每种加班对应的处理方式不同，对于休息日加班，法律明确规定可优先安排调休，在无法安排调休的情况下应按不低于劳动者正常工作时间的工资报酬的 200% 支付加班工资；对于工作日延长工作时间及法定休假日加班，法律则明确规定应按不低于劳动者正常工作时间的工资报酬的 150%、300% 支付加班工资，但未明确是否可以以安排补休的方式替代支付加班工资。

基于法律无明确规定，司法实践中对于劳动者工作日延长工作时间是否可以安排补休存在争议。支持者认为法律规定了休息日加班可以调休，基于休息日加班本身对劳动者休息权的影响大于工作日延长工作时间，以及休息日加班工资标准高于工作日延长工作时间，应允许用人单位参照休息日加班规定对工作日延长工作时间安排补休。否定者则认为劳动法律关系不同于一般的民事法律关系，不能完全按照"法无明文禁止即可实施"的原则，如允许用人单位对劳动者工作日延长工作时间安排调休，用人单位用人成本将大幅降低，劳动者休息权将无法得到保障。

根据目前司法实践，不允许用人单位单方对劳动者进行工作日延长工作时间补休为主流观点，即用人单位不得单方强制安排劳动者以工作日延长工作时间进行补休，否则强制补休无效，用人单位仍应依法向劳动者支付工作日延长工作时间的加班工资。但是，如补休是劳动者自愿提出的，双方对该等调休达成了一致意见，部分法院会将劳动者该行为视为对其自身权利的处分，调休的工作日延长工作时间将会在计算加班工资时间中扣除。

## 【实操建议】

在实务操作中，用人单位如确需实行工作日延长工作时间调休制度，应注意如下几点，以降低安排调休后仍需支付加班费的法律风险：

1. 工作日延长工作时间调休制度须在《员工手册》中予以明确规定或在《劳动合同》中进行约定，明确劳动者可自愿选择将工作日延长工作时间进行调休，并向用人单位提出书面申请。

2. 实际执行时，应让劳动者向公司提交书面调休申请，并在申请书上明确表示自愿要求公司安排调休，知悉安排调休后公司无需额外支付加班费。

3. 劳动者补休后，应让劳动者签署《补休确认单》以及《工资结算单》，让劳动者再次确认其已自愿申请调休的事实。

## 【法规索引】

1.《中华人民共和国劳动法》

第四十四条　有下列情形之一的，用人单位应当按照下列标准支付高于劳动者正常工作时间工资的工资报酬：

（一）安排劳动者延长工作时间的，支付不低于工资的百分之一百五十的工资报酬；

（二）休息日安排劳动者工作又不能安排补休的，支付不低于工资的百分之二百的工资报酬；

（三）法定休假日安排劳动者工作的，支付不低于工资的百分之三百的工资报酬。

**2. 原劳动部关于印发《对〈工资支付暂行规定〉有关问题的补充规定的通知》( 劳部发〔1995〕226 号 )**

二、关于加班加点的工资支付问题

1.《规定》第十三条第（一）、（二）、（三）款规定的在符合法定标准工作时间的制度工时以外延长工作时间及安排休息日和法定休假节日工作应支付的工资，是根据加班加点的多少，以劳动合同确定的正常工作时间工资标准的一定倍数所支付的劳动报酬，即凡是安排劳动者在法定工作日延长工作时间或安排在休息日工作而又不能补休的，均应支付给劳动者不低于劳动合同规定的劳动者本人小时或日工资标准 150%、200% 的工资；安排在法定休假节日工作的，应另外支付给劳动者不低于劳动合同规定的劳动者本人小时或日工资标准 300% 的工资。

**3. 原劳动部《关于职工工作时间有关问题的复函》( 劳部发〔1997〕271 号 )**

四、休息日或法定休假日加班，用人单位可否不支付加班费而给予补休？补休的标准如何确定？

依据《劳动法》第四十四条规定，休息日安排劳动者加班工作的，应首先安排补休，不能补休时，则应支付不低于工资的百分之二百的工资报酬。补休时间应等同于加班时间。法定休假日安排劳动者加班工作的，应另外支付不低于工资的百分之三百的工资报酬，一般不安排补休。

# 29. 离职后重新入职同一用人单位是否可以再次约定试用期？

## 【固法观点】

　　根据法律规定，企业与同一劳动者仅能约定一次试用期，当然包括离职后重新入职的情形。但在极个别情形下，企业在征得劳动者同意后协商再次约定试用期的应当予以支持，具体如：

　　1. 两次建立劳动关系间隔在 6 年到 10 年以上的，已无法通过原工作表现进行评估；

　　2. 前后两次工作岗位存在较大变化且确实需要进行试用以确定员工在新岗位上工作能力的。

## 【案例分析】

　　王某在 2010 年 9 月入职中联重科公司，签订《劳动合同》约定工作岗位为清欠律师，试用期 3 个月。此后，王某在 2014 年 5 月与中联重科公司解除劳动合同关系。2015 年 9 月王某再次与中联重科公司签订《劳动合同》，约定工作岗位为清欠律师，试用期 3 个月。此后，双方在 2016 年 2 月发生劳动争议，王某提起劳动仲裁并主张中联重科公司在与其第二次建立劳动关系时违法约定试用期，应当向其支付试用期赔偿金。

　　仲裁委认定中联重科公司构成违法约定试用期，需要支付赔偿金 9090 元。中联重科公司不服仲裁结果起诉后，一审法院认定中联重科公司就一个全新的劳动关系与劳动者约定试用期并无不当，不予支持赔偿。二审法院进行改判，认定中联重科公司再次约定试用期不具有合理性和正当性，实质上不符合法律规定，需要支付赔偿金 9090 元。

〔案例出处：（2018）川 01 民终 3671 号〕

## 【法理分析】

劳动合同的试用期是当事人双方在合同中约定试用工作的期限，即用人单位和劳动者未相互了解、选择而约定的一定期限的考察期，其考察范围应当包括对劳动者学历学识、健康状况、工作能力、行为素质、劳动技能、对用人单位的忠诚、团队精神等是否符合企业需求，这种试用应当是较全面的考察。禁止多次约定试用期，其主旨在于避免用人单位利用试用期降低对劳动者劳动保障的基准，变相损害劳动者合法权益。因此，对于劳动者离职后再次返回用人单位工作，不能一概而论，应根据前后两段劳动合同的间隔时间长短、岗位内容是否发生变化等情况综合分析再次约定试用期的合理性与正当性。

本案中，王某与中联重科公司两次约定劳动合同的岗位均为"清欠律师"，工作内容基本相同，而且两段劳动合同间隔时间较短，再次约定试用期不具有合理性和正当性。

此外，无论是否变更工种，在之前的用工过程中，用人单位已对劳动者能力素质有所判断。如果变更工种便可再设试用期，将可能架空《中华人民共和国劳动合同法》第十九条第二款的规定，损害劳动者合法权益。

## 【实操建议】

实践中，我们不建议企业与劳动者重复约定试用期以避免法律风险，其中值得注意的是延长试用期亦属于重复约定试用期的一种。因此企业需减少给不符合试用期标准的员工延长试用期再看看表现的想法，应进行合规化管理。对于确实存在极特殊条件的离职后再入职情形，企业亦需充分评估再次约定试用期的合理性和正当性，在征求员工同意的情形下协商约定。

同时，劳动者在出现企业要求重复约定试用期时，亦可以根据法律规定维护自身合法权益，在必要时可通过申请劳动仲裁主张合理诉求。

## 【法规索引】

《中华人民共和国劳动合同法》

**第十九条** 劳动合同期限三个月以上不满一年的，试用期不得超过一个月；

劳动合同期限一年以上不满三年的，试用期不得超过二个月；三年以上固定期限和无固定期限的劳动合同，试用期不得超过六个月。

同一用人单位与同一劳动者只能约定一次试用期。

第八十三条　用人单位违反本法规定与劳动者约定试用期的，由劳动行政部门责令改正；违法约定的试用期已经履行的，由用人单位以劳动者试用期满月工资为标准，按已经履行的超过法定试用期的期间向劳动者支付赔偿金。

第四部分

劳动关系解除与终止合规

# 30. 部门经理的辞退通知是否有解除劳动关系的效力？

## 【固法观点】

一般而言，部门经理作为部门负责人，对部门员工具有直接管理权限，因此，部门经理向部门员工发出辞退通知，应理解为职务行为。即使该部门经理在公司内部不具有辞退员工权限，但部门员工有理由相信其具有该权限，并按该通知办理相应手续，公司亦未提出异议的，应视为该通知已发生解除劳动关系的效力。但如劳动者存在恶意或公司对部门经理作出的辞退通知及时提出异议并通知劳动者的，则部门经理辞退通知不发生解除劳动关系的效力。

## 【案例分析】

罗某于2015年2月18日入职某光公司。2019年6月5日，罗某所在部门经理陈某对其出具辞退通知，载明"罗某：你在我公司贴花车间工作期间，经全面考核，你不能胜任贴花工作，经我公司决定，给予辞退处理。请在一周内办理相关手续。特此通知"，该通知下面有某光公司管生产的部门经理陈某签字"同意辞退并办理相关手续"。后罗某提起仲裁要求某光公司支付违法解除劳动关系的赔偿金等。

一审法院认为，陈某系罗某所在部门经理，直接管理罗某，其对罗某作出的辞退通知即可代表某光公司解除与罗某的劳动关系。罗某于2019年6月12日向劳动人事仲裁委员会申请仲裁，主张某光公司违法解除。某光公司在2019年7月10日、8月25日通知罗某回去上班，也是分别发生在仲裁立案和一审庭审之后，不能说明双方劳动关系未解除。某光公司未举证证明罗某不能胜任工作，故应属于违法解除劳动关系，应支付赔偿金。

二审法院认为，陈某出具的辞退通知并未加盖某光公司公章，亦无法定代表人签字，陈某作为生产部门经理，无权代表某光公司作出辞退员工的决定，罗某主张陈某有人事解聘权，但并未提供证据。从某光公司二审举证的谈话录音看，某光公司办公室主任喻某于 2019 年 6 月 10 日告知罗某陈某无权辞退员工且通知罗某回来继续上班或为其调换工作，让其好好干，罗某主张某光公司违法解除劳动关系，与事实不符。某光公司关于并未违法解除与罗某的劳动关系因而无需支付违法解除赔偿金的上诉请求成立。

〔案例出处：（2019）渝 01 民终 10353 号〕

## 【法理分析】

一般而言，在民事法律关系上，公司法定代表人可以直接代表公司签订合同、对外签署法律文件等，相应的法律后果由公司承担；法定代表人之外的其他人员，如需代表公司作出意思表示，原则上都需要有相应的授权委托书，但如根据以往交易习惯（如该个人一直以公司名义从事某种商业行为，且公司知悉并明确认可或虽未明确认可但通过其行为可推定公司认可的）使交易相对方相信该个人具有代表公司实施该等行为的代理权的，该代理行为对公司具有法律效力，这是民法上的表见代理制度。

表见代理制度是否亦可以适用于劳动法律关系中尤其是用于劳动关系解除的认定中？司法实践中对此存在争议，支持者认为，在无相反证据推翻的情况下，表见代理制度应同样适用于劳动关系解除认定中；反对者则认为，劳动关系不同于民事关系，劳动关系的解除亦不同于普通民事合同的解除，不能适用表见代理制度。本案一、二审法院即代表了上述两种观点，并基于观点的不同而作出了不同的判决。

对于公司而言，按公司内部规章制度规定，部门经理有可能确实没有辞退员工的权限，属于无权代理。但对于员工而言，部门经理基于公司授权对部门员工进行直接的管理，该种直接管理包括对员工日常工作表现的评价、绩效考核评分、请休假的批准等，员工基于该种直接管理有理由相信部门经理对其有辞退的权力。如部门经理向部门员工发出辞退通知，员工也依通知与公司办理了相关离职手续，公司亦未对部门经理的该种行为提出异议或向部门员工作出解释，则部门经理作出辞退员工的行为可以代表公司的意思表示，公司与员工的劳动关系自该通知发出之日即解除。

当然，如果公司在知晓部门经理发出辞退通知书后立即向劳动者告知该部门经理没有辞退员工的权限，并明确公司没有辞退员工的意思表示，则该通知不会发生劳动关系解除的法律效力。

## 【实操建议】

实务中，部门经理与部门员工基于直接管理关系极容易产生矛盾与纠纷，用人单位应尽量避免因部门经理任性、随意地向部门员工发出辞退通知从而产生违法解除劳动合同法律责任的风险。同样地，在出现该种情形时，劳动者亦应及时与公司核实并取得有效证明文件，以保障自身合法权益。基于此，我们建议：

1. 用人单位可以从源头上避免构成表见代理，用人单位在与员工签订的劳动合同中，明确约定公司如与劳动者解除合同，以公司出具的加盖公章的《解除劳动合同通知书》为准，其他任何个人的口头通知或未加盖公司公章的书面通知均不构成公司单方解除劳动合同的意思表示。

2. 用人单位在知晓部门经理作出上述行为后，应及时与部门经理沟通了解该部门员工的实际情况以及解除有无依据，如经沟通及核实公司辞退员工无事实及法律依据的，应及时与该员工谈话并明确告知部门经理无权辞退员工（达到否定表见代理的目的），要求员工返岗继续上班。

3. 劳动者在收到部门经理发出的辞退通知时，应要求用人单位出具解除劳动合同通知书或类似达到解除劳动合同意思表示的其他书面文件，并保留相关证据证明是用人单位与其解除劳动关系。

## 【法规索引】

《中华人民共和国民法典》

第一百七十二条　行为人没有代理权、超越代理权或者代理权终止后，仍然实施代理行为，相对人有理由相信行为人有代理权的，代理行为有效。

# 31. 已发出的辞职通知能否单方面撤销？

## 【固法观点】

《中华人民共和国劳动合同法》第三十七条赋予了劳动者单方解除劳动合同的权利。该单方解除权为形成权，无需用人单位作出是否同意的意思表示，解除的意思表示一经到达用人单位即发生法律效力，用人单位同意接受撤销意思表示的除外。此外，劳动者撤回辞职申请的，撤回辞职申请的意思表示应在辞职申请到达用人单位之前或之时到达用人单位，否则不发生单方面撤销的法律效果。

## 【案例分析】

于某于 2015 年 10 月 12 日入职某融资租赁公司，担任风控部副部长一职，双方签订书面劳动合同。2021 年 8 月 20 日于某通过钉钉系统向公司人事部门提交辞职信，载明"本人进公司近六年，看着公司一步步发展壮大，从混合制企业演变成如今的国企，最近由于公司更换了新的总经理，性格暴躁，本人经常受到无故的指责和指桑骂槐的人身攻击，甚至受到被扔矿泉水瓶这样的武力威胁，无法再适应这样的工作环境，申请离职"。某融资租赁公司于 2021 年 8 月 23 日向于某发送离职证明，认为经核实于某辞职申请中内容不属实，但公司同意其离职申请，最后工作日为 2021 年 8 月 23 日，同日解除双方劳动关系。后于某提起仲裁，要求某融资租赁公司支付违法解除劳动合同经济补偿金。

一审法院认为，解除权为一种形成权，即以一方解除的意思表示到达对方即发生法律效力，并不得撤销，但对方同意接受撤销意思表示的除外。劳动者的择业自由权是劳动合同法赋予劳动者的一种保护，因此劳动者申请离职并不需要公司的同意，出具离职证明只是办理离职手续的一个程序，不影响解除权的实现。

于某已经于 2021 年 8 月 20 日通过钉钉向公司提交了辞职信，明确表示要申请离职，其辞职的意思表示已经到达公司，同时也没有证据证明具有《中华人民共和国劳动合同法》第三十八条规定的被迫解除的情形，因此双方的劳动合同关系实际上因于某辞职而解除，除非公司同意其撤销离职申请。故于某要求某融资租赁公司支付违法解除劳动合同赔偿金，无事实和法律依据。

二审法院认为，一审法院根据双方当事人的诉辩、提交的证据对本案事实进行了认定，并在此基础上依法作出一审判决，合法合理，且理由阐述充分，故驳回于某的上诉请求。

〔案例出处：（2022）粤 01 民终 13992 号〕

## 【法理分析】

民法意义上的形成权指的是由一个特定的人享有的、通过其单方行为性质的形成宣告来实施的、目的在于建立、确定、变更或终止一个法律关系而导致权利关系发生变动的权利。[①] 形成权权利人的单方意思表示即可产生法律关系建立、确定、变更或终止的效力，相对人赞同与否，不影响其行为效力。《中华人民共和国民法典》规定了常见的几种形成权的形式，包括撤销权、解除权、选择权等。

民法赋予特定民事主体以形成权，其目的就在于由当事人自己决定法律关系是否要发生变动，如果要变动，可以按照自己的意愿、以单方面的意思表示即可产生变动的效果，相对方只能被迫接受该变动的后果。[②] 形成权体现了私法自治的原则，赋予了权利人单方形成的权利，但为了维护民事法律关系的稳定性，保护相对人的利益，形成权的行使具有一定的限制，例如行使期限、行使方式的要求。另外，为了保障相对人必需的前瞻性，形成权的行使原则上不可撤销，除非撤销的意思表示在行使形成权的意思表示到达相对人之前或之时到达相对人。

劳动关系具有较强的人身依附性，《中华人民共和国劳动合同法》第三十七条规定了劳动者的预告解除权，实质上就是赋予了其以自己的意思表示使劳动关系终止的权利，属于形成权的一种，但同时，为了平衡用人单位的可预见性以及劳动关系的稳定性，预告解除权的行使同样具有不可撤销性。即只要劳动者的解

---

① 〔德〕卡尔·拉伦茨、曼弗瑞德·沃尔夫：《德国民法中的形成权》，孙宪忠译，《环球法律评论》2006 年第 4 期。

② 汪渊智：《形成权理论初探》，《中国法学》2003 年第 3 期。

除劳动合同通知到达用人单位，无需用人单位批准或同意，该通知即发生法律效力，双方解除劳动关系的状态即告成立，劳动者单方收回辞职通知并不产生撤销辞职意思表示的法律效果。当然，如果劳动者撤销解除劳动合同的意思表示在解除劳动合同通知到达用人单位前或同时到达用人单位的，该撤销行为具有效力。

## 【实操建议】

### 一、对于用人单位而言

1. 用人单位在收到劳动者的辞职通知后，若对该员工已无继续留用意向的，应及时作出回应，明确劳动合同解除的具体期限，并及时通知劳动者办理离职手续、工作交接并着手招聘新员工，避免因未办理离职手续、继续排班、发放工资等行为而被认定为对劳动者辞职的相关事宜进行变更，以至于被认定为双方的劳动关系并未解除。

2. 用人单位在收到劳动者要求撤销辞职通知的意思表示后，亦应当及时对该等意思表示进行答复，若用人单位对该员工无继续留用意向的，应及时明确该意思表示不发生效力；而若用人单位有继续留用员工意向的，亦应当及时同意员工的撤销申请，对员工辞职的意思表示进行变更，以避免劳动关系处于不确定的状态。

3. 用人单位在日常的人力资源管理活动中，应完善公司的入职、离职制度，规范梳理离职流程，及时对员工的离职申请以及相关事项进行书面答复，并应保留相应的书面凭证，以作为处理后续争议事项的依据。

### 二、对于劳动者而言

1. 基于劳动者单方解除劳动合同为形成权的法律性质，建议劳动者在辞职时向用人单位发送"辞职通知"而非"辞职申请"，且辞职通知中应谨慎使用"请批示""请批准"等内容，以减少被认定为向用人单位提出协商解除劳动合同的意思表示而非行使单方解除权的风险。

2. 劳动者在发出辞职通知前应审慎考量，尽量避免因一时冲动、考虑不周而作出不利于自己的决定。如劳动者在发出辞职通知后，确需撤销的，应及时通知用人单位，并与用人单位协商一致签署书面确认文件。

3. 在实践中，不少用人单位要求劳动者在辞职时需通过电子办公系统提交申请。在此种情形下，建议劳动者可同步向用人单位发出纸质的辞职通知，即便用人单位未审批同意劳动者的辞职申请，劳动者在发出辞职通知的30日后，仍可单方解除劳动关系。

## 【法规索引】

1.《中华人民共和国劳动合同法》

第三十八条　用人单位有下列情形之一的，劳动者可以解除劳动合同：

（一）未按照劳动合同约定提供劳动保护或者劳动条件的；

（二）未及时足额支付劳动报酬的；

（三）未依法为劳动者缴纳社会保险费的；

（四）用人单位的规章制度违反法律、法规的规定，损害劳动者权益的；

（五）因本法第二十六条第一款规定的情形致使劳动合同无效的；

（六）法律、行政法规规定劳动者可以解除劳动合同的其他情形。

用人单位以暴力、威胁或者非法限制人身自由的手段强迫劳动者劳动的，或者用人单位违章指挥、强令冒险作业危及劳动者人身安全的，劳动者可以立即解除劳动合同，不需事先告知用人单位。

2.《中华人民共和国民法典》

第一百四十一条　行为人可以撤回意思表示。撤回意思表示的通知应当在意思表示到达相对人前或者与意思表示同时到达相对人。

# 32. 员工提交辞职报告后，在预告期内发现怀孕能否撤销辞职？

## 【固法观点】

《中华人民共和国劳动合同法》第四十二条规定女职工在孕期、产期、哺乳期的，用人单位不得解除劳动合同，但并未限制处于孕期、产期、哺乳期的女职工单方解除劳动合同。此外，《中华人民共和国妇女权益保障法》第二十七条明确规定，任何单位不得因结婚、怀孕、产假、哺乳等情形，辞退女职工，但女职工要求终止劳动合同的除外。在实践中，不少女职工在提交辞职报告后，发现自己处于孕期，并以存在重大误解为由，要求撤销辞职。但不论从法理上还是司法实践中分析，在辞职时未发现自己怀孕通常不构成民法意义上的"重大误解"，除非用人单位同意，否则员工不能单方撤销辞职的意思表示。

## 【案例分析】

徐某于2013年4月8日入职成都某置业公司，2017年11月9日双方签订了离职协议书，约定徐某、成都某置业公司之间的劳动关系于2017年11月18日解除，徐某应于2017年11月18日前完成交接工作，正式离职，并配合成都某置业公司办理相关离职手续，成都某置业公司应向徐某支付30000元的补偿金。协议签订后，徐某、成都某置业公司2017年11月22日交接了所有工作材料，2017年11月24日，徐某领取了离职协议中约定的补偿金。

2017年11月15日徐某前往四川省人民医院（城东）进行身体检查，显示绒毛膜促性腺激素增高，同月16日，徐某向成都某置业公司提出书面的"个人情况及诉求"要求成都某置业公司支付经济补偿和赔偿或者继续履行与徐某的劳动合同。在徐某、成都某置业公司协商未果的情况下，仍然按原离职协议实际履行。双方于 2017 年 11 月 22 日办理了离职手续。后徐某主张撤销离职协议书。

一审法院认为，本案中，即使徐某签订协议时不知自己已怀孕，这也是徐某签订协议时对自身生理状态的判断失误或考虑不周全作出的决定，这种决定不属于重大误解。而成都某置业公司更加无从得知徐某怀孕的事实，成都某置业公司在双方劳动关系解除上不存在任何过错。综上，徐某在履行完毕解除劳动关系协议书后，以事后得知的怀孕事实，主张撤销已经履行完毕的协议或要求经济补偿，于法无据。

二审法院认为，徐某作为完全民事行为能力人，应当对签订行为、协议内容尽到审慎义务，并对其产生的结果承担相应责任。故徐某在履行完毕解除劳动关系协议书后，以事后得知怀孕为理由，主张撤销已经履行完毕的协议的上诉请求，应不予支持。

〔案例出处：（2018）川 01 民终 16387 号〕

## 【法理分析】

劳动关系具有较强的人身依附性，《中华人民共和国劳动合同法》第三十七条规定了劳动者的预告解除权，实质上就是赋予了其以自己的意思表示而使劳动关系终止的权利，属于形成权的一种，即，劳动者辞职的意思表示到达用人单位时，即产生解除劳动合同的法律效力。《中华人民共和国劳动合同法》第四十二条规定了用人单位不能单方解除劳动合同的情形，但并未限制处于前述情形下的劳动者的单方解除权，即，劳动者是否处于孕期、医疗期并不影响其发出的单方解除劳动合同的意思表示的效力。但是，如劳动者在发出辞职通知时并不知晓自己处于孕期，劳动者是否可以行使民法上的撤销权进而使该意思表示不发生效力呢？需要从民法的角度进行分析。

根据《最高人民法院关于审理劳动争议案件适用法律问题的解释（一）》第三十五条的规定，只要劳动者与用人单位签订的协商解除协议不存在违反法律法规、行政法规，且不存在欺诈、胁迫或乘人之危等情形的，协议应当认定为有效。

《全国法院贯彻实施民法典工作会议纪要》对重大误解作出了更为明确的定义，即指行为人因对行为的性质、对方当事人、标的物的品种、质量、规格和数量等的错误认识，使行为的后果与自己意思相悖，并造成较大损失。重大误解主要是针对行为的性质以及合同的内容，而劳动者作为完全民事行为主体，对其作出的单方解除劳动合同的行为性质、行为后果应清楚、明晰，其对自身生理状态的判断失误或对辞职的后果考虑不周到而作出的决定不符合重大误解的定义。亦即，在此种情形下，劳动者并不享有法定的撤销权，不能撤销辞职的意思表示。

再者，从立法原意上分析，《中华人民共和国劳动合同法》赋予劳动者预告单方解除权、禁止用人单位在劳动者孕期单方解除劳动合同体现了对劳动者的倾向性保护，劳动者在辞职前应当审慎考量行为的后果。劳动者在提交辞职报告后才发现自己怀孕，属于对自身生理状况的误判，用人单位更无从得知，即用人单位对劳动者在孕期解除劳动关系这一行为的后果不存在任何过错，如仍由用人单位承担该行为的后果将导致权利义务关系的失衡。

## 【实操建议】

### 一、于用人单位而言

1. 用人单位在收到劳动者的辞职通知后，若对该员工已无继续留用意向的，应及时作出回应，明确劳动合同解除的具体期限，并及时通知劳动者办理离职手续、工作交接并着手招聘新员工，避免因未办理离职手续、继续排班、发放工资等行为而被认定为就撤销辞职申请达成了一致的意思表示，进而需继续履行劳动合同。

2. 基于重大误解实施的民事行为的撤销权，需通过人民法院或仲裁机构行使，劳动者单方发出的撤销辞职申请的意思表示通常并不能立即产生效力，故用人单位在收到员工的撤销辞职申请的通知后，建议明确复函不同意撤销辞职申请，并保留相应的沟通材料，作为处理后续争议事项（仲裁、诉讼）的证据材料。

3. 用人单位在日常的人力资源管理中，应建立、完善入离职制度以及流程，并就入离职流程开展专项培训，使员工对提交辞职报告后的结果有更清晰的认知。

### 二、于劳动者而言

基于形成权的不可撤销性，劳动者一经提出辞职的意思表示，即可产生法律效力，除非用人单位同意，否则不能撤销。故劳动者在提出辞职之前应对辞职的必要性、紧迫性以及辞职的后果进行充分、审慎的考量，尽量避免因主观情况主导而作出冲动的决定，以至于无法享受在职时的福利待遇。

## 【法规索引】

1.《中华人民共和国劳动合同法》

第三十七条　劳动者提前三十日以书面形式通知用人单位，可以解除劳动合同。劳动者在试用期内提前三日通知用人单位，可以解除劳动合同。

第四十二条　劳动者有下列情形之一的，用人单位不得依照本法第四十条、第四十一条的规定解除劳动合同：

……

（四）女职工在孕期、产期、哺乳期的……

2.《全国法院贯彻实施民法典工作会议纪要》

第一条　行为人因对行为的性质、对方当事人、标的物的品种、质量、规格和数量等的错误认识，使行为的后果与自己的意思相悖，并造成较大损失的，人民法院可以认定为民法典第一百四十七条、第一百五十二条规定的重大误解。

# 33. 员工提出辞职申请，公司半年后同意还有效吗？

## 【固法观点】

根据《中华人民共和国劳动合同法》第三十七条的规定，劳动者提前三十天以书面形式通知用人单位可以解除劳动合同，赋予了劳动者单方预告解除权。解除权为形成权的一种，即劳动者关于解除劳动合同的意思表示到达用人单位时生效，无需用人单位作出同意或不同意的意思表示。但若用人单位在收到员工提出的辞职申请后仍继续履行劳动合同，并在半年后才作出同意的意思表示，该意思表示通常不能发生效力，用人单位仍单方解除劳动合同的，存在被认定为违法解除的风险。

## 【案例分析】

案例一：2017 年 2 月 3 日徐某至某公司从事会计开单员工作。2018 年 4 月 28 日，徐某向某公司递交辞职信，载明其本人因各种原因无法继续工作，现正式向公司提出辞职申请，自愿解除与公司的劳动合同，于 2018 年 4 月 28 日离职。2019 年 2 月 21 日，某公司作出《徐州市某公司关于同意徐某辞职申请的通知》，载明：同意徐某的辞职申请。2019 年 4 月某公司停止了缴纳徐某的社会保险，徐某 2019 年 1 月、2 月的工资未发。2019 年 3 月 1 日，徐某向徐州市云龙区劳动人事争议仲裁委员会申请仲裁，要求某公司支付违法解除赔偿金。法院认为：劳动者提出辞职应当提前三十日以书面形式通知用人单位，无需征得单位同意。徐某提出辞职后，某公司没有在一个月后与其办理离职手续。徐某继续为某公司提供劳动，某公司支付其劳动报酬，应当视为双方对是否解除劳动关系重新协商一致，即继续履行原劳动合同，在此种情形下，某公司作出《徐州市某公司关于同意徐某辞职申请的通知》实质上是单方解除，其未举证证明解除的合法性，故应承担违法解除合同经济赔偿金。

〔案例出处：（2019）苏 03 民终 8823 号〕

案例二：方某自 2010 年 11 月起在某科公司工作，后担任副经理一职。方某于 2020 年 3 月 25 日因家庭原因提出辞职，要求 2020 年 4 月 30 日离职。2020 年 10 月 23 日的运营会议上，某科公司董事长唐某因方某 2020 年 3 月提出辞职而同意其离职，明确表示在此期间不停安抚，要求方某进行离职交接。而方某在对话中认可了进行交接的事实，且未对离职提出异议。后，方某就辞职争议向仲裁委提出仲裁申请，要求某科公司支付解除劳动合同经济补偿金。法院认为：可以认定某科公司是基于方某因家庭原因提出辞职申请而同意其离职请求。虽然批准时长超过一个月，但在该期间双方一直就方某的辞职进行协商，即双方解除劳动合同的原因系方某因家庭原因提出辞职，不属于某科公司需支付经济补偿金的情形。

〔案例出处：（2022）鲁 10 民终 343 号〕

## 【法理分析】

劳动关系具有较强的人身依附性，《中华人民共和国劳动合同法》第三十七条规定了劳动者的预告解除权，实质上就是赋予了其以自己的意思表示而使劳动关系终止的权利，属于形成权的一种，形成权的行使不以相对方的赞成与否作为前提条件，在劳动者辞职通知到达用人单位之日起，劳动者与用人单位的劳动关系即已宣告解除。

但同时，民法赋予了民事主体对其作出的民事法律行为进行变更的权利。变更意思表示的作出方式主要包括明示与默示。以明示方式变更意思表示指通过语言、文字或其他方式将需要变更的内容直接表达于外部，例如签署补充协议、达成备忘录等；以默示方式变更意思表示则指行为人能够以被推知或者推定的方式间接地将其变更的意思表示予以认可，相对人可以通过常识、交易习惯、法律规定等推知行为人变更的意思表示，例如行为人的行为。

《最高人民法院关于审理劳动争议案件适用法律问题的解释（一）》第四十三条规定：若当事人未采用书面形式变更劳动合同内容，但已经实际履行了口头变更的劳动合同超过一个月，除非该变更违反法律、行政法规或公序良俗，否则为有效。虽然该款与民法中的"默示"并非完全契合（仍需用人单位与劳动者口头达成合意），但仍说明了"行为"在变更劳动合同内容中的重要作用。

上述两个案例案件事实相似（用人单位作出同意辞职申请的期限均超过了6个月），但裁判结果相反的理由即在于行为的性质。案例一中，用人单位在收到劳动者的辞职申请后，未作出任何答复，未安排劳动者办理交接手续。在此期间，劳动者继续提供劳动，且用人单位照常支付劳动报酬，故应视为双方通过行为对解除劳动关系事宜重新协商一致，劳动合同继续存续。而在案例二中，用人单位通过举证证明其在劳动者提出辞职申请后，积极安抚劳动者，并要求其进行离职交接，双方对不解除劳动关系的事宜并未达成新的合意。

## 【实操建议】

### 一、于用人单位而言

用人单位在收到劳动者的辞职申请后，应及时作出回应，若用人单位有继续留用劳动者的意向的，应积极与劳动者进行协商继续留用事宜，并保留相应的沟通记录。若用人单位对该劳动者已无继续留用的意向的，则建议在一个月内对劳动者的辞职申请作出回应。即使超过一个月后仍未作出回应的，仍应及时告知劳动者办理交接手续并不再继续安排劳动者工作，以避免被认定为通过行为对劳动者辞职的意思表示进行变更。

### 二、于劳动者而言

1. 劳动者享有预告解除权。在通常情况下，劳动者向用人单位作出明确的辞职的意思表示后，即产生法律效力，无需取得用人单位的批准。如劳动者在提出辞职后一个月，单位仍未回复或批准的，劳动者可以单方解除劳动合同，办理离职。

2. 如劳动者在提出辞职申请后在单位审批同意前，不想离开公司的，则应及时与用人单位沟通，并签署书面文件确认，以实现变更意思表示的效果，避免劳动关系处于不确定的状态。

## 【法规索引】

### 1.《中华人民共和国劳动合同法》

第三十七条　劳动者提前三十日以书面形式通知用人单位，可以解除劳动合同。劳动者在试用期内提前三日通知用人单位，可以解除劳动合同。

2.《最高人民法院关于审理劳动争议案件适用法律问题的解释（一）》

第四十三条　用人单位与劳动者协商一致变更劳动合同，虽未采用书面形式，但已经实际履行了口头变更的劳动合同超过一个月，变更后的劳动合同内容不违反法律、行政法规且不违背公序良俗，当事人以未采用书面形式为由主张劳动合同变更无效的，人民法院不予支持。

# 34. 微信辞职能否作为书面申请辞职的定案依据？

## 【固法观点】

《中华人民共和国劳动合同法》第三十七条规定劳动者单方解除劳动合同的两个程序要求：一是提前三十日通知用人单位；二是通知应以书面形式作出。随着即时通信技术的发展，微信成为沟通的主要途径，不少劳动者直接通过微信向用人单位提出辞职申请。根据《中华人民共和国民法典》《中华人民共和国民事诉讼法》等有关法律法规的规定，微信聊天记录应当被视为书面形式，故此，劳动者通过微信提出辞职应视为符合书面的形式要求，并以此作为确认劳动者辞职日期的依据。

## 【案例分析】

2016 年 7 月 7 日，庞某与某科技公司签订劳动合同，其中最后一份劳动合同的期限为 2020 年 11 月 2 日至 2021 年 11 月 1 日，职位为高级运维工程师。2020 年 12 月 23 日庞某向索某发送微信称：索某，涉及苏某的邮件问题太严重，我要辞职了；叫博洋尽快把我的离职手续办了；如果公司不解除劳动关系，我只能找仲裁进行协助解除，维护个人合法权益。索某回复：行，我跟博洋沟通下；离职提邮件就行。庞某回复：公司单方解除。2021 年 1 月 7 日，某科技公司向庞某发送电子邮件，载明：您 2020 年 12 月 23 日微信向您直接领导提出离职，根据此情况，公司正式回复批准离职；根据公司现行相关制度要求，员工离职需要提前一个月提出申请，现确认会协助您在 2021 年 1 月 23 日前完成离职手续办理。当日，庞某回复邮件称其没有提出辞职。

一审法院认为，本案中，根据双方均提交的微信聊天记录，系庞某向其领导索某提出其要辞职，并且要求公司尽快为其办理离职手续，后某科技公司对其离职申请表示同意。因此，庞某于 2020 年 12 月 23 日向某科技公司提出离职，双方亦实际办理了离职交接手续，劳动关系应于 2021 年 1 月 23 日解除。

二审法院认为，庞某主张某科技公司于 2021 年 1 月 7 日向其发送电子邮件通知其办理离职，即为逼迫其离职，但由 2020 年 12 月 23 日庞某与索某的微信聊天记录内容可见，系庞某先向其领导索某提出辞职，并要求公司尽快为其办理离职手续，后某科技公司向庞某发送上述电子邮件回复批准离职，庞某的辞职申请已在先发生法律效力。

〔案例出处：（2022）京 01 民终 7328 号〕

## 【法理分析】

《中华人民共和国劳动合同法》第三十七条规定了劳动者提前三十日书面通知用人单位可以解除劳动合同。其中提前三十日的要求主要是为了让用人单位有充足的时间找到本岗位的继任者，并完成手头工作的交接；书面的形式要求则是因为书面形式具有严肃慎重、准确可靠的特点，有利于加强劳动关系双方的责任感，确保劳动者在经过审慎考量后，作出辞职的意思表示，同时，在双方就辞职事宜产生争议时，有利于辨明事实、分清是非。

然而，随着科技的发展，劳动者与用人单位越来越频繁使用短信、微信等即时通信手段进行沟通。在《中华人民共和国劳动合同法》未明确规定何种形式为"书面形式"的情况下，在判断微信提出的辞职申请是否能够视为满足书面形式的要求时，可以考虑从《中华人民共和国民法典》以及《中华人民共和国民事诉讼法》的相关规定予以解释。

根据《中华人民共和国民法典》合同编的规定，以电子数据交换、电子邮件等方式能够有形地表现所载内容，并可以随时调取查用的数据电文视为书面形式。《最高人民法院关于适用〈中华人民共和国民事诉讼法〉的解释》则进一步明确了电子数据包含了网上聊天记录、博客、微博客、手机短信、电子签名、域名等储存在电子介质中的信息。该规定顺应了现代网络信息发展的趋势，在司法实践中有越来越多电子形式体现的证据材料。故此，基于民法上的相关规定，劳动者通过微信提出辞职，理应被视为通过书面形式向用人单位提出解除劳动合同的意思表示，并可以作为定案依据。

## 【实操建议】

### 一、于用人单位而言

对于员工以微信方式提出辞职的，用人单位可以从以下方面进行应对，以降低员工后期否认微信辞职意思表示的风险：

1. 在收到员工通过微信发送的辞职申请时，应立即作出同意的回复，并与员工核实最后工作日、工作交接等事宜，同时应保存好相应的微信沟通记录。

2. 在微信沟通的基础上，通过公司邮箱或以书面形式向劳动者发送关于同意辞职申请的正式回复，并明确最后工作日、工作交接等相关事宜，作为聊天记录的补强。

3. 在作出同意辞职申请的意思表示的同时，公司应着手开始办理员工辞职的相关事宜，要求员工及时办理工作交接，并开始新员工的招聘，以避免被认定为通过行为（继续安排劳动者工作、未要求劳动者办理交接）对劳动者辞职的意思表示进行变更。

4. 另外，需指出的是，仍有部分地方法院认为通过微信提出辞职申请不符合《中华人民共和国劳动合同法》要求的书面形式，如在（2022）鲁0983民初1313号案中，法院认为劳动者在微信聊天中提出辞职仅表达了辞职的意向，但未向用人单位提交书面申请，不符合法定程序，不视为劳动者的辞职行为已完成。从人力资源管理规范上而言，建议用人单位制定、完善离职制度，并引导劳动者通过递交辞职书、辞职邮件等方式辞职，以最大限度降低被认定为违法解除劳动合同的风险。

### 二、于劳动者而言

1. 劳动者应当知悉，随着网络科技的发展，当前"书面形式"已不仅仅局限于纸质文件，邮件、网上聊天记录（微信、QQ、钉钉、飞书）、博客、微博客等在司法实践中均可以被认定为书面形式。

2. 劳动者在与公司通过即时通信工具或在社交平台交流时，应审慎发言，避免因逞一时口舌之快而作出辞职的意思表示，最终产生劳动合同解除的法律后果。

## 【法规索引】

1.《中华人民共和国劳动合同法》

第三十七条 【劳动者提前通知解除劳动合同】劳动者提前三十日以书面形

式通知用人单位，可以解除劳动合同。劳动者在试用期内提前三日通知用人单位，可以解除劳动合同。

**2.《中华人民共和国民法典》**

**第四百六十九条**　当事人订立合同，可以采用书面形式、口头形式或者其他形式。

书面形式是合同书、信件、电报、电传、传真等可以有形地表现所载内容的形式。

以电子数据交换、电子邮件等方式能够有形地表现所载内容，并可以随时调取查用的数据电文，视为书面形式。

**3.《最高人民法院关于适用〈中华人民共和国民事诉讼法〉的解释》**

**第一百一十六条**　……电子数据是指通过电子邮件、电子数据交换、网上聊天记录、博客、微博客、手机短信、电子签名、域名等形成或者存储在电子介质中的信息……

# 35. 劳动者落户北京后在约定期限内辞职需赔偿单位经济损失吗？

## 【固法观点】

根据《中华人民共和国劳动合同法》的规定，除关于服务期与竞业限制的条款外，用人单位不得与劳动者约定由劳动者承担违约金。伴随着城市化的进程，部分城市的户口成为稀缺资源，北京落户指标尤甚。不少企业为吸引并留住人才，往往承诺给予部分员工落户指标，并与劳动者约定服务期与违约金条款。毫无疑问，该等服务期、违约金条款因违反强制性规定而无效，但因北京落户指标的稀缺性，员工落户后在短期内辞职可能会被认定为违反诚实信用原则，因此给用人单位造成损失的，员工应承担赔偿责任。

## 【案例分析】

2020 年 7 月 13 日，苏某与某工业公司签订书面劳动合同，合同期限自 2020 年 7 月 13 日起至 2025 年 7 月 12 日止。同日，苏某签订承诺书载明："本人苏某（身份证号码：××××）应聘到某工业公司，本人充分了解拥有北京市户口将给本人和家庭带来种种优惠和便利条件，并向某工业公司申请办理北京市户口。本人了解在北京市户口指标稀缺的情况下某工业公司为吸引、培养、保留人才而为本人解决北京市户口的事实，某工业公司已与本人签期限为 5 年的劳动合同，并且为录用和培养本人花费一定的招收录用、培训、办理户口、转移档案等成本、投入相当的资源。为此，本人自愿承诺严格履行《劳动合同》，自 2020 年 7 月 13 日至 2025 年 7 月 12 日为某工业公司工作。在劳动合同期限内，若缺乏诚信、违背此承诺，本人单方提出解除劳动合同，自愿按如下标准向某工业公司支付招收录用、培训、办理户口的损失赔偿金：工作不满 5 年的赔偿人民币 50 万元，此赔偿金将无偿转赠某工业公司用于扶贫工作。支付赔偿金是离职手续的前置条件，并于提出离职一周内交齐赔偿金。"2020 年 12 月 16 日，某工业公司为苏某申报北京户口，并成功落户。2021 年 6 月 24 日，苏某提交辞职书，以家庭变故、未来择业生活地点等为由申请于 2021 年 7 月 15 日前正式离职。后双方因办理解除劳动合同证明、办理档案转移手续以及支付赔偿金等事宜产生争议。

法院认为，苏某签订的承诺书是其单方向某工业公司作出的意思表示，其在明知进京指标属于社会稀缺资源的情况下，在某工业公司为其办理完毕户籍进京手续后，工作不满一年即提出辞职，该行为违反了自己作出的承诺，也违反了诚实信用原则，结合苏某在某工业公司的工作年限、苏某该行为可能造成的不良影响、某工业公司的损失情况等因素，酌定苏某应向某工业公司支付赔偿金240000 元。

〔案例出处：（2021）京 0107 民初 16340 号〕

## 【法理分析】

劳动合同约定的违约金，指的是在用人单位或者劳动者违反了劳动合同中的有关约定时，应向对方支付的一定数额的金钱。在劳动关系中，用人单位处于优势地位，且劳动者对用人单位有一定的人身依附性，为避免用人单位滥用违约金条款，侵害劳动者自主择业权，《中华人民共和国劳动合同法》明确规定，只有在两种情况下，用人单位可以与劳动者约定由劳动者承担违约金：其一，用人单位为劳动者提供专项培训费用，对其进行专项技术培训，并约定服务期的，劳动者违反培训期的；其二，用人单位与劳动者约定竞业限制条款，并按月给予经济补偿，员工在离职后违反竞业限制约定的。除前述情况外，用人单位与劳动者约定违约金的，均会违反我国法律的强制性规定而被视为无效。

服务期是指用人单位与劳动者约定的，在一定期限内，劳动者必须为用人单位提供服务的期限。该种约定同样会限制劳动者的自由流动，存在侵犯劳动者自由择业权的可能性，故我国现行法律对服务期的约定也作出了明确的限制。当且仅当用人单位为劳动者提供专项培训费用，并对其进行专项技术培训的，才能够与劳动者签订服务期协议。

从对违约金、服务期的定义以及限制来看，用人单位为劳动者提供北京落户指标时，约定违约金或服务期均是无效的。但不可否认的是，北京户口在当前是稀缺资源，员工落户后在短期内辞职的行为在一定程度上确实会对用人单位在人才引进以及人员招录中带来隐形的损失。故此，《工资支付暂行规定》第十六条规定的劳动者的损失赔偿责任成为解决资源稀缺性与劳动者倾向性保护的突破口。基于此，北京市高级人民法院、北京市劳动争议仲裁委员会在2009年印发的《北京市高级人民法院、北京市劳动争议仲裁委员会关于劳动争议案件法律适用问题研讨会会议纪要》第三十三条明确，用人单位为其招用的劳动者办理了本市户口，双方据此约定了服务期和违约金，用人单位以双方约定为依据要求劳动者支付违约金的，不应予以支持，确因劳动者违反了诚实信用原则，给用人单位造成损失的，劳动者应当予以赔偿。

诚实信用原则是《中华人民共和国民法典》规定的从事民事活动的基本原则之一，也是我国的核心价值观之一。虽然《中华人民共和国劳动合同法》严格限定了劳动者向用人单位支付违约金以及损害赔偿的范围，但劳动合同法律关系本质上仍属于民事法律关系的范畴，裁审者援引民事法律关系的基本原则要求劳动者承担相应的赔偿责任，既是对劳动者与用人单位利益的权衡，也是对良好社会风气的弘扬。

## 【实操建议】

### 一、于用人单位而言

综上所述，用人单位为劳动者办理北京户口并约定服务期和违约金的，会被认定为无效，但不可否认，如员工在落户后短期内离职的，确实会给用人单位造成一定的损失，故此，建议用人单位在为劳动者办理诸如"北京户口"等稀缺资源时，可以从以下方面保障自身利益：

1. 在为劳动者办理落户手续前，与劳动者签署的《劳动合同》中或另行与劳动者签署的合同明确，北京户口为稀缺资源，如劳动者在一定期限内离职，将会给用人单位造成一定的损失，故劳动者需就此承担赔偿责任。

2. 在劳动合同的履行过程中，应注意收集、保存为劳动者办理落户手续时支出相应费用的单据及凭证，以及其他因劳动者提前离职可能给用人单位造成的损失的证明。

### 二、于劳动者而言

近年来，因劳动者违反诚实信用原则而须向用人单位承担赔偿责任的案件屡见不鲜。劳动者在选择工作时，应全方位考量工作岗位情况以及与自身的契合程度，不能单单为了获取"北京户口"等特定利益盲目与用人单位签订劳动合同或其他协议。

若劳动者愿意承担获取特定利益而产生的义务的，则应当按照双方约定充分履行，不能在享受利益后言而无信不履行己方义务，否则可能会面临需向用人单位承担赔偿责任的风险。

## 【法规索引】

1.《中华人民共和国劳动合同法》

第二十五条　除本法第二十二条和第二十三条规定的情形外，用人单位不得与劳动者约定由劳动者承担违约金。

2.《工资支付暂行条例》

第十六条　因劳动者本人原因给用人单位造成经济损失的，用人单位可按照劳动合同的约定要求其赔偿经济损失。经济损失的赔偿，可从劳动者本人的工资中扣除。但每月扣除的部分不得超过劳动者当月工资的20%。若扣除后的剩余工资部分低于当地月最低工资标准，则按最低工资标准支付。

3.《北京市高级人民法院、北京市劳动争议仲裁委员会关于劳动争议案件法律适用问题研讨会会议纪要》

33. 用人单位为其招用的劳动者办理了本市户口，双方据此约定了服务期和违约金，用人单位以双方约定为依据要求劳动者支付违约金的，不应予以支持。确因劳动者违反了诚实信用原则，给用人单位造成损失的，劳动者应当予以赔偿。

# 36. 辞职当天回家途中遇车祸身亡还算工亡吗?

## 【固法观点】

根据《工伤保险条例》第十四条的规定，劳动者在上下班途中，受到非本人责任的交通事故伤害的，应当认定为工伤。不少人认为，劳动者在辞职后，其与用人单位的劳动关系即已解除，如劳动者在辞职当日回家途中遭遇车祸的，不应认定为工伤。但从《工伤保险条例》的立法原意上看，离职当日的下班应认定为《工伤保险条例》规定的"上下班途中"，即，如劳动者在辞职当日回家途中遭遇车祸身亡的，应当认定为工亡。

## 【案例分析】

2017年7月28日，王某与悦企公司签订劳动合同，并于同年7月31日被派遣至中物公司工作。同年7月31日，王某参加了中物公司的员工岗前培训，当天中午11时17分刷卡在食堂就餐，吃完午饭后，向中物公司提交辞职申请，辞职理由是"不想做"。中物公司同意了王某的辞职申请，并办理了离职手续，监控显示王某于当日13时22分离开中物公司。道路交通事故认定书载明，2017年7月31日13时23分许，王某驾驶电动自行车在××大道××路东约150米处与一重型自卸货车相撞并被该货车碾压，经抢救无效于当日死亡，王某在该起事故中不承担责任。王某租住于上海市浦东新区××路××号××公寓，上述交通事故地点位于中物公司去往王某住处的必经路途。2018年2月4日作出工伤认定，悦企公司、中物公司对被诉工伤认定决定不服，进而提起行政诉讼。

法院认为，《工伤保险条例》第十四条第（六）项规定，职工有下列情形之一的，应当认定为工伤："（六）在上下班途中，受到非本人主要责任的交通事故或者城市轨道交通、客运轮渡、火车事故伤害的。"本案中，根据浦东新区人社局提供的劳动合同、劳动仲裁调解协议书、协议书、营业执照、劳动派遣经营许可证、情况说明、医疗机构诊断证明、居民死亡医学证明书、遗体火化证明、死亡证明、道路交通事故认定书、路线图、情况说明、房屋租赁合同、关于对王某所受事故伤害要求认定工伤的情况说明与答复、监控视频、视频截图、工作记录、浦东新区人社局对案外人陈某、汤某的调查记录等证据，可以证明2017年7月31日悦企公司工作人员在下班途中发生了其不承担责任的交通事故，故浦东新区人社局根据《工伤保险条例》第十四条第（六）项之规定，作出被诉工伤认定决定，认定事实清楚，适用法律正确。

〔案例出处：（2018）沪01行终1436号〕

## 【法理分析】

工伤保险制度的建立以保护劳动者的合法权益、为用人单位分担风险为主要的价值取向以及立法宗旨。工伤认定案件涉及对劳动者、用人单位、用工单位等各方利益的权衡，行政审判既要进行合法性审查，也要进行相应的价值判断，其中关于劳动者的合法权益保护始终位于首要地位。

《工伤保险条例》第十四条第（六）项规定，职工在上下班途中，受到非本人主要责任的交通事故或者城市轨道交通、客运轮渡、火车事故伤害的，应当认定为工伤。该条款系对劳动者在至单位工作前及完成单位工作后途中发生伤害的风险保障。根据《中华人民共和国劳动合同法》第五十条等相关规定，劳动合同解除或者终止后，劳动者具有按照双方约定办理工作交接的义务。亦即，劳动者在辞职当天完成的交接工作也是其工作的组成部分，在完成交接后按照合理的上下班路线返回居住地的行为应当视为下班。因此，劳动者在辞职当日按照合理路线回家途中遭遇非本人主要责任的车祸身亡的，应当认定为工亡。与此类似的是劳动者在接受聘用后，首次前往用人单位的途中发生车祸的，在符合"合理时间""合理路线"的条件下，发生非本人主要责任交通事故的，也理应认定为工伤。

## 【实操建议】

首先，用人单位应及时、足额为劳动者缴纳工伤保险。从工伤保险制度建立的宗旨以及目的出发，按时、足额缴纳工伤保险不仅仅为劳动者提供了强有力的保障，更是为用人单位分担了用人风险。在实践中，不少企业为了节约短期成本，或出于劳动者的自行要求，未缴纳或未足额缴纳工伤保险，导致劳动者在被认定为工伤时，需自行承担劳动者的工伤保险待遇或补足差额，面临着巨大的风险。长远来看，及时、足额为劳动者缴纳社会保险是有百利而无一害的。随着制度的发展与完善，对于实习生、退休返聘人员以及新就业形态人员，部分地区已允许用人单位仅为其购买工伤保险，解决了部分人员无法购买社会保险的问题，同时也较大地节约了用人单位的用人成本。

其次，从立法取向上看，司法实践中倾向认为，劳动者首次上班以及离职后下班，在符合"合理时间""合理路线"的情况下，应当被认定为《工伤保险条例》第十四条规定的"上下班途中"，故此，若劳动者在首次上班以及离职后下班途中受到非其本人主要责任的交通事故或者城市轨道交通、客运轮渡、火车事故伤害的，用人单位应积极配合劳动者办理工伤认定。

## 【法规索引】

1.《工伤保险条例》

第十四条　职工有下列情形之一的，应当认定为工伤：

（一）在工作时间和工作场所内，因工作原因受到事故伤害的；

（二）工作时间前后在工作场所内，从事与工作有关的预备性或者收尾性工作受到事故伤害的；

（三）在工作时间和工作场所内，因履行工作职责受到暴力等意外伤害的；

（四）患职业病的；

（五）因工外出期间，由于工作原因受到伤害或者发生事故下落不明的；

（六）在上下班途中，受到非本人主要责任的交通事故或者城市轨道交通、客运轮渡、火车事故伤害的；

（七）法律、行政法规规定应当认定为工伤的其他情形。

2.《最高人民法院关于审理工伤保险行政案件若干问题的规定》

第六条　对社会保险行政部门认定下列情形为"上下班途中"的，人民法院应予支持：

（一）在合理时间内往返于工作地与住所地、经常居住地、单位宿舍的合理路线的上下班途中；

（二）在合理时间内往返于工作地与配偶、父母、子女居住地的合理路线的上下班途中；

（三）从事属于日常工作生活所需要的活动，且在合理时间和合理路线的上下班途中；

（四）在合理时间内其他合理路线的上下班途中。

# 37. 员工辞职未提前30日通知用人单位应否赔偿损失？

## 【固法观点】

《中华人民共和国劳动合同法》第三十条赋予了劳动者单方解除劳动合同的权利，但同时要求劳动者应提前三十日（试用期为三日）以书面形式通知用人单位。若劳动者未提前三十日通知用人单位的，构成违法解除，但《中华人民共和国劳动合同法》并未明确规定劳动者需向用人单位支付的赔偿金或补偿金数额，只有当劳动者违法解除劳动合同造成用人单位损失时，用人单位才可以主张劳动者承担赔偿责任。

## 【案例分析】

2018年1月11日，撒某（乙方）与某出海公司（甲方）签订《劳动合同》及《劳动合同补充条款》，《劳动合同》约定合同期限自同日至2021年3月31日。《劳动合同补充条款》约定："5.劳动合同解除或终止时，乙方应当按照双方约定或甲方要求，完成所有已上线课程的授课工作。如未完成，则视为甩课。如乙方甩课，乙方需赔偿甲方所甩课程总收入的3倍金额（含广告推广费）。甲方认为情节严重的，乙方应赔偿甲方所甩课程收入的5倍金额（含宣传推广费）。"撒某在某出海公司担任数学老师。

2019年11月7日，撒某在某出海公司的OA系统中申请离职，2019年11月20日，撒某离职。由于临时更换老师，引起了学生及家长的不满，某出海公司为安抚学生便发放了每人20元现金优惠券，共计10106张，且部分学生及家长要求退款。后某出海公司以此为由提起仲裁及诉讼，要求撒某赔偿因甩课造成的经济损失50万元。

　　法院认为，《中华人民共和国劳动合同法》第三十七条规定："劳动者提前三十日以书面形式通知用人单位，可以解除劳动合同。"第九十条规定："劳动者违反本法规定解除劳动合同，或者违反劳动合同中约定的保密义务或者竞业限制，给用人单位造成损失的，应当承担赔偿责任。"本案中，撒某未举证证明其提前三十日以书面形式通知某出海公司解除劳动合同，违反了《中华人民共和国劳动合同法》第三十七条规定。根据现有查明事实，撒某的上述违法解除劳动合同行为的确给某出海公司造成甩课损失，应当承担赔偿责任。某出海公司依据《劳动合同补充条款》第5条约定来要求撒某赔偿其所甩课程收入的多倍金额，法院认为，该条款约定以所甩课程总收入的多倍金额来计算劳动者甩课赔偿金，实质上是约定因违约产生的损失赔偿额的计算方法，违反了法律、行政法规的强制性规定，且多倍赔偿金额显失公平，故该部分约定无效。关于某出海公司主张的经济损失，法院综合根据撒某的过错程度，结合撒某的月工资标准、某出海公司的经营风险和实际损失等因素综合确定撒某的赔偿金额为5万元。

〔案例出处：（2020）京0108民初49124号〕

## 【法理分析】

　　劳动关系具有较强的人身依附性，故《中华人民共和国劳动合同法》第三十七条赋予了劳动者预告单方解除的权利，该种权利是形成权，无需经用人单位同意。但与此同时，若劳动者可以随时解除劳动合同而无需承担任何法律责任，对于用人单位而言，则劳动关系处于极其不确定的状态。为此，《中华人民共和国劳动合同法》同时规定了劳动者在行使单方解除权时，应至少提前三十日通知用人单位，以便用人单位有充足的时间寻找替代劳动者、进行工作交接，以保证企业的正常生产经营。

　　同时，《中华人民共和国劳动合同法》第九十条规定，因劳动者违法解除劳动合同、违反保密义务或者竞业限制给用人单位造成损失的，需承担损失赔偿责任。与用人单位违法解除劳动合同不同，当前我国法律法规并未明确规定劳动者违法解除劳动合同的赔偿计算标准，但限制了用人单位损失的范围，包括用人单位招聘该劳动者所支出的费用、用人单位为劳动者支付的培训费用、对用人单位生产、经营和工作造成的直接损失等，在司法实践中，通常要求用人单位就其遭受的损失承担一定的举证责任，并且，如用人单位与劳动者就损失赔偿约定了较为明确金额的，还有可能被认定为违法约定违约金而无效。

## 【实操建议】

### 一、于用人单位而言

从立法取向以及司法实践上看，用人单位要求劳动者承担违约责任或赔偿损失时，需要承担较高的举证责任，且在实践中较难得到支持。故此，建议用人单位在面临员工未提前三十日辞职的情况时，应按照实际情况分别处理：

1. 如用人单位在收到员工的辞职申请时，无需员工继续办理交接手续，或寻找替代员工的，建议及时回复同意员工的辞职申请，以避免劳动关系处于不确定状态，或员工在提出辞职申请后，又主张撤回或撤销。

2. 如用人单位在收到员工的辞职申请时，需要员工在一定期限内（不超过三十天）办理交接手续并寻找替代员工的，则建议及时书面回复员工，同意其辞职申请，但应按照公司的制度要求完成工作交接；而在此期间，如劳动者仍需提前离开的，则建议用人单位应该收集、整理因员工未履行提前三十日通知给用人单位造成的损失，包括但不限于招聘离职员工以及寻找替代员工产生的成本、公司生产经营的直接损失、培训费用、项目停顿造成的损失等，以应对可能发生的诉讼。

### 二、于劳动者而言

离职工作交接也属于劳动者工作的一部分。如劳动者在辞职后，需在预告期内离职的，应首先征得用人单位的同意，并完成工作交接，以避免因突然离职给单位造成损失而须承担赔偿责任。

## 【法规索引】

### 1.《中华人民共和国劳动合同法》

第三十七条　劳动者提前三十日以书面形式通知用人单位，可以解除劳动合同。劳动者在试用期内提前三日通知用人单位，可以解除劳动合同。

第九十条　劳动者违反本法规定解除劳动合同，或者违反劳动合同中约定的保密义务或者竞业限制，给用人单位造成损失的，应当承担赔偿责任。

### 2.《违反〈劳动法〉有关劳动合同规定的赔偿办法》

第四条　劳动者违反规定或劳动合同的约定解除劳动合同，对用人单位造成损失的，劳动者应赔偿用人单位下列损失：

（一）用人单位招收录用其所支付的费用；

（二）用人单位为其支付的培训费用，双方另有约定的按约定办理；

（三）对生产、经营和工作造成的直接经济损失；

（四）劳动合同约定的其他赔偿费用。

# 38. 用人单位能否以学历欺诈为由确定劳动合同无效？

## 【固法观点】

根据《中华人民共和国劳动合同法》第二十六条的规定，如一方以欺诈、胁迫的手段或者乘人之危，使对方在违背真实意思的情况下订立或者变更劳动合同的，劳动合同无效。在现实生活中，不少用人单位会设置具体某一岗位的任职要求，例如学历要求、专业资质要求等，若劳动者未满足用人单位设置的岗位条件，提供虚假的学历证明，是否必然构成学历欺诈而导致劳动合同无效呢？实际上，劳动者提供虚假学历证明不一定会导致劳动合同无效，除非用人单位能够提供证据证明，学历是用人单位聘用劳动者的决定性条件，且用人单位已尽合理的审查注意义务。

## 【案例分析】

某传媒公司（甲方）与邓某（乙方）于2021年5月31日签订了《广州市劳动合同》一份，合同约定：期限为三年，从2021年5月31日始至2024年5月30日止，试用期从2021年5月31日始至2021年8月30日止，乙方的工作岗位为人事行政经理，试用期工资为12000元/月，转正后的工资总额为14000元/月，其中绩效奖金2000元/月，甲方每月30日前以银行转账或现金等形式支付乙方上月工资；甲方依法安排乙方加班的在一个月内调休，或支付加班费，但乙方加班必须办理书面加班申请和审批，并交人力资源部备案，否则不予确认加班行为；因工作需要，甲方提供大小周工作制，经双方协商一致，乙方的工资底薪已包括大小周的工资补偿；甲乙双方一致同意，乙方加班费、休息休假、补偿、赔偿等工资基数均按本合同约定的工资标准计算。后因某传媒公司未足额发放工资，邓某主张被迫解除合同，并提起仲裁。某传媒公司主张，邓某的职位设置要求有本科学历，且应有 3—5 年的工作经验，邓某提供的毕业证书无法在学信网上查询，属于假证，故此双方订立的劳动合同无效。

法院认为，劳动合同有双方签章，某传媒公司也未提供证据证实其在对被告进行招聘时有要求学历必须为本科，故即使邓某未能提交学历证书原件也不能认定其在签订合同时存在欺诈。故法院认定双方签订的劳动合同合法有效，双方应按合同约定履行权利义务。双方均确认邓某为某传媒公司总经理聘请，总经理负有用工管理的职责，在无证据证实总经理与被告串通的情况下，总经理的行为可代表某传媒公司。至于邓某是否存在学历造假，某传媒公司未提供充分证据证实，若传媒公司认为其因此而利益受损，可另循法律途径解决。

〔案例出处：（2022）粤 0103 民初 225 号〕

## 【法理分析】

在民法中，欺诈是指一方当事人故意告知对方虚假情况，或者故意隐瞒真实情况，诱使对方当事人作出错误意思表示的行为。亦即，欺诈行为有三个主要的构成要件：一是主观上存在故意；二是存在故意告知对方虚假情况或隐瞒真实情况的行为；三是具有导致对方当事人作出错误意思表示的行为。具体到用人单位的招聘活动中，即为，劳动者提供虚假的学历证明，而该学历是用人单位录用劳动者的决定条件。同时，基于用人单位在劳动关系中的优势地位，相较于民事中的欺诈，用人单位需承担更高的注意义务，具体表现在如下方面：

1. 用人单位在进行招聘前，应明确告知劳动者对学历、工作经历的特定要求，并且该等要求需具备一定的合理性。只有当劳动者故意隐瞒学历信息，且该学历信息对用人单位作出录用决定有重大影响时，劳动者才可能构成对用人单位的欺诈，用人单位才能据此主张劳动合同无效。

2. 用人单位在录用劳动者前，有权利同时也有义务对劳动者个人资料的真实性进行核查。根据《中华人民共和国劳动合同法》第八条的规定，用人单位在招用劳动者时，应如实告知劳动者工作内容、工作条件、工作地点、职业危害、安全生产状况、劳动报酬等事项，用人单位有权了解劳动者与劳动合同直接相关的基本情况。即，用人单位的告知义务是法定的、强制的；而劳动者的告知义务是被动的、任意的，如用人单位未提出要求，劳动者并不必须告知。故此，如用人单位对招聘岗位的学历、资质等条件有明确的要求，但在劳动合同的履行过程中并未要求劳动者提供关于学历、资质的证明文件，且未对劳动者的学历、资质情况进行审慎核查的，劳动者同样也不构成欺诈。

3. 在劳动合同履行过程中，若用人单位对岗位的学历有严格要求，且员工存在欺诈行为需主张合同无效的，应及时作出。学历是筛选个人能力的指标之一，但并非唯一指标，在实践中，确实存在劳动者通过虚假证明获得工作机会的情况，但若劳动者在后续履行劳动合同的过程中，能够很好地胜任工作，且能力满足岗位的要求，则足以证明，用人单位所主张的学历并非决定录用劳动者的决定条件，此时用人单位再以劳动者学历欺诈为由主张劳动合同无效通常不能够得到支持。

## 【实操建议】

用人单位在用工管理中，往往需要设置学历、资质、工作年限等要求快速筛选符合岗位要求的人才，以降低招聘成本。在实际操作中，为了避免因劳动者学历、资质造假而导致用人单位损失，建议用人单位从以下几个方面加强对人员招聘的管理：

1. 用人单位在进行招聘时，应制定明确的、合理的岗位招聘条件，例如学历、工作年限等，并保留相应的岗位需求、招聘平台发布的招聘信息等凭证。

2. 在确定候选人后，用人单位应对拟录取员工进行必要的背景调查，并核查相应的学历、资质证明文件，如发现存在虚假证明文件的，应及时要求劳动者进行改正，如该候选人的学历及其他资质不符合岗位招聘要求的，应及时取消录用。

3. 在劳动合同履行过程中，若发现劳动者存在学历造假行为的，应及时进行处理，通过仲裁委、法院等机构主张劳动合同无效。

4. 此外，用人单位应加强"诚信"培训，并在规章制度中明确，员工学历造假属于严重违反规章制度的行为，用人单位有权单方解除劳动合同，并要求员工对该等规章制度进行签收。

## 【法规索引】

《中华人民共和国劳动合同法》

第二十六条　下列劳动合同无效或者部分无效：

（一）以欺诈、胁迫的手段或者乘人之危，使对方在违背真实意思的情况下订立或者变更劳动合同的；

（二）用人单位免除自己的法定责任、排除劳动者权利的；

（三）违反法律、行政法规强制性规定的。

对劳动合同的无效或者部分无效有争议的，由劳动争议仲裁机构或者人民法院确认。

# 39. 行政拘留期间能否以违反规章制度为由解雇员工?

## 【固法观点】

《中华人民共和国劳动合同法》第三十九条规定了用人单位可以单方解除劳动合同且无需支付经济补偿金的情形，其中包括劳动者被依法追究刑事责任，基于行政拘留与刑事处罚的性质差异，劳动者被行政拘留的，不视为用人单位单方解除劳动合同的法定理由。但若用人单位依法经过民主程序制定的规章制度明确规定，员工受到行政拘留的违法行为属于严重违反用人单位规章制度，则用人单位在劳动者受到行政拘留处罚后，以劳动者严重违反用人单位的规章制度为由单方解除劳动合同通常可以得到支持。

## 【案例分析】

2015 年 7 月 10 日，陈某与某物业公司签订劳动合同，担任清洁工岗位。2020 年 6 月 19 日，陈某不辞而别，某物业公司经多次联系未果，直至 2020 年 6 月 29 日，陈某微信告知某物业公司其因参与赌博被行政拘留。某物业公司于 2020 年 7 月以陈某严重违反公司规章制度为由，出具解除劳动合同通知书，陈某未予以签收。

某物业公司《员工手册》载明："4.3 丙类过失：4.3.13：组织或参与赌博。4.3.18：连续旷工三天或者一年内累计旷工七天。4.3.32：违反国家刑事条例和其他有关法规条例，受到刑事或治安处罚的。""犯丙类过失者，属于严重违反用人单位规章的情形，除根据公司相应的奖惩制度执行外，公司有权解除其劳动合同而无需作任何补偿。"

2020 年 8 月 11 日，陈某以某物业公司违法解除劳动合同为由提起仲裁，要求某物业公司支付经济赔偿金 35200 元。一审法院认为，陈某因参与赌博被行政拘留，已严重违反某物业公司的规章制度，根据《中华人民共和国劳动合同法》第三十九条的规定，某物业公司可以解除劳动合同，且无需向陈某支付经济赔偿金。

〔案例出处：（2021）粤 0114 民初 829 号〕

## 【法理分析】

通常认为，劳动关系具有较强的人身依附性，且用人单位处于优势地位，故此，《中华人民共和国劳动合同法》对用人单位解除劳动合同的情形作出了明确的规定，用人单位违反《中华人民共和国劳动合同法》规定的情形解除劳动合同的，构成违法解除，需向劳动者支付经济赔偿金。《中华人民共和国劳动合同法》规定的用人单位解除劳动合同情形主要包括过失性辞退、无过失性辞退以及经济性裁员等，其中只有过失性辞退的情况下，用人单位无需支付经济补偿或赔偿。

《中华人民共和国劳动合同法》第三十九条规定的过失性辞退主要有六种情形，其中包含了劳动者被依法追究刑事责任的情形。在司法实践中，用人单位主张过失性辞退的，往往需要承担较高的举证责任，且从当前裁审尺度看，裁审者通常会采取较为谨慎的态度。故此，从文义上看，毫无疑问，劳动者被行政拘留并不属于劳动者被依法追究刑事责任的情形。但如用人单位在规章制度中明确列明导致员工被拘留的行为构成严重违反用人单位规章制度，在满足一定的条件下，用人单位可以严重违反用人单位规章制度为由单方解除劳动合同，且有较大的概率将会得到支持。

根据《中华人民共和国劳动合同法》的规定以及司法实践，用人单位适用《中华人民共和国劳动合同法》第三十九条第（二）项的规定，以员工严重违纪为由单方解除劳动合同的，需要满足以下条件：首先，用人单位单方解除劳动合同依据的规章制度需经民主程序制定；其次，劳动者应当知晓该等制度的内容，且对于自己行为的后果有充分预期；再次，用人单位在单方解除劳动合同时，需按照《中华人民共和国劳动合同法》的规定履行相应的程序，包括通知工会并听取工会意见、向劳动者发送单方解除通知书等；最后，也是最为重要的是，该等制度需具备一定的合理性，即行为的性质与单位的处理结果相适应。

## 【实操建议】

结合《中华人民共和国劳动合同法》的相关规定以及当前的裁审尺度，在应对员工被拘留产生的问题时，用人单位可以考虑从以下方面着手：

1. 用人单位在制定规章制度时，应当尽量详细列举违纪行为，常见的受到行政处罚的行为包括：赌博、嫖娼、打架斗殴等，并根据各种行为的严重程度制定明确的、合理的处理方式。

2. 用人单位在制定或修改规章制度时，应充分征询员工的意见，履行民主程序，并保留相应的程序文件，以应对后续可能产生的劳动争议。

3. 用人单位应当将规章制度的内容充分告知劳动者，例如要求员工签收、举行规章制度培训等，同时应当保留各类签收、培训记录。

4. 在获悉劳动者因违法而受到行政拘留时，用人单位应当及时作出处理决定，并在向工会告知该等决定且充分听取工会的意见后，向员工发出解除劳动合同通知书（需载明用人单位单方解除劳动合同的原因以及相应的依据），同时应当保留各类往来函件以及送达记录。

5. 另外需注意的是，不少企业在处理员工被行政拘留的情况时，以员工旷工为由单方解除劳动合同，并得到败诉的结果。究其原因，在于不同裁审者对于"旷工"的理解差异，不少法院认为，被行政拘留属于被公安机关限制了人身自由，不属于"无故"旷工。故此，建议用人单位在实践操作中，应尽量详细列明各种导致行政拘留的行为，并明确该等行为严重违反公司规章制度，尽量避免以旷工为由解除劳动合同。

## 【法规索引】

《中华人民共和国劳动合同法》

第三十九条　劳动者有下列情形之一的，用人单位可以解除劳动合同：

（一）在试用期间被证明不符合录用条件的；

（二）严重违反用人单位的规章制度的；

（三）严重失职，营私舞弊，给用人单位造成重大损害的；

（四）劳动者同时与其他用人单位建立劳动关系，对完成本单位的工作任务造成严重影响，或者经用人单位提出，拒不改正的；

（五）因本法第二十六条第一款第一项规定的情形致使劳动合同无效的；

（六）被依法追究刑事责任的。

# 40. 履行了请假手续但未准假而休假的可否按旷工处理？

## 【固法观点】

根据《中华人民共和国劳动法》第三条第二款的规定，劳动者应当遵守劳动纪律和执业道德，按时出勤、履行请假程序通常被认为是劳动纪律和执业道德的重要组成部分。未履行请假手续而休假的员工，在实践中通常会被认为违反劳动纪律，而视为旷工；但如员工履行了请假手续，但用人单位因为合理原因未予以批准，而员工自行休假的，用人单位按照旷工处理同样有较大的可能会获得支持，与之相反，如用人单位不批准假期不具备合理理由的，按照旷工处理将有较大风险不被支持。但值得一提的是，如用人单位依法制定且正在执行的规章制度中，明确规定了前述行为构成旷工，则能够有效提升用人单位获裁审机构认可的几率。

## 【案例分析】

吕某于 2019 年 10 月 24 日入职某租车公司，双方订立了期限为 2019 年 10 月 24 日至 2022 年 10 月 23 日的书面劳动合同，合同约定吕某的岗位为培训主管，月工资为 19000 元，试用期为 6 个月（2019 年 10 月 24 日至 2020 年 4 月 23 日）。吕某于 2020 年 3 月 21 日至 3 月 26 日期间在山西长治出差，按照出差要求，吕某应于 26 日当天从长治去厦门工作，吕某向其主管领导请假，主管领导表示因工作紧急，无法批准吕某的事假，故吕某自行于 27 日休假，并于 30 日下午才返回厦门工作。2020 年 3 月 31 日，某租车公司向吕某发出《解除劳动关系通知书》，于当日与其解除劳动合同。《解除劳动关系通知书》内容为："鉴于员工吕某……因试用期不符合录用条件的情况，根据《员工手册》《中华人民共和国劳动合同法》及相关法律法规规定，公司决定于 2020 年 3 月 31 日与该员工解除劳动关系……"吕某认为其不存在旷工，某租车公司是违法解除，主张某租车公司支付违法解除劳动合同的双倍赔偿金。

法院认为，员工应遵守基本的劳动纪律，员工因个人原因请事假需向公司履行正常请假手续，用人单位亦有根据工作情况对事假进行审批的权利。现吕某虽称家中有事向其主管领导请假，但其主管领导已多次表示因工作紧急无法批准其事假，吕某亦未提交充分证据证明其事假已获隔层上级领导批准，在此情况下，吕某未按照某租车公司安排于3月27日到岗工作，而是在30日才抵达工作现场，确有不当，构成旷工。

〔案例出处：（2022）京01民终2866号〕

## 【法理分析】

当前，我国法律法规对"旷工"的定义并未作出明确的规定，通常认为，旷工是指劳动者在正常的工作时间未请假或请假未得到批准的缺勤行为，具体可由用人单位通过法定程序制定的规章制度中进行明确或者由用人单位与劳动者通过劳动合同进行约定。但即使用人单位的规章制度中未对"旷工"的定义以及行为后果进行明确规定，用人单位仍可依照《中华人民共和国劳动法》规定的基本原则进行处理，即劳动者应当遵守劳动纪律和执业道德。在司法实践中，认定"旷工"行为通常有三个要件：一是劳动者未按规定向用人单位提供劳动；二是无正当理由；三是不经请假或请假未获批准而擅自离开工作岗位。其中最容易产生争议的是"无正当理由"，常见的"正当理由"包括：生病、单位拒绝提供劳动条件、单位违法调整岗位或者工作地点、不可抗力等。

用人单位对劳动者具有管理权，对劳动者违反劳动纪律的行为有权依法予以惩戒。同时，用人单位对劳动者亦应承担关怀照顾的义务，劳动者对用人单位能够善意、宽容、合理地履行管理权抱有合理的期待。用人单位享有根据实际工作情况对员工的请假申请进行审批的权利，但同时，该等权利不是毫无限制的，如员工确有正当理由无法返回公司上班，例如突发疾病、至亲离世等，用人单位也应当善意地给予劳动者一定的支持，以彰显对劳动者的关怀。

## 【实操建议】

### 一、于用人单位而言

首先，用人单位在接到员工的请假申请时，应当及时作出回应，如用人单位经审查认为员工请假的理由不充分，且基于生产经营的需要，难以同意员工的请假申请的，应立刻向员工作出不同意的意思表示，以避免因未明确表示不同意而被认定为默认同意；值得注意的是，用人单位在作出是否同意请假申请的决定时，应充分考量员工请假理由的合理性，以及决定的合理性与充分性。

其次，应对员工未经批准而自行休假的行为，企业应从以下几个方面加强人力资源管理：

1. 完善考勤、旷工的相关规章制度。用人单位在制定规章制度时，应当明确旷工的定义，例如员工的请假申请未经单位批准同意而自行休假的，即构成旷工，并明确旷工的行为后果。同时，用人单位应制定科学、合理的考勤制度，明确考勤的方式以及考勤的要求。需要注意的是，在制定前述制度时，应当履行民主程序，充分听取员工意见，并在颁布后确保员工签收该等制度。

2. 在制定前述制度的同时，用人单位应确保制度的执行，并保留相关的书面凭证。故此，建议用人单位可以要求员工对每月的考勤结果进行认可，并签字确认，作为处理与员工因考勤而引起的争议的有力证据。

再次，在员工的请假申请未经批准而擅自离岗的情况下，用人单位应当及时、且多次向员工的有效送达地址（如劳动合同载明的联系地址）发出《返岗通知书》，并明确告知员工未在指定的期限内返岗导致的后果，以降低用人单位后续根据公司的规章制度对员工的旷工行为进行处理的风险。

最后，用人单位应当完善处理程序。如员工的旷工行为符合规章制度规定的用人单位可单方解除劳动合同的情形时，用人单位应当就解除劳动合同的相关事宜征询工会意见，并向劳动者的有效送达地址送达解除劳动合同通知书（需载明解除劳动合同的原因以及依据）。

**二、于劳动者而言**

1. 如请假不具有紧迫性、必要性时，在用人单位未批准请假时，应尽量遵从用人单位的工作安排，避免在未准假的情况下擅自离开岗位。

2. 劳动者在申请休假时，应当保留请假的申请记录（公司办公系统申请记录、与上级沟通记录），以及与请假合理性有关的相关材料（例如病历、事故证明）等，以作为后续处理与用人单位产生争议的证明材料，降低因此被认定为旷工的风险。

【法规索引】

1.《中华人民共和国劳动法》

第三条　劳动者享有平等就业和选择职业的权利、取得劳动报酬的权利、休息休假的权利、获得劳动安全卫生保护的权利、接受职业技能培训的权利、享受社会保险和福利的权利、提请劳动争议处理的权利以及法律规定的其他劳动权利。

劳动者应当完成劳动任务，提高职业技能，执行劳动安全卫生规程，遵守劳动纪律和职业道德。

2.《中华人民共和国劳动合同法》

第三十九条　劳动者有下列情形之一的，用人单位可以解除劳动合同：

（一）在试用期间被证明不符合录用条件的；

（二）严重违反用人单位的规章制度的；

（三）严重失职，营私舞弊，给用人单位造成重大损害的；

（四）劳动者同时与其他用人单位建立劳动关系，对完成本单位的工作任务造成严重影响，或者经用人单位提出，拒不改正的；

（五）因本法第二十六条第一款第一项规定的情形致使劳动合同无效的；

（六）被依法追究刑事责任的。

# 41. 员工失踪，用人单位能否以旷工为由解除劳动合同？

## 【固法观点】

若员工"失踪"，公司能否直接以旷工为由解除劳动合同，取决于员工"失踪"的真实原因及用人单位是否尽到催促的义务。因司法实践中对旷工事实采取较为严格的认定标准，用人单位需要根据不同情形进行处理：若员工的"失踪"是拒绝与用人单位联系且家属知悉其去向的，员工能上班而不上班，存在缺勤的主观故意，则属于旷工情形，用人单位可根据单位规章制度，直接依法与员工解除劳动合同。若员工"失踪"后确实无法取得联系，用人单位要积极与其家属沟通，询问缺勤员工未上班的理由，必要时报警处理，后续考虑通过发出到岗通知书、旷工告知书等以固定违纪事实的证据，并以旷工为由解除劳动合同。

## 【案例分析】

郑某为某电子公司员工。2011年5月29日，郑某未到电子公司上班。2011年6月1日，电子公司作出郑某旷工的报告，并根据公司管理规定，于同年6月9日作出对郑某除名的通报。2011年7月15日，郑某在云南丽江意外死亡。

后郑某父母起诉，要求电子公司支付非因工死亡丧葬补助等费用。电子公司以已与郑某解除劳动合同为由应诉答辩。

一审法院认为电子公司虽在6月1日作出郑某从5月29日至6月1日连续旷工四天的报告，但未能提供5月29日至6月9日曾与郑某或其家属积极联系的证据。电子公司无证据证明曾询问过郑某未上班的理由或通知郑某回单位上班。结合电子公司为郑某正常缴纳6月份外来从业人员综合保险的行为，认定在郑某死亡之前，双方劳动关系并未解除。二审法院支持了一审法院关于电子公司在郑某死亡前并未与其解除劳动关系的认定。

〔案例出处：（2014）宝民一（民）初字第3202号〕

## 【法理分析】

用人单位行使单方解除劳动合同的权利，应当符合《中华人民共和国劳动合同法》第三十九条规定的条件。法律赋予用人单位单方解除权的本质在于，保证用人单位在员工的过失或非过失性行为会对单位产生严重影响时可作出反应，保障用人单位的用工管理权。然而，由于实践中用人单位与劳动者地位悬殊，为防止用人单位滥用其单方解除权，法律也对此以列举的方式限制用人单位行使该权利。

其中，最符合本题假设情况的应当是第三十九条中"（二）严重违反用人单位的规章制度"的一项。因此，员工"失踪"时用人单位欲单方解除劳动合同的，用人单位规章制度中关于"旷工"的明确规定是单方解除的前提。

即便在用人单位管理制度完备的情况下，仍应当考虑员工"失踪"或"失联"的主客观情况，再作出决定。对于故意失联的员工，其主观上已经存在违反公司规章制度的故意，且其故意失联的行为已经从客观上对用人单位的管理或日常经营造成了严重影响的，则可证明员工已经存在重大过错，可按照公司规章制度规定直接解除劳动合同；而对于员工非故意的"失踪"或"失联"行为，用人单位则不应当未经确认直接解除双方劳动关系，应当尽可能向员工亲属等了解情况，充分考虑实际情况；在确实无法确定具体情况或难以了解实情的情况下再考量是否以"旷工"为由解除与该员工的劳动合同。

## 【实操建议】

1. 员工失踪时，用人单位应及时与员工或员工家属取得联系，催促员工返岗，并留存好相关沟通、联系以及催促的证据。

2. 用人单位应完善员工管理制度，对于员工长时间无故不到岗的行为，应当在处罚制度中规定处罚的措施，以降低用人单位终结劳动关系的法律风险。

3. 对于作出最终以"旷工"为由解除劳动关系决定的，用人单位应当通过联系家属、送达解除警告等可能送达的方式对员工进行提醒，并保留送达证据，做好程序性事项，以免由于程序性事项缺失而引发后续的违法解除风险。

## 【法规索引】

1.《中华人民共和国劳动合同法》

第三十九条　劳动者有下列情形之一的，用人单位可以解除劳动合同：

（一）在试用期间被证明不符合录用条件的；

（二）严重违反用人单位的规章制度的；

（三）严重失职，营私舞弊，给用人单位造成重大损害的；

（四）劳动者同时与其他用人单位建立劳动关系，对完成本单位的工作任务造成严重影响，或者经用人单位提出，拒不改正的；

（五）因本法第二十六条第一款第一项规定的情形致使劳动合同无效的；

（六）被依法追究刑事责任的。

2.《中华人民共和国劳动法》

第二十五条　劳动者有下列情形之一的，用人单位可以解除劳动合同：

……

（二）严重违反劳动纪律或者用人单位规章制度的。

3.《中山市中级人民法院关于审理劳动争议案件若干问题的参考意见》

9.5【旷工解约的认定】对劳动者无正当理由未办理请假手续，用人单位规章制度已有规定的，按相关规定执行；用人单位规章制度无规定而劳动者擅自离岗连续超过五日或者六个月内累计超过十日，用人单位据此以劳动者严重违反劳动纪律为由解除劳动合同的，可予支持。

# 42. 期满后未续签劳动合同，双方继续履行，一年内双方能否随时终止劳动关系？

## 【固法观点】

在劳动合同期满后，用人单位与劳动者未续签劳动合同，双方继续履行，一年内双方能终止劳动关系，但用人单位应当向劳动者支付经济补偿金；仍继续工作满一年的，视为双方已经签订了无固定期限的劳动合同，应当以原劳动合同确定双方的权利义务关系。

此外，应当注意的是，《最高人民法院关于审理劳动争议案件适用法律问题的解释（一）》第三十四条并未免除用人单位应当与劳动者签订书面劳动合同的法定责任。因此，即便视为签订无固定期限劳动合同的情形，用人单位仍应当承担支付未签订书面劳动合同期间双倍工资的法律责任。

## 【案例分析】

陈某于 2010 年 12 月 1 日入职某医院担任外科医师一职，其间双方签订了书面劳动合同，其中最后一份劳动合同期限为自 2017 年 12 月 1 日起至 2020 年 11 月 30 日止。后陈某于 2021 年 5 月 18 日因个人原因解除劳动关系，双方解除劳动关系时间为 5 月 31 日。双方确认劳动合同到期后没有续签，陈某仍在原岗位继续工作至 2021 年 5 月 31 日，但对于未续签书面劳动合同的原因各执一词。

医院主张未续签的原因是军队人力资源政策改革所致，医院为军事医院，执行军队人力资源政策，无法与陈某续签劳动合同并无过错。陈某则认为医院并未告知政策改革文件的内容，没有参加任何传达改革文件精神的会议；如双方于法律上形成无固定期限劳动合同关系，亦不能免除医院具有与劳动者签订劳动合同的义务；医院在所主张的改革文件实施后仍然有新招聘人员入职，与改革文件内容相悖。

双方因医院是否应当支付未签订书面劳动合同期间的二倍工资差额问题产生争议，提起仲裁，仲裁裁决医院应当支付 2021 年 1 月 1 日至 2021 年 5 月 31 日期间未签订劳动合同的二倍工资差额 38395 元。医院不服，提起诉讼。

法院认为，根据《中华人民共和国劳动合同法》、双方劳动合同期满时仍施行的《最高人民法院关于审理劳动争议案件适用法律若干问题的解释》（法释〔2001〕14 号）及《中华人民共和国劳动法》的规定，用人单位应当与劳动者签订无固定期限劳动合同而未签订的，人民法院可以视为双方之间存在无固定期限劳动合同关系，并以原劳动合同确定双方的权利义务关系。上述条款并不能免除用人单位应当主动与劳动者签订书面劳动合同的法定义务。用人单位自劳动合同期满后未与劳动者续订书面劳动合同的，应当向劳动者支付未签订劳动合同双倍工资。原劳动合同期满次日，即是用人单位应当订立劳动合同之日及承担未订立劳动合同的法律后果之日。

本案中，原、被告之间的劳动合同到期后，劳动者仍在用人单位继续工作，双方均未提出解除或终止劳动合同，属于双方意思表示一致继续维持原劳动关系。即便原告确应上级要求不能自行决定与被告续签劳动合同，但原告在劳动合同到期后且不能续签的情形下并未及时终止双方劳动关系，而是继续与被告建立劳动关系，视为双方同意以原条件继续履行劳动合同。此情形下，原告应当依法向被告支付 2021 年 1 月 1 日至 2021 年 5 月 31 日期间未签劳动合同双倍工资的差额。

〔案例出处：（2022）粤 0104 民初 10748 号〕

## 【法理分析】

从立法角度而言，现有法律对于无固定期限劳动合同的设置主要是出于保障劳动者就业稳定，实现其劳动权，促进劳动关系和谐的目的。从就业稳定上来说，我国劳动合同解除制度中的正当事由法定化，尤其是无固定期限劳动合同，对于稳定性要求则更甚。《中华人民共和国劳动合同法》从我国社会主义初级阶段的现实和发展社会主义市场经济出发，既要保护企业合法的经营活动，也要适当地限制企业对其强势的滥用，注意保护劳动者的基本权益。

在《中华人民共和国劳动合同法》的规定中，签订书面劳动合同是劳资双方的法定义务（非全日制用工除外），从保护劳动者的角度，法律也对用人单位在履行这种义务上附加了更多的强制性要求。这一点从现行法律规定上也可窥见。《中华人民共和国劳动合同法》第十四条第二款规定，用人单位自用工之日起满一年不与劳动者订立书面劳动合同的，视为用人单位与劳动者已订立无固定期限劳动合同；以及《最高人民法院关于审理劳动争议案件适用法律问题的解释（一）》第三十四条第二款规定，根据劳动合同法第十四条规定，用人单位应当与劳动者签订无固定期限劳动合同而未签订的，人民法院可以视为双方之间存在无固定期限劳动合同关系，并以原劳动合同确定双方的权利义务关系。

## 【实操建议】

企业应当对员工的劳动合同进行严格规范与管理，统一合同管理制度与到期续签提示。对于即将到期的劳动合同，应当提前确认是否续签并及时与劳动者进行协商。确定续签的，及时签订书面的劳动合同，从根源上杜绝未签订劳动合同而导致需要支付二倍工资差额的风险。

对于劳动合同到期未续签但员工仍继续工作的，如未签订劳动合同时间未超过一年，则应当及时确认是否继续签订。在一年以内的，视为双方同意以原条件继续履行劳动合同。如用人单位决定不续签的，可以直接与劳动者终止劳动关系，但这种情况下，仍存在需要向劳动者支付双倍工资差额的巨大风险。对于超出一年的，则视为双方已签订了无固定期限劳动合同，建议用人单位及时与劳动者协商确认新的劳动条件与双方权利义务，保证出现争议时有准确的判断依据，避免在仲裁或诉讼中落入被动的境地。

## 【法规索引】

**《最高人民法院关于审理劳动争议案件适用法律问题的解释（一）》**

第三十四条 劳动合同期满后，劳动者仍在原用人单位工作，原用人单位未表示异议的，视为双方同意以原条件继续履行劳动合同。一方提出终止劳动关系的，人民法院应予支持。

根据劳动合同法第十四条规定，用人单位应当与劳动者签订无固定期限劳动合同而未签订的，人民法院可以视为双方之间存在无固定期限劳动合同关系，并以原劳动合同确定双方的权利义务关系。

# 43. 劳动者拒签劳动合同被单位解雇的，单位是否需支付经济补偿金？

## 【固法观点】

在用人单位明确要求签订劳动合同的情况下，劳动者拒签劳动合同的，用人单位无需承担支付经济补偿金的法律责任。

实践中，在劳动关系权利义务明确的情况下，劳动者明确拒绝签订劳动合同的，用人单位应当及时书面通知劳动者终止劳动关系。双方超过一个月未订立书面劳动合同，且用人单位未终止劳动关系的，并不免除用人单位承担支付双倍工资的法律责任，在这种情况下，用人单位解雇劳动者的，应当支付经济补偿金。

## 【案例分析】

黄某于 2018 年 1 月 12 日入职 A 公司，岗位为厨师。入职时双方未签订劳动合同，公司亦未为劳动者缴纳社会保险。在黄某入职后，公司多次通过微信及电话等方式催促黄某签订劳动合同，但黄某并未给予回复。2020 年 5 月 8 日起，公司工作人员又多次微信催促黄某，告知其"你的劳动合同到期了，需要续签"。黄某始终未与公司签订劳动合同，也未正面予以回应。2020 年 6 月 1 日，公司以黄某不愿意续签劳动合同为由通知其解除劳动关系。当日，根据黄某要求，公司向黄某发放了所有欠付的 5、6 月工资及 2019 年年终奖。

黄某于 2020 年 6 月 22 日向广州市白云区劳动人事争议仲裁委员会申请劳动仲裁，请求公司支付其解除劳动合同赔偿金 22500 元。仲裁委裁决由公司向黄某支付经济补偿金 12750 元。黄某认为公司属于违法解除，应当支付赔偿金，又再次提起诉讼至法院。

一审法院认为，本案中，虽然公司在黄某入职后多次催促黄某签订劳动合同未果，根据《中华人民共和国劳动合同法实施条例》第四条规定，"自用工之日起一个月内，经用人单位书面通知后，劳动者不与用人单位订立书面劳动合同的，用人单位应当书面通知劳动者终止劳动关系，无需向劳动者支付经济补偿，但是应当依法向劳动者支付其实际工作时间的劳动报酬"，但公司并未在用工之日起一个月内发出解除劳动关系的通知，而是持续用工至2020年6月1日。在用工时间达2年半之久的期间内，双方均未能签订书面劳动合同，而劳动关系事实存续，故根据《中华人民共和国劳动合同法实施条例》第七条规定，视为自用工之日起满一年的当日，公司已经与黄某订立无固定期限劳动合同，且应当立即与黄某补订书面劳动合同。但公司在催促黄某签订书面合同未果后，直至2020年6月1日方以黄某拒绝签订劳动合同为由选择解除劳动关系，远远超过了其应当行使劳动关系终止权利的合理期限，故该解除劳动关系的通知本不发生劳动关系解除的效力。后根据双方约定内容，公司向黄某支付了欠付的费用，黄某未提异议，因而可视为本案劳动关系系由公司提出且经双方协商一致而解除，不属于违法解除劳动关系及需要支付解除劳动关系经济赔偿金的情形。

二审法院经审理后维持原判。

〔案例出处：（2021）粤01民终19634号〕

## 【法理分析】

签订劳动合同属于用人单位与劳动者的法定义务，然而由于用人单位在劳资关系中通常占有更强势的地位，因而立法者从法律层面对用人单位施加了更重的行为义务与注意义务。但值得注意的是，这样的法律规定并不免除劳动者签订劳动合同的法律义务。如因劳动者故意拒签劳动合同的，在用人单位不存在过错的前提下，用人单位依此为由解除双方劳动关系无需承担支付经济补偿金的法律责任。

对劳动者而言，也应当配合或主动要求与用人单位签订劳动合同。此举也有利于防止劳动者利用推诿等手段换取经济补偿金，导致用人单位因此遭受经济损失。

劳动合同的签订有利于明确用人单位与劳动者双方的权利义务关系。劳资双方建立良好稳定的劳动关系，通过书面方式确定关系内容是前提。如劳动者与用人单位均能够积极落实劳动合同签订义务，将有利于建立和谐劳动关系。

## 【实操建议】

1. 用人单位应于用工之日起与劳动者签订书面劳动合同。如劳动者不签订的，应首先向劳动者送达书面订立劳动合同的通知，要求劳动者限期签订，逾期劳动者仍未签订的，用人单位应在用工之日起一个月内向劳动者发送书面终止劳动关系通知书，以免承担支付双倍工资差额的风险。

2. 用人单位对书面通知劳动者订立劳动合同以及因劳动者原因未签订劳动合同负有举证责任，因此应妥善留存通知签订劳动合同的相关证据，如签订劳动合同通知书、逾期未签订劳动合同告知书等。对于拒收相关通知单的劳动者，公司仍应当留存相关送达或妥投证明，或用于记录送达文书过程的录音录像等。

## 【法规索引】

1.《中华人民共和国劳动合同法实施条例》

第五条　自用工之日起一个月内，经用人单位书面通知后，劳动者不与用人单位订立书面劳动合同的，用人单位应当书面通知劳动者终止劳动关系，无需向劳动者支付经济补偿，但是应当依法向劳动者支付其实际工作时间的劳动报酬。

第六条　用人单位自用工之日起超过一个月不满一年未与劳动者订立书面劳动合同的，应当依照劳动合同法第八十二条的规定向劳动者每月支付两倍的工资，并与劳动者补订书面劳动合同；劳动者不与用人单位订立书面劳动合同的，用人单位应当书面通知劳动者终止劳动关系，并依照劳动合同法第四十七条的规定支付经济补偿。

2.《广东省高级人民法院、广东省劳动人事争议仲裁委员会关于审理劳动人事争议案件若干问题的座谈会纪要》

14. 用人单位自用工之日起超过一个月不满一年未与劳动者签订书面劳动合同，或者虽通知劳动者签订书面劳动合同但劳动者无正当理由拒不签订，用人单位未书面通知劳动者终止劳动关系的，应当按照《中华人民共和国劳动合同法》第八十二条的规定向劳动者每月支付二倍工资……

# 44. 先派遣后用工是否计算连续工龄和签约次数？

## 【固法观点】

根据《劳动合同法实施条例》第十条以及《最高人民法院关于审理劳动争议案件适用法律问题的解释（一）》第四十六条规定，对于同一劳动者，先以劳务派遣身份在用工单位工作，后与用工单位重新签订劳动合同的，应当连续计算工龄，原用人单位已经向劳动者支付经济补偿的除外。即若用人单位（原用工单位）与该劳动者解除劳动合同时，应当将在劳务派遣公司工作的工作年限一并计入总的工作年限当中。同理，对于劳动合同签约次数，应当连续计算。

## 【案例分析】

2011 年 5 月 16 日陈某以劳务派遣工的身份进入运豪公司工作，劳务派遣单位是安业公司，陈某与安业公司建立了劳动关系且签订了书面劳动合同，运豪公司与安业公司订立劳务派遣协议，约定由运豪公司向陈某代发工资以及代缴社会保险。此时，运豪公司仅为陈某的用工单位，并非用人单位。自 2014 年 12 月 1 日起，陈某与运豪公司正式订立书面劳动合同，双方建立了劳动关系。在与运豪公司订立劳动合同前后，陈某的工作地点、工作性质与工作内容没有发生显著变化。

2021 年 7 月，运豪公司解除与陈某的劳动合同，双方在劳动关系的期限、解除劳动合同经济补偿金等问题上存在争议，经劳动仲裁后对仲裁裁决不服，遂向广州市增城区人民法院提起诉讼。其中，陈某诉讼请求包括要求运豪公司支付以 2011 年 5 月至 2021 年 9 月劳动关系存续期间为时间基数计算的解除劳动合同经济补偿金。运豪公司则诉请判决陈某与公司在 2011 年 5 月 16 日至 2014 年 11

月 30 日期间不存在劳动关系。

一审判决确认陈某与运豪公司于 2014 年 12 月 1 日至 2021 年 5 月 7 日存在劳动关系，且运豪公司应当以前述时间为计算标准支付经济补偿金。双方均不服一审判决，上诉至广州市中级人民法院。

关于解除劳动合同经济补偿金的数额问题。就工作年限的异议，虽然双方劳动关系开始时间为 2014 年 12 月 1 日，但根据查明事实，陈某从 2011 年 5 月 16 日开始就以派遣工身份在运豪公司工作，即工作岗位、工作地点一直没有发生变化，且前后两个用人单位之间存在派遣协议合作关系，符合《中华人民共和国劳动合同法实施条例》第十条规定的"劳动者非因本人原因从原用人单位被安排到新用人单位工作的"情形，故应将陈某在原用人单位的工作年限合并计算为新用人单位的工作年限，即工作年限从 2011 年 5 月 16 日计算至 2021 年 7 月 14 日，合计 10 年零 2 个月。

最终二审判决变更一审关于劳动年限的认定，确认派遣后用工的工作年限应当连续计算。

〔案例出处：（2022）粤 01 民终 5350、5351 号〕

## 【法理分析】

《中华人民共和国劳动合同法实施条例》第十条规定：劳动者非因本人原因从原用人单位被安排到新用人单位工作的，劳动者在原用人单位的工作年限合并计算为新用人单位的工作年限。原用人单位已经向劳动者支付经济补偿的，新用人单位在依法解除、终止劳动合同计算支付经济补偿的工作年限时，不再计算劳动者在原用人单位的工作年限。

结合《最高人民法院关于审理劳动争议案件适用法律问题的解释（一）》第四十六条规定，劳动者非因本人原因从原用人单位被安排到新用人单位工作，原用人单位未支付经济补偿，劳动者依照劳动合同法第三十八条规定与新用人单位解除劳动合同，或者新用人单位向劳动者提出解除、终止劳动合同，在计算支付经济补偿或赔偿金的工作年限时，劳动者请求把在原用人单位的工作年限合并计算为新用人单位工作年限的，人民法院应予支持。如劳动者仍在原工作场所、工作岗位工作，劳动合同主体由原用人单位变更为新用人单位的，应当认定属于"劳动者非因本人原因从原用人单位被安排到新用人单位工作"。

从立法目的上看，将原用人单位的工作年限合并计算为新用人单位的工作年限，是对劳动者合同到期后经济补偿权益的保护。从以上两条规定可以判断，法律并没有将劳务派遣单位排除出用人单位的范围之外，劳务派遣单位符合法律规定的"用人单位"之意。

此外，想满足以上要求的，还应当满足两个条件：（1）非因本人原因变更用人单位；（2）变更用人单位时并未获得经济补偿。对于第一个条件，可以参考《最高人民法院关于审理劳动争议案件适用法律若干问题的解释（四）》第五条的规定进行判断。在举证责任的分配上，应当由劳动者对"用人单位安排工作变动"这一事实进行举证，用人单位对此有异议的，应当就劳动者自愿解除劳动关系一事承担举证责任。

对于签约次数的问题，不应当认为能够在两个用人单位间连续计算劳动合同签约次数。首先，并未有相关法律规定对此进行约束，若劳务派遣劳动者与不同的用人单位签订劳动合同，从法律关系而言，则证明劳动关系已经进行了变动。即便是在原工作岗位、工作条件下继续提供劳动，也不能当然认为劳动关系进行了延续，这一点在实践判例中已经有了明确的答案；其次，既然已经从劳动年限上进行了延续，则已对劳动者的经济补偿权益进行了保障，若再加以连续计算劳动合同签约次数的，对于新用人单位而言，则可能存在需在签订一次劳动合同后，直接与劳动者签订无固定期限劳动合同的情形，由此会给用人单位带来较大的用人成本以及负担，既打击用人单位与劳务派遣劳动者订立合同的积极性，对于用人单位也颇为不公。

## 【实操建议】

劳务派遣员工的身份如转换为用工单位正式员工的，不可避免地会涉及经济补偿与工龄继承的问题，劳务派遣单位、用工单位以及劳动者之间应当就细节问题进行友好协商，确认经济补偿的具体支付方，从而确定工作年限的具体承担方。同时，应当将三方约定具体落实为书面协议，避免后期引起额外的纷争。具体而言，应当注意以下几点：

1. 假如劳动者是在原派遣期限内转移的，则不存在连续计算工龄或者签约次数的问题。

2. 在劳务派遣员工转换身份时，应当签署三方协议，并明确变更主体，避免各主体之间约定不清晰而引发后续矛盾。

3. 建议用人单位与用工单位可以在原劳务派遣协议中明确工龄的衔接问题。

## 【法规索引】

### 1.《中华人民共和国劳动合同法实施条例》

第十条　劳动者非因本人原因从原用人单位被安排到新用人单位工作的，劳动者在原用人单位的工作年限合并计算为新用人单位的工作年限。原用人单位已经向劳动者支付经济补偿的，新用人单位在依法解除、终止劳动合同计算支付经济补偿的工作年限时，不再计算劳动者在原用人单位的工作年限。

### 2.《最高人民法院关于审理劳动争议案件适用法律问题的解释（一）》

第四十六条　劳动者非因本人原因从原用人单位被安排到新用人单位工作，原用人单位未支付经济补偿，劳动者依据劳动合同法第三十八条规定与新用人单位解除劳动合同，或者新用人单位向劳动者提出解除、终止劳动合同，在计算支付经济补偿或赔偿金的工作年限时，劳动者请求把在原用人单位的工作年限合并计算为新用人单位工作年限的，人民法院应予支持。

用人单位符合下列情形之一的，应当认定属于"劳动者非因本人原因从原用人单位被安排到新用人单位工作"：

（一）劳动者仍在原工作场所、工作岗位工作，劳动合同主体由原用人单位变更为新用人单位；

（二）用人单位以组织委派或任命形式对劳动者进行工作调动；

（三）因用人单位合并、分立等原因导致劳动者工作调动；

（四）用人单位及其关联企业与劳动者轮流订立劳动合同；

（五）其他合理情形。

# 45. 用工单位是否可以无法定事由退回劳务派遣工？

## 【固法观点】

用工单位如需退回劳务派遣工的，应当符合《中华人民共和国劳动合同法》《劳务派遣暂行规定》的法定理由，即：严重违反用人单位的规章制度、严重失职、营私舞弊；给用人单位造成重大损害；建立双重劳动关系并对完成用工单位工作造成严重影响；依法被追究刑事责任；患病或者非因工负伤，在规定的医疗期满后不能从事原工作，也不能从事由用工单位另行安排的工作的；不能胜任工作，经过培训或者调整工作岗位，仍不能胜任工作的。仅有在满足前述条件之一的情况下，用工单位才可退回劳务派遣工。

若不满足前述法定条件，即便用人单位与用工单位约定可以无理由退回劳务派遣工，因退回行为导致该劳务派遣工劳动权益受损的，用工单位也需要承担连带责任。应当注意的是，退回行为本身不影响劳动者取得经济补偿金或赔偿金的权利，劳动者的各类基本劳动权益应当得到保障，不得因用人单位与用工单位间的约定而被随意处分。

## 【案例分析】

某派遣公司与 A 公司签订了《劳务派遣协议》，协议期限为 2015 年 6 月 1 日至 2016 年 5 月 31 日，约定某派遣公司向 A 公司派遣相关劳务人员。2015 年 12 月 10 日，A 公司以市场环境、生产调整为由，向派遣员工张某推荐其他工作岗位，张某签字拒绝推荐的工作。2015 年 12 月 15 日，A 公司禁止张某进入公司，某派遣公司也拒绝接收张某。2016 年 1 月 29 日，A 公司向张某邮寄了邮件，邮寄的内容为"退回派遣公司通知，因市场客观环境恶化及企业合并导致客观情况发生重大变化，无法就变更达成一致，拒签视为已告知"，该邮件被张某拒收退回。另查明，2015 年 11 月 11 日，B 公司和 A 公司合并。2016 年 9 月 9 日，A 公司注销。

张某向仲裁委员会申请仲裁，请求裁决 A 公司支付经济赔偿金，派遣公司承担连带责任。该仲裁委不予支持张某的请求。张某不服提起诉讼。

一审法院认为，首先，A 公司没有提供充分证据证实在企业合并之后，张某无法继续履行其工作，以及需要进行裁员的客观情况。此外，也无法证实 A 公司向张某推荐的岗位优于或者持平于张某原先的岗位，而且该推荐岗位不属于 A 或 B 公司工作岗位。并且，A 公司先于 2015 年 12 月 15 日禁止张某进入公司工作，然后再于 2016 年 1 月补发通知告知相关退回事宜的退回操作不符合程序规定。

因此，A 公司将张某退回派遣公司不符合法律规定的相关实体和程序要件，系违法退工。而某派遣公司作为用人单位，也拒绝接收张某，系违法解除与张某的劳动关系。根据《中华人民共和国劳动合同法》第九十二条第二款规定，用工单位给被派遣劳动者造成损害的，劳务派遣单位与用工单位承担连带责任。A 公司违法退回张某导致某派遣公司违法解除与张某的劳动关系，A 公司与某派遣公司应当连带向张某支付违法解除劳动合同的赔偿金。

B 公司不服提起上诉。

二审法院认为，依据张某与某派遣公司签订的劳动合同，某派遣公司是张某的用人单位。用人单位拒绝接收张某，亦未另行安排工作。故，应当认定某派遣公司以拒绝接收的方式与张某解除了劳动合同。某派遣公司的解除行为违反法律规定，属于违法解除，应当向张某支付赔偿金；A 公司拒绝张某入厂缺乏合法的理由。用工单位存在过错，应当和某派遣单位向张某承担连带赔偿责任。

〔案例出处：（2018）苏 03 民终 4537 号〕

## 【法理分析】

从用工管理方面而言，用工单位对派遣工在经济和人身上存在"实际控制"，派遣工对用工单位具有人身依附性，派遣工需要遵守用工单位的劳动纪律和规章制度，要服从用工单位的劳动指令。用工单位要为派遣工提供相应的劳动条件和保护，直接发放加班费等劳动报酬，这都体现了用工单位对派遣工的实际控制。

《中华人民共和国劳动合同法》第六十二条规定了用工单位的五项主要义务，

第五十八条则规定了派遣单位的主要义务，即履行用人单位对劳动者的义务。对比上述规定可以发现，用工单位对派遣工的义务和控制体现在完整的劳动过程中，包含了劳动标准、劳动条件、劳动保护、劳动纪律、劳动报酬、福利待遇、劳动培训、薪酬调整等劳动关系的核心要素。

实践中，劳务派遣工为用人单位招聘再派遣至用工单位处工作，若允许用工单位随意退回该劳务派遣工，则极易导致其返回派遣单位后即面临无法提供劳动的窘境，其基本劳动权益受损，无法保证其劳动关系的稳定性。

由此，法律会对用工单位对劳务派遣工的退回进行约束，对于用人单位与用工单位双方约定劳务派遣工的退回的，从现有司法实践及法律规定来看，该约定无法对抗劳动者的合法劳动权益。如因非法定原因退回导致劳动者遭受损失的，用工单位应当承担连带法律责任。

劳动者就退回的合法性问题有权主张自身合法权益。

## 【实操建议】

### 一、从用工单位角度

1. 用人单位应当做好劳务派遣工管理制度及评价制度建设。用工单位对劳务派遣工的工作能力、工作岗位匹配度的考察评价应当设立明确标准并公示，以对劳务派遣工进行标准化考察。当劳务派遣工不满足岗位要求，或因严重违反企业管理规定等符合法定退回条件的，用工单位在做好证据固定与程序性工作后，可直接将该劳务派遣工退回，无需承担法律责任。

2. 如用人单位与用工单位自行约定劳务派遣工的退回条件的，且该条件与法定条件不匹配的，则存在退回后需承担相关连带法律责任的风险。用工单位以约定条件退回派遣工的，应当充分考虑退回的合理性，且应多加考量退回后的法律风险成本，以决定是否退回。

### 二、从劳动者角度

劳务派遣工有权对于用工关系违法退回的情形向司法机构主张权利，以保护自身合法权益。

## 【法规索引】

1.《中华人民共和国劳动合同法》

第三十九条　劳动者有下列情形之一的，用人单位可以解除劳动合同：

（一）在试用期间被证明不符合录用条件的；

（二）严重违反用人单位的规章制度的；

（三）严重失职，营私舞弊，给用人单位造成重大损害的；

（四）劳动者同时与其他用人单位建立劳动关系，对完成本单位的工作任务造成严重影响，或者经用人单位提出，拒不改正的；

（五）因本法第二十六条第一款第一项规定的情形致使劳动合同无效的；

（六）被依法追究刑事责任的。

**第四十条**　有下列情形之一的，用人单位提前三十日以书面形式通知劳动者本人或者额外支付劳动者一个月工资后，可以解除劳动合同：

（一）劳动者患病或者非因工负伤，在规定的医疗期满后不能从事原工作，也不能从事由用人单位另行安排的工作的；

（二）劳动者不能胜任工作，经过培训或者调整工作岗位，仍不能胜任工作的。

**2.《劳务派遣暂行规定》**

**第十二条**　有下列情形之一的，用工单位可以将被派遣劳动者退回劳务派遣单位：

（一）用工单位有劳动合同法第四十条第三项、第四十一条规定情形的；

（二）用工单位被依法宣告破产、吊销营业执照、责令关闭、撤销、决定提前解散或者经营期限届满不再继续经营的；

（三）劳务派遣协议期满终止的。

被派遣劳动者退回后在无工作期间，劳务派遣单位应当按照不低于所在地人民政府规定的最低工资标准，向其按月支付报酬。

# 46. 女职工被违法解除后是否仍可获得产假工资和部分哺乳期工资？

## 【固法观点】

女职工在孕期、产期和哺乳期的劳动权益受到法律的特别保护，禁止用人单位无正当理由解除双方的劳动关系。如用人单位存在违法解除行为，除需支付违法解除劳动关系的赔偿金外，还应支付女职工原本在正常劳动关系下依法可获得的部分孕期工资、产假工资和部分哺乳期工资。

## 【案例分析】

区某于 2018 年 3 月 16 日自广州某餐饮公司（以下简称餐饮公司）的关联公司转入该公司，入职前已怀孕。2018 年 8 月 24 日，餐饮公司认为区某入职时提供虚假工作经历，且存在旷工、迟到的情况，严重违反公司的规章制度，故在区某生产前作出《辞退通知书》，解除双方劳动关系。区某于 2018 年 9 月 15 日在医院顺产生育了小孩。双方发生纠纷后，区某请求餐饮公司向其赔偿产假工资 127800 元、哺乳期工资损失 149100 元等。仲裁裁决餐饮公司向区某支付产假工资 106800 元、哺乳期工资损失 23640 元等。餐饮公司不服仲裁裁决，向法院提起诉讼。

法院审理认为，餐饮公司未能举证证实区某存在其主张的旷工、迟到的情形。而区某虽在应聘登记表上未完整填写全部的工作经历，但登记表设计格式和注明内容并未要求区某全部填写，且区某已填写的内容并非虚假，故不能认定区某提供虚假工作经历。餐饮公司的解除行为违法。最终，一审判决餐饮公司向区某支付产假工资 106800 元、哺乳期工资损失 23640 元等；二审判决驳回餐饮公司上诉，维持原判。

〔案例出处：（2019）粤 01 民终 20777 号〕

## 【法理分析】

女职工在怀孕后经历的孕期、产期及哺乳期在劳动法律用工领域统称为"三期"，"三期"女职工在法律上受到特殊的保护。尤其在单方解除以及相应福利待遇问题上，目前法律均已作出较为完善的保护制度。具体而言，女职工在产假期间享受生育津贴待遇，并根据就高不就低的原则，当生育津贴低于女职工月平均应发工资时，用人单位需对差额部分进行补足。这是法律赋予女职工在产假期间享受的工资福利待遇。

因此，当企业违法解除女职工的劳动合同时，相当于变相剥夺了女职工在维持劳动关系下享受的产假待遇，女职工当然有权对此提起劳动仲裁，企业应当向女职工支付其本应享受的解除时剩余产假的工资待遇（生育津贴）。

同理，女职工在哺乳期（生产后一年内）享受每天 1 小时的哺乳时间，企业违法解除女职工劳动合同时同样剥夺了女职工的该项权益。但由于在正常工作时间 8 小时内女职工仅享受 1 小时的哺乳时间，如直接要求企业承担整个哺乳期期间工资则存在不合理性。广州中院经综合研判，认定企业需要承担哺乳期工资的 20% 以补偿女职工因企业违法解除劳动合同所遭受的损失，是对劳资双方权益的均衡处理。

## 【实操建议】

企业在对"三期"女职工进行用工管理时应尽可能合法合规，尤其是出现严重违反规章制度的违纪情形时，更应当做好证据收集、固定工作，在有充分依据的前提下才实施单方解除行为，否则除支付违法解除赔偿金外，还需要承担对应的孕期、产期及哺乳期工资待遇，风险及成本均非常高。

同时，企业需依法为女职工缴纳生育保险，并依法发放生育津贴及保障女职工的"三期"待遇，包括怀孕 7 个月后不得安排加班或夜班等，否则亦将存在被迫解除劳动合同的法律风险。

于女职工而言，要充分了解自己享受的"三期"法定待遇，对于企业的不合理不合法要求（如提前返岗、产假待遇减半等）要坚决说不，运用法律武器维护自身的合法权益。

**【法规索引】**

1.《女职工劳动保护特别规定》

**第七条** 女职工生育享受 98 天产假，其中产前可以休假 15 天；难产的，增加产假 15 天；生育多胞胎的，每多生育 1 个婴儿，增加产假 15 天。女职工怀孕未满 4 个月流产的，享受 15 天产假；怀孕满 4 个月流产的，享受 42 天产假。

**第九条** 对哺乳未满 1 周岁婴儿的女职工，用人单位不得延长劳动时间或者安排夜班劳动。用人单位应当在每天的劳动时间内为哺乳期女职工安排 1 小时哺乳时间；女职工生育多胞胎的，每多哺乳 1 个婴儿每天增加 1 小时哺乳时间。

2.《广东省人口和计划生育条例》

**第三十条** 符合法律、法规规定生育子女的夫妻，女方享受八十日的奖励假，男方享受十五日的陪产假。

3.《广州市中级人民法院民事审判若干问题的解答》

十五、女职工在怀孕期间被用人单位解雇，因客观原因造成三期待遇损失的，如何补偿？

答：产期应按正常工资标准足额支付，哺乳期和孕期可按其本人正常工资的 20% 支付，但不得低于当地最低工资标准。

# 47. 企业拒不续签无固定期限劳动合同，会构成被迫解除吗？

## 【固法观点】

随着合规化管理时代的到来，关于"连续订立二次固定期限劳动合同后，用人单位在续签时应当签订无固定期限劳动合同"的规定亦在员工中逐渐普及。但如果用人单位在第三次续订《劳动合同》时拒不签订无固定期限劳动合同的，并非《中华人民共和国劳动合同法》第三十八条规定的法定被迫解除劳动合同情形，劳动者不得以此为由提出被迫解除劳动合同的经济补偿金。

## 【案例分析】

谭某为某酒店厨师，双方已签订两次固定期限劳动合同，最后一次劳动合同期限至 2019 年 11 月期满。劳动合同期满后，酒店并未与谭某续签无固定期限劳动合同，且由于疫情影响暂时停工停产，直至 2020 年 8 月后才恢复经营。谭某在此期间多次要求恢复岗位工作，最终以酒店无理由要求其待岗、不签订无固定期限劳动合同为由单方解除劳动合同进而主张经济补偿。

法院经审理认为，双方自 2019 年 11 月起已符合签订无固定期限劳动合同的法定条件，但双方并未就此签订书面劳动合同，此种情况下可视为双方之间已存在无固定期限劳动合同关系，并以原劳动合同确定双方的权利义务关系，进而，即便酒店在谭某的固定期限劳动合同期满后仍拒绝续订无固定期限劳动合同，其法律后果应系未签订书面劳动合同的双倍工资差额，而非经济补偿金。因此谭某以此为由提出被迫解除劳动合同经济补偿金不予支持。

〔案例出处：（2021）粤 07 民终 1385 号〕

181

## 【法理分析】

被迫解除劳动合同作为法定的劳动者救济权利之一，已通过《中华人民共和国劳动合同法》第三十八条作出了列举式的情形设置。因此除法律明确规定的情形外，均不得作为劳动者提出被迫解除劳动合同的理由，以避免权利被滥用或限制企业的用工自主权。

实践中，常见的被迫解除劳动合同情形包括未按照劳动合同约定提供劳动保护或条件（如单方调岗或没收办公工具），未及时足额支付劳动报酬以及未依法缴纳社会保险。本案中，企业在与劳动者续签劳动合同时，由于双方已连续订立两次固定期限劳动合同，根据《中华人民共和国劳动合同法》规定确实是应当签订无固定期限劳动合同的。但是，用人单位拒不签订无固定期限劳动合同并非《中华人民共和国劳动合同法》第三十八条的法定事由，王某不得据此提出被迫解除劳动合同，其行为更倾向于《中华人民共和国劳动合同法》第三十七条所规定的主动离职，公司无需就此支付任何补偿或赔偿。

有的人可能会产生疑惑，难道公司就可以违反法律规定拒不签订无固定期限劳动合同吗？并非如此。本案中，即使王某一直未能与公司就续签劳动合同达成合意，王某亦可以继续提供劳动并享受未签订劳动合同的双倍工资差额，直至未及时签订劳动合同达到一年，视为双方已签订无固定期限劳动合同。也就是说，法律已经对企业在违反该规定的情形下赋予其惩罚措施以及劳动者的救济方式，劳动者应当根据法律的指引采取正确的救济途径，而胡乱适用《中华人民共和国劳动合同法》第三十八条的被迫解除规定往往可能产生适得其反的效果。

## 【实操建议】

企业在用工管理过程中应当及时与劳动者签订书面劳动合同，当劳动合同到期后，企业亦应当提前与劳动者协商续签劳动合同事宜，否则在超过一个月的合理签署期限后需要承担二倍工资差额的法律责任。

对于应当续签无固定期限劳动合同的劳动者，企业可先行与劳动者协商续签固定期限劳动合同。但如劳动者坚持提出续签无固定期限劳动合同的，企业亦应当予以签订。

最后，当劳动者拒不签订劳动合同而继续用工时，企业应当留意需要承担二倍工资差额的法律责任，应及时要求劳动者签订劳动合同或根据《中华人民共和国劳动合同法》的规定尽快出具终止劳动合同通知书。

## 【法规索引】

1.《中华人民共和国劳动合同法》

第三十八条　用人单位有下列情形之一的，劳动者可以解除劳动合同：

（一）未按照劳动合同约定提供劳动保护或者劳动条件的；

（二）未及时足额支付劳动报酬的；

（三）未依法为劳动者缴纳社会保险费的；

（四）用人单位的规章制度违反法律、法规的规定，损害劳动者权益的；

（五）因本法第二十六条第一款规定的情形致使劳动合同无效的；

（六）法律、行政法规规定劳动者可以解除劳动合同的其他情形。

2.《中华人民共和国劳动合同法》

第八十二条　用人单位自用工之日起超过一个月不满一年未与劳动者订立书面劳动合同的，应当向劳动者每月支付二倍的工资。

用人单位违反本法规定不与劳动者订立无固定期限劳动合同的，自应当订立无固定期限劳动合同之日起向劳动者每月支付二倍的工资。

3.《中华人民共和国劳动合同法》

第十四条　有下列情形之一，劳动者提出或者同意续订、订立劳动合同的，除劳动者提出订立固定期限劳动合同外，应当订立无固定期限劳动合同：

……

（三）连续订立二次固定期限劳动合同，且劳动者没有本法第三十九条和第四十条第一项、第二项规定的情形，续订劳动合同的。

用人单位自用工之日起满一年不与劳动者订立书面劳动合同的，视为用人单位与劳动者已订立无固定期限劳动合同。

# 48. 劳动者能否以企业超时加班为由提出被迫解除劳动合同？

## 【固法观点】

> 企业在安排员工超时加班时，如员工并未提出异议且企业已足额支付加班工资并保障劳动者至少一周休息一日的，员工以当月加班时长超过36小时为由提出被迫解除劳动合同的，一般不予支持。

## 【案例分析】

肖某某于2016年9月1日入职华宇公司处，双方于2016年9月3日签订书面劳动合同，合同约定工作期限从2016年9月3日起至2018年9月2日止；肖某某的工作岗位为生产人员，肖某某工作时间为综合计算工时工作制。2016年12月12日，肖某某以华宇公司违反了《中华人民共和国劳动法》第四十一条的规定，延长肖某某的加班时间为由，向华宇公司递交了离职申请书；华宇公司在该离职申请书上盖章确认。

肖某某认为，其不堪忍受超长加班而与华宇公司解除劳动关系，属于《中华人民共和国劳动合同法》第三十八条第六项以及《劳动合同法实施条例》第十八条第十项规定的用人单位违反法律、行政法规强制性规定的劳动者可以与用人单位解除劳动关系的情形，故华宇公司应当向其支付经济补偿金。

2016年12月12日，肖某某向珠海市金湾区劳动人事争议仲裁委员会（以下简称劳动仲裁委）申请劳动仲裁，请求裁决：1.华宇公司支付肖某某2016年9月1日至2016年12月12日期间未签订书面劳动合同双倍工资差额共计12390元；2.华宇公司支付解除劳动合同经济补偿金。

劳动仲裁委经过审理，作出仲裁裁决：驳回肖某某的仲裁请求。肖某某不服上述仲裁裁决，向一审法院起诉，一审法院驳回肖某某诉讼请求后，其向二审法院上诉，二审法院最终驳回上诉，维持原判。

〔案例出处：（2017）粤 04 民终 1518 号〕

## 【法理分析】

被迫解除劳动合同作为法定的劳动者救济权利之一，已通过《中华人民共和国劳动合同法》第三十八条作出了列举式的情形设置。因此除法律明确规定的情形外，均不得作为劳动者提出被迫解除劳动合同的理由，以避免权利被滥用或限制企业的用工自主权。

本案中，一方面，华宇公司并未以规章制度的方式规定加班工作时间。《劳动合同法实施条例》第十八条规定用人单位违反法律、行政法规强制性规定的，劳动者可与用人单位解除劳动合同。但实际上，并非所有用人单位违反法律、行政法规强制性规定的情况下劳动者均有权解除劳动合同，而应是用人单位违反法律、行政法规强制性规定的行为损害了劳动者权益的，劳动者才有权解除劳动合同。

另一方面，华宇公司不存在强迫加班行为或对其不加班行为采取惩罚措施的事实，肖某某加班行为是自愿的。《中华人民共和国劳动法》虽规定用人单位延长劳动者工作时间每月不得超过三十六小时，但从该立法原意看，其目的在于禁止用人单位主动安排劳动者非自愿加班超过三十六小时的时限，而对于用人单位与劳动者均同意延长工作时间的情形并未明确规定。因此，在劳动者本身依法有权选择拒绝加班，却同意加班并领取加班工资的情况下，不足以认定用人单位已违反了法律、行政法规的强制性规定，也难谓损害了劳动者的权益。劳动者以此为由提出解除劳动合同，有违诚信原则。在此情况下，肖某某提出解除劳动合同的行为并不符合《中华人民共和国劳动合同法》《劳动合同法实施条例》规定的解除劳动合同并由用人单位支付经济补偿金的条件。

## 【实操建议】

实践中，部分企业尤其是生产型企业经常面临需要员工长时间加班的情形，一般情况下建议向当地人社部门申请不定时工作制或综合工时制以满足企业加班的用工需求。

对于确实需要进行超过三十六小时的标准工时制加班情形，为避免发生争议，建议企业做到如下几点：

1. 安排超时加班应经过员工同意；

2. 对于不同意接受超时加班的员工，不应设置惩罚措施或区别对待；

3. 应至少保障员工每周一天的休息权利；

4. 应足额支付全部加班工资；

5. 定时关注超时加班人员的身心健康。

# 【法规索引】

1.《中华人民共和国劳动合同法》

第三十八条 用人单位有下列情形之一的，劳动者可以解除劳动合同：

（一）未按照劳动合同约定提供劳动保护或者劳动条件的；

（二）未及时足额支付劳动报酬的；

（三）未依法为劳动者缴纳社会保险费的；

（四）用人单位的规章制度违反法律、法规的规定，损害劳动者权益的；

（五）因本法第二十六条第一款规定的情形致使劳动合同无效的；

（六）法律、行政法规规定劳动者可以解除劳动合同的其他情形。

2.《中华人民共和国劳动法》

第四十一条 用人单位由于生产经营需要，经与工会和劳动者协商后可以延长工作时间，一般每日不得超过一小时；因特殊原因需要延长工作时间的，在保障劳动者身体健康的条件下延长工作时间每日不得超过三小时，但是每月不得超过三十六小时。

3.《中华人民共和国劳动合同法实施条例》

第十八条 有下列情形之一的，依照劳动合同法规定的条件、程序，劳动者可以与用人单位解除固定期限劳动合同、无固定期限劳动合同或者以完成一定工作任务为期限的劳动合同：

……

（七）用人单位的规章制度违反法律、法规的规定，损害劳动者权益的；

……

# 49. 只要未及时支付劳动报酬就会被认定为被迫解除劳动合同吗？

## 【固法观点】

《中华人民共和国劳动合同法》第三十八条规定，当企业出现未及时足额支付劳动报酬的情形时，劳动者可依法提出被迫解除劳动合同并要求企业支付经济补偿金。上述条款立法原意是为了保护劳动者在权益受到侵害的紧迫情形下进行自救。对于企业而言，"未及时支付"的认定并非单纯地考虑企业支付劳动报酬的时间是否晚于双方约定，而是需要结合"未及时支付的原因""对劳动者造成影响的程度"以及"是否有及时纠正错误"三个方面综合考虑。

## 【案例分析】

陈某自 2018 年 3 月入职广州某教育公司，任职销售总监，双方签订《劳动合同》并约定每月工资在次月 25 日前发放。教育公司在 2021 年 3 月 1 日发出《停业通知》，其中主要记载公司经营困难拖欠租金被业主要求清退办公场地，决定自通知作出之日起停业整顿，所有员工在 2021 年 12 月 1 日起将公司资料、财务交还公司，做好工作交接等待进一步通知，停业整顿期间按照相关法律规定发放工资。陈某在 2022 年 2 月 9 日提起劳动仲裁，主张被迫解除劳动合同，原因是教育公司不提供劳动条件及未发放 2021 年 10 月至 12 月的工资。

仲裁委经审理查明，教育公司已分别在 2021 年 12 月 13 日和 2022 年 1 月 5 日向陈某支付 2021 年 10 月、11 月工资，12 月工资根据双方约定在提起劳动仲裁时仍未到达发放时间，即截止到本案开庭之日，教育公司已及时纠正延时发放工资的行为且不存在拖欠工资的情形。结合本案双方提供的证据可知，教育公司已处于经营困难停工停产的状态，其延迟发放工资的行为并未超过 30 天，陈某亦未提供证据证明其生活因此受到影响，未曾就此向教育公司提出过异议。仲裁委据此认定，教育公司虽存在延迟发放工资的行为，但具有一定的客观原因且未对陈某造成严重影响，尚不足以构成未及时足额支付劳动报酬的被迫解除情形。

〔案例出处：穗埔劳人仲案（2022）358 号〕

## 【法理分析】

《中华人民共和国劳动合同法》第三十八条规定的被迫解除劳动合同条款的适用，应当建立在实际损害劳动者权益导致劳动者处于紧迫状态而不得不提出被迫解除劳动合同以维护自身合法权益的情形。具体而言，未及时支付劳动报酬的认定并非单纯地考虑企业支付劳动报酬的时间是否晚于双方约定，而是需要结合"未及时支付的原因""对劳动者造成影响的程度"以及"是否有及时纠正错误"三个方面综合考虑。其中：

1. "未及时支付的原因"：需要判断企业是否存在主观恶意。本案中，科技公司由于经营不善导致资金周转困难，具有一定的客观性且已提前将原因及决定书面送达王某，尚未构成恶意拖欠劳动报酬的主观故意。

2. "对劳动者造成影响的程度"：需要判断劳动者的生活是否因此产生较大的影响。本案中，科技公司实际支付劳动报酬的时间仅较约定时间晚了 10 天左右，通常不足以对劳动者生活造成太大的影响。且王某在本案中亦未就科技公司发出的公告及拖延工资行为提出任何异议，在未有相应证据证明的情况下一般可推定科技公司的行为尚未对王某造成较大程度的影响。

3. "是否有及时纠正错误"：需要判断企业拖欠劳动报酬的行为是否有及时纠正。本案中，王某在 6 月 1 日提出被迫解除劳动合同后，科技公司已在仲裁开庭前向王某发放全部拖欠的劳动报酬，属于及时自我纠正错误的表现。仲裁委结合（1）（2）点的情形，在科技公司自行纠正错误后不再给予补偿金的行为予以认定，合法合理，有利于促进更多的企业在出现轻微用工管理错误时尽早纠正，从而避免劳动者因需要经过诉讼程序无法及时获得劳动报酬导致损失扩大。

## 【实操建议】

劳动者以用人单位未及时足额支付劳动报酬为由主张经济补偿金的，要结合单位不支付劳动报酬的原因、单位主观过错以及对劳动者生活的实质影响等因素综合考量。然而，劳动者离职之"紧迫性"和用人单位的违法行为之"严重性"目前尚未有明确的法律标准，实践中也难以评估和量化。

从合规的角度，建议用人单位依法及时足额支付劳动报酬，切勿以身试险，采取一些自认为"轻微的"举措扣减或迟延支付劳动报酬。同时，若用人单位确因客观情况短期拖欠或拖欠数额较少劳动报酬的，应注意留存证据证明主观上不存在恶意欠薪的故意，并及时纠正，以降低支付经济补偿金的风险。

## 【法规索引】

《中华人民共和国劳动合同法》

第三十八条　用人单位有下列情形之一的，劳动者可以解除劳动合同：

（一）未按照劳动合同约定提供劳动保护或者劳动条件的；

（二）未及时足额支付劳动报酬的；

（三）未依法为劳动者缴纳社会保险费的；

（四）用人单位的规章制度违反法律、法规的规定，损害劳动者权益的；

（五）因本法第二十六条第一款规定的情形致使劳动合同无效的；

（六）法律、行政法规规定劳动者可以解除劳动合同的其他情形。

# 50. 协商解除劳动合同经济补偿金能否低于法定标准？

## 【固法观点】

《中华人民共和国劳动合同法》赋予了用人单位与劳动者通过支付法定经济补偿金协商解除劳动关系的途径。但在一定情形下，用人单位通过支付低于法定标准的金额与劳动者解除劳动关系，亦存在被法院承认的可能情形，视为劳动者对自己权利的处分。

## 【案例分析】

李某在 2008 年 2 月入职阳江某销售公司，任职营业员，双方签订劳动合同，截至 2020 年，月平均工资约为 5000 元。2020 年 3 月 10 日，李某与公司签订《协议书》约定：

1. 双方劳动关系解除，无需履行劳动合同项下权利义务；

2. 公司一次性支付李某人民币 20000 元，李某确认双方劳动关系存续期间的一切问题均已解决；

3. 李某确认就协议的事项已充分考虑并咨询法律和其他相关专业人士，属于真实意思表示。

同日，李某签署《离职申请书》给公司，称因个人发展，向公司提出辞职申请。此后公司向李某支付人民币 20000 元。2020 年 4 月，李某以公司逼迫签订《协议书》和《离职申请书》为由，提起劳动仲裁，要求公司支付经济补偿金差额。

法院经审理认为，本案的争议焦点在于双方签订的《协议书》是否有效。现有证据未能认定公司存在欺诈、胁迫行为，而且从协议内容来看，李某已经"就协议的事项充分考虑并咨询法律和其他相关专业人士，属于真实意思表示"。因此，应认定该《协议书》是基于双方真实意思表示而签订。李某未能举证证明自己在签订《协议书》时，存在着正处于危困状态、缺乏判断能力等情形且为公司所利用，即使双方约定的补偿金额未达到根据法律规定标准的金额，也属于李某对自己劳动权益的处分。

〔案例出处：（2020）粤 1702 民初 4994 号〕

## 【法理分析】

《协商解除劳动合同协议书》作为劳资双方签字盖章确认的真实意思表示的协议，其作为合同需要满足《中华人民共和国民法典》中关于合同无效的情形才可能会被认定为无效。其中，经常出现的情形包括"显失公平""重大误解"以及"违反法律强制性规定"。因此，当企业以低于法定补偿金标准与劳动者协商解除劳动合同时，关键在于判断劳动者在签订解除协议的过程中是否出现"显失公平"或"重大误解"的情形，以及协议的条款是否"违反法律强制性规定"。

有部分观点认为，协商解除劳动合同支付法定经济补偿金是《中华人民共和国劳动合同法》的强制性规定，只要低于该标准即应当认定为无效。该类观点存在对相关法律条文理解的局限性。实际上，协商解除劳动合同作为劳资双方的合法解除权利之一，其侧重于双方的协商一致性，在双方真实意思表示的前提下，应允许对《中华人民共和国劳动合同法》规定的法定补偿金标准进行调整，如增多或是减少。审查的关键在于对"低于法定标准"的补偿金约定，是否出于劳动者的真实意思表示，即劳动者在签署"低于法定标准"的补偿金约定时，是否清楚知道其本应得到的法定标准数额？如果劳动者是在清楚相关规则及标准的前提下，主动作出低于法定标准的承诺，应属于对自己劳动权益的合法处分，不宜过度干预。

因此，协商解除劳动关系的法定标准是多少无可争议。但在一定情形下，用人单位通过支付低于法定标准的金额与劳动者解除劳动关系，亦存在被法院承认的可能性，具体满足条件如下：

1.《协议书》不存在显失公平、重大误解的情形；

2. 劳动者已非常清楚《协议书》中载明金额的计算方式以及依法定标准计算出的实际金额；

3. 劳动者自愿放弃或处分自身的劳动权益；

4. 如果条件允许，取得劳动者的离职申请。

## 【实操建议】

实践中，协商解除劳动合同作为企业主动解除的方法之一，优势在于无需满足任何法定解除条件，因此目前正被普遍运用于企业管理中。为更好地促成协商解除劳动合同的目的，原则上应当以不低于法定补偿金的标准和劳动者进行协商解除，甚至在特定情形下给予"N＋1或N＋2"等条件。

如企业出于特定目的以低于法定补偿金标准与劳动者协商解除的，在解除协议中应当明确法定标准的计算方式及协议补偿金的计算方式，并设置相关条款以要求劳动者在签署前征询相关人士的法律意见，证明该协议处于双方真实自愿且无重大误解的前提下签署。

对于劳动者而言，需了解协商解除劳动合同的法定补偿金标准，即按照工作年限每满一年支付一个月工资的标准支付经济补偿，工资以离职前十二个月应发平均工资计算。如企业在协商过程中要求低于该标准进行协商的，可根据实际情况考虑予以拒绝或调整。

## 【法规索引】

### 《中华人民共和国劳动合同法》

第三十六条　用人单位与劳动者协商一致，可以解除劳动合同。

第四十六条　有下列情形之一的，用人单位应当向劳动者支付经济补偿：

……

（二）用人单位依照本法第三十六条规定向劳动者提出解除劳动合同并与劳动者协商一致解除劳动合同的。

第四十七条　经济补偿按劳动者在本单位工作的年限，每满一年支付一个月工资的标准向劳动者支付。六个月以上不满一年的，按一年计算；不满六个月的，向劳动者支付半个月工资的经济补偿。

# 51. 员工因违纪被合法解聘，用人单位是否需要支付伤残就业补助金？

## 【固法观点】

员工因违纪被合法解聘，但其在职期间因工致残，符合法律规定的应当由用人单位支付一次性伤残就业补助金的，用人单位仍需要支付。劳动者在职期间因工致残，导致自身劳动能力下降，对未来再就业可能会存在不同程度的影响。因此，伤残就业补助金属于用人单位给予致残劳动者的一次性职业伤害补偿，与劳动者是否因违纪离职并不存在必然的因果关系。

## 【案例分析】

案例一：刘某于 2009 年入职某汽车配件公司，离职前担任车间主任。2013 年 11 月，刘某在工作中受伤并鉴定为十级伤残。2016 年 12 月，刘某因参与并煽动罢工，被公司以"消极怠工"为由解除劳动合同，但公司并未向刘某支付一次性伤残就业补助金。

法院认为，公司与刘某解除劳动关系的情形，根据《中华人民共和国劳动合同法》第三十九条第（二）项的规定，应属合法解除。根据《广东省工伤保险条例》第三十二条的规定，十级伤残职工与用人单位解除或者终止劳动关系的，由用人单位支付一次性伤残就业补助金，终结工伤保险关系，一次性伤残就业补助金标准为四个月的本人工资。由此，公司应向刘某支付一次性伤残就业补助金。

〔案例出处：（2017）粤 01 民终 16708 号〕

案例二：李某于 2010 年 11 月入职某公司，后与公司签订从 2017 年 11 月 9 日起的无固定期限劳动合同。李某于 2019 年 6 月 12 日因工受伤，2020 年 10 月

10 日深圳市劳动能力鉴定委员会复查鉴定为十级伤残。2021 年，因不满公司对年度服务经济补偿金作出的调整安排，李某参与离岗聚集活动，公司依照规章制度以严重违纪为由解除与李某的劳动合同。李某提起劳动仲裁及诉讼，其中一项请求为要求公司支付一次性伤残就业补助金。

法院认为，公司解除与李某的劳动合同并无不当，属合法解除。虽用人单位主张已为李某购买了商业保险，但并不免除其支付一次性伤残就业补助金的义务。李某受伤构成十级伤残，且双方已经解除劳动合同，故李某享有一次性伤残就业补助金。

〔案例出处：（2021）粤 0307 民初 22357 号〕

## 【法理分析】

《广东省工伤保险条例》第三十二条规定：七级至十级伤残职工劳动、聘用合同终止或者依法与用人单位解除劳动关系的，除享受基本养老保险待遇或者死亡情形之外，由工伤保险基金支付一次性工伤医疗补助金，由用人单位支付一次性伤残就业补助金，终结工伤保险关系。然而，因涉及伤残就业补助金的支付问题，上述规定中关于"职工依法与用人单位解除劳动关系"的理解极其容易发生争议。

从《广东省工伤保险条例》关于"伤残就业补助金发放条件"的三次修订历史来看，立法者在措辞上是有意将"劳动合同期满终止，或者职工本人提出解除劳动合同的"调整为"依法与用人单位解除或终止劳动关系的"再到"劳动、聘用合同终止或者依法与用人单位解除劳动关系的"，即"依法与用人单位解除劳动关系"不仅应包括员工向用人单位提出解除劳动合同，也应包括用人单位依法单方解除员工的劳动合同，以使得伤残就业补助金的发放条件更能契合立法目的，保障劳动者的合法权益。

此外，根据公平原则，在处于弱势地位的工伤职工主动提出解除劳动合同或劳动合同到期终止时，用人单位尚且需要支付一次性伤残就业补助金，在处于强势地位的用人单位主动解除劳动合同时，用人单位更应支付一次性伤残就业补助金。如用人单位合法解除劳动合同则无需支付一次性伤残就业补助金，将极大助长用人单位为免于支付一次性伤残就业补助金而编造理由或制造事由用以解除劳动合同，如此一来，将使得劳动者的合法权益遭受不公平对待，更有甚者会影响社会稳定、劳动关系和谐。

## 【实操建议】

### 一、对公司的建议

1. 对于符合支付一次性伤残就业补助金条件的员工或离职员工，公司应当在获得劳动能力鉴定委员会复查鉴定后予以支付。

2. 除劳动者丧失待遇条件、拒不接受劳动能力鉴定或拒绝治疗外，用人单位均应当按照法律规定支付一次性伤残就业补助金，且支付条件不以劳动合同解除理由而改变。

### 二、对劳动者的建议

1. 对于因工致残的劳动者，应当在规定的时间内及时参与劳动能力鉴定与接受治疗，并及时与用人单位沟通鉴定情况、治疗情况，保证用人单位知悉其工伤状况与治疗结果。双方解除劳动合同，应当及时要求用人单位结合劳动能力鉴定结果按照法律规定支付一次性伤残就业补助金。

2. 如用人单位以合法解除为由拒付的，劳动者应当及时沟通告知支付条件，或及时向劳动仲裁委员会提起劳动仲裁，维护自身合法权益。

## 【法规检索】

### 1.《中华人民共和国劳动合同法》

**第四十条**　有下列情形之一的，用人单位提前三十日以书面形式通知劳动者本人或者额外支付劳动者一个月工资后，可以解除劳动合同：

（一）劳动者患病或者非因工负伤，在规定的医疗期满后不能从事原工作，也不能从事由用人单位另行安排的工作的；

（二）劳动者不能胜任工作，经过培训或者调整工作岗位，仍不能胜任工作的；

（三）劳动合同订立时所依据的客观情况发生重大变化，致使劳动合同无法履行，经用人单位与劳动者协商，未能就变更劳动合同内容达成协议的。

**第四十二条**　劳动者有下列情形之一的，用人单位不得依照本法第四十条、第四十一条的规定解除劳动合同：

（一）从事接触职业病危害作业的劳动者未进行离岗前职业健康检查，或者疑似职业病病人在诊断或者医学观察期间的；

（二）在本单位患职业病或者因工负伤并被确认丧失或者部分丧失劳动能力的；

（三）患病或者非因工负伤，在规定的医疗期内的；

（四）女职工在孕期、产期、哺乳期的；

（五）在本单位连续工作满十五年，且距法定退休年龄不足五年的；

（六）法律、行政法规规定的其他情形。

2.《工伤保险条例》

**第四十二条** 工伤职工有下列情形之一的，停止享受工伤保险待遇：

（一）丧失享受待遇条件的；

（二）拒不接受劳动能力鉴定的；

（三）拒绝治疗的。

3.《中华人民共和国社会保险法》

**第三十九条** 因工伤发生的下列费用，按照国家规定由用人单位支付：

（一）治疗工伤期间的工资福利；

（二）五级、六级伤残职工按月领取的伤残津贴；

（三）终止或者解除劳动合同时，应当享受的一次性伤残就业补助金。

# 52. 用人单位代扣代缴劳动者的个人所得税款能否抵扣执行款？

## 【固法观点】

用人单位作为被执行人，在履行生效法律文书确定的应支付给劳动者的金钱给付义务时，代扣代缴劳动者的个人所得税款能否抵扣执行款，司法实践中存在不同观点，目前广东省内法院的主流观点是认为用人单位代扣代缴的个人所得税实质属于用人单位应向劳动者支付的款项的一部分，可以在执行款中进行扣除。

## 【案例分析】

周某与印力公司劳动合同纠纷一案，深圳市中级人民法院作出的（2016）粤03民终12883号民事调解书已经发生法律效力，确定印力公司应向周某支付解除劳动合同赔偿金、工资、奖金共计人民币1168888元，社会保险费和住房公积金人民币120000元，合计人民币1288888元。2016年12月29日，印力公司向周某支付人民币1127118.99元，并为周某代缴个人所得税人民币161769.01元。周某于2017年6月21日向深圳市福田区人民法院（以下简称福田法院）申请强制执行，要求印力公司支付人民币166864.73元。

福田法院认为，印力公司作为劳动报酬的支付义务方，代缴劳动者的个人所得税系其应履行的法律义务。印力公司代缴的税款，原本就是周某应当向国家缴纳的税款，应视为印力公司履行法律文书所确定的给付款项的组成部分，印力公司已按生效法律文书履行义务，故裁定驳回申请执行人周某的执行申请。

深圳中院认为，被执行人印力公司应当按照执行依据的要求将上述款项直接支付至周某。在未与申请执行人周某协商并取得其许可之情况下，印力公司代扣、代缴个人所得税违反了生效法律文书所确定的履行内容。至于周某是否应向税务机关缴纳个人所得税及需要缴纳的具体税额，则属另一实体法律关系，不宜在执行程序中一并处理。因已发生的代扣、代缴个人所得税事宜有争议的，双方当事人应另循法律途径解决，故裁定驳回撤销福田法院的执行裁定书。

广东高院认为，用人单位代扣代缴的税款本质是劳动者应当向国家缴纳的税款，因此用人单位为劳动者代扣代缴的个人所得税税款实质也应当来源于劳动者。用人单位代扣代缴的税款，应当视为其履行生效法律文书所确定的给付款项的组成部分。因此，申诉人印力公司关于在向周某履行的金额中应当扣除其代为缴纳的个人所得税税款金额的主张成立，应予支持。

〔案例出处：（2019）粤执监 114 号〕

## 【法理分析】

用人单位作为劳动者个人所得税代扣代缴义务人，负有按税法相关规定代劳动者缴纳个人所得税的法定义务，如用人单位未能履行该等代扣代缴义务，税务机关有权对用人单位进行罚款，即从税务合规角度，用人单位必须为劳动者代扣代缴个人所得税，否则就是不作为并有可能面临税务机关的行政处罚。同时，用人单位也负有按生效法律文书载明的金额向劳动者履行给付义务，该等义务如不履行，劳动者可以向法院申请强制执行。从某种程度上说，用人单位上述两种义务存在一定冲突与矛盾之处，用人单位履行税法上的代扣代缴义务势必会导致其向劳动者给付的款项会低于生效法律文书载明的金额。

目前法律体系并没有对上述问题作出明确的规定，且基于上述问题涉及多个法律主体（用人单位、劳动者、税务部门、法院），各个法律主体也只能在各自权限范围内处理相应事项，如审判法院仅具有对双方争议事项进行处理权限，审判法官不可能超越权限在判决中明确用人单位应代扣代缴个人所得税金额；用人单位仅负有代扣代缴义务，至于具体金额仍需要税务部门核算，该等现状直接造成了各地司法实践做法不一。支持者认为用人单位作为个人所得税代扣代缴义务人，在履行生效法律文书时代扣代缴的个人所得税款经过税务部门认可的，该代扣代缴款项可以在执行款中予以扣除；反对者则认为生效法律文书并未明确代扣代缴事项及数额，用人单位代扣代缴个人所得税款事项不属于执行异议的审查范围。

但是，从用人单位代扣代缴个人所得税的行为本质上看，持有纳税人收入的用人单位，在履行向纳税人（劳动者）支付收入的同时，负有从其所持有纳税人收入中扣缴纳税人应纳税款，并代为汇总向税务机关缴纳税款的义务，该行为产生的法律后果均是劳动者履行完毕缴纳税款的义务。而且缴纳税款的费用虽然形式上来源于用人单位，但实质均是劳动者的个人劳动所得。因此，用人单位为劳动者代扣代缴的个人所得税税款，视为其履行生效法律文书所确定的给付款项的组成部分更为合理，在实践中也能产生更好的社会效果，在减少国家税收损失的同时又避免了讼累，为企业减轻了负担，进一步帮助企业解决两难困境，助力法治化营商环境建设。

## 【实操建议】

为尽量避免用人单位在代扣代缴个人所得税与按生效法律文书履行金额给付义务时出现两难困境，我们建议：

1. 在劳动争议案件处理过程中，可以向法官及劳动者明确争议金额为税前金额，用人单位负有代扣代缴个人所得税的义务，加深劳动者对其应缴纳个人所得税的印象，以尽量降低劳动者因代扣代缴个人所得税问题向法院申请强制执行的概率。

2. 如与劳动者达成调解，应在调解书中明确调解的金额是否含税，并明确约定由用人单位代扣代缴个人所得税，相关税款由税务部门核算。

3. 用人单位在代扣代缴个人所得税时，应与相关税务部门沟通并确保代扣代缴行为的合规性，代扣代缴后应注意保管相关纳税凭证以及税务机关的相关批复或答复文件，以便后续就该问题向法院提起执行异议时可以提供相关文件作为支撑。

4. 在履行生效法律文书时，可与劳动者充分沟通有关代扣代缴个人所得税问题，如劳动者同意，可就该等问题与其一并至税务部门咨询并明确金额，以降低双方就该问题产生争议的概率。

## 【法规索引】

1.《中华人民共和国个人所得税法》

第九条 个人所得税以所得人为纳税人，以支付所得的单位或者个人为扣缴义务人。

2.《中华人民共和国税收征收管理法》

第六十八条 纳税人、扣缴义务人在规定期限内不缴或者少缴应纳或者应解缴的税款，经税务机关责令限期缴纳，逾期仍未缴纳的，税务机关除依照本法第四十条的规定采取强制执行措施追缴其不缴或者少缴的税款外，可以处不缴或者少缴的税款百分之五十以上五倍以下的罚款。

第六十九条　扣缴义务人应扣未扣、应收而不收税款的，由税务机关向纳税人追缴税款，对扣缴义务人处应扣未扣、应收未收税款百分之五十以上三倍以下的罚款。

**3. 国家税务总局关于发布《个人所得税扣缴申报管理办法（试行）》的公告（国家税务总局公告 2018 年第 61 号）**

第二条　扣缴义务人，是指向个人支付所得的单位或者个人。扣缴义务人应当依法办理全员全额扣缴申报。

全员全额扣缴申报，是指扣缴义务人应当在代扣税款的次月十五日内，向主管税务机关报送其支付所得的所有个人的有关信息、支付所得数额、扣除事项和数额、扣缴税款的具体数额和总额以及其他相关涉税信息资料。

第四条　实行个人所得税全员全额扣缴申报的应税所得包括：

（一）工资、薪金所得；

　　……

**4.《关于个人所得税法修改后有关优惠政策衔接问题的通知》( 财税〔2018〕164 号 )**

五、关于解除劳动关系、提前退休、内部退养的一次性补偿收入的政策

（一）个人与用人单位解除劳动关系取得一次性补偿收入（包括用人单位发放的经济补偿金、生活补助费和其他补助费），在当地上年职工平均工资 3 倍数额以内的部分，免征个人所得税；超过 3 倍数额的部分，不并入当年综合所得，单独适用综合所得税率表，计算纳税。

　　……

第五部分

# 竞业限制与保密制度合规

# 53. 借近亲属之名开办竞争企业是否违反竞业限制？

## 【固法观点】

> 竞业限制协议作为用人单位与劳动者在解除劳动关系时所签订的协议，目的在于避免劳动者离职后在短时间内入职或经营同类业务的公司，产生潜在的商业秘密泄露或同业竞争风险，企业在依法支付补偿金后，员工应当自觉遵守履行。如员工确实通过近亲属名义开设或投资公司以规避竞业限制义务，则属于违背诚实信用原则的严重违约行为，应当承担相关责任。

## 【案例分析】

原告在 2017 年 3 月入职被告处，任职研发工程师，并于 2019 年 4 月离职。其间双方签订《竞业禁止协议》及《保密协议》，其中约定原告在离职后 2 年内不得在与被告从事的行业相同或相近企业及与被告有竞争关系的企业内工作或自办相关企业。

被告在 2019 年 2 月从客户处得知原告上级以深圳某通讯公司负责人名义多次与客户联系并销售与被告同类型产品。被告经核查得知，深圳某通讯公司于 2019 年 3 月成立，注册资本 600 万元，其股东由被告离职员工的近亲属组成，包括原告父亲袁某。袁某为电子工厂工人，共出资 5 万元占股 5%。另查明，该公司经营范围及实际销售产品与被告基本重合。

法院经审理查明认为，原告作为工程师系核心技术人员，且已签订《竞业禁止协议》及《保密协议》，应当受到竞业禁止的法律约束。根据查明事实，深圳某通讯公司与被告均属通讯电子行业，其产品与被告存在多处相同及竞合，具有竞争性。袁某作为原告的父亲，系原告的直系亲属，并无相关通讯电子行业的从业经历，其出资数万元入股与原告所在公司存在竞争关系的企业，没有原告的授意或同意，显然不合常理。上述设立公司的行为发生于原告在被告处任职期间，故法院认定原告违反了其与被告签订的《竞业禁止协议》。

〔案例出处：（2019）粤 0306 民初 28126 号〕

## 【法理分析】

竞业限制协议与普通劳动合同不同，受竞业限制的劳动者在劳动合同解除后与用人单位不再具有人格和组织上的从属性，用人单位客观上无法对劳动者的履约行为予以在场监管，主要依赖于劳动者对协议的自觉履行。故劳动者应当秉持诚实信用及公平合理原则，以确保协议得以实质性履行。因此，如劳动者为刻意规避竞业限制义务而使用近亲属名义开设、投资公司，进而实际从事与原公司同业竞争的业务的，属于违反竞业限制的违约行为。利用近亲属名义开设、投资公司亦应当被认定为员工违反竞业限制协议的手段和方式之一。

另外有部分法院认为，《中华人民共和国劳动合同法》中强调竞业限制的人员限于用人单位的高级管理人员、高级技术人员和其他负有保密义务的人员，随意扩大限制范围至劳动者近亲属既违反了法律强制规定，亦损害了近亲属的相关就业权利，不应当被支持。我们认为，企业确实不可直接限制员工近亲属的同业就业权利，但禁止员工通过借用近亲属名义开设公司的手段规避竞业限制义务，实际上仍然约束的是员工本人的行为，并未与法律规定相冲突。因此，关键在于判断涉案近亲属开设、投资公司实际上是自身行为抑或是协助劳动者规避竞业限制义务的手段。在上述案件中，法院亦对此进行了认定，在查明原告父亲作为工人身份无相关行业经验的事实后，推定其投资公司行为必然经过原告授权或同意，进而认定原告已违反竞业限制协议。

实践中，劳动者为规避竞业限制义务采取各类手段，存在隐蔽性强、取证难度大的特点，企业一般难以进行维权。因此，将利用近亲属名义开设、投资公司认定为劳动者规避竞业限制义务的一种手段，并据此判断劳动者是否违反竞业限制协议是劳动法法治体系的进步和完善，符合社会经济发展的情理法需求。

## 【实操建议】

首先，用人单位应当签订一份可行有效的竞业限制协议，重点关注限制人员的范围是否符合法律规定，以及协议约束的竞争范围是否已明确可行，建议可在协商一致的情形下提前将不得利用近亲属开设、投资公司的行为规定在竞业禁止协议中。对于不属于高管或技术人员的劳动者，企业需提前签署《保密协议》并做好相关保密措施以证明劳动者属于负有保密义务的人员。

其次，企业在搜集证据时应尽可能固定劳动者确实利用了其在原单位形成的信息资源或职业技能帮助了近亲属的证据，以及近亲属的过往工作与开设、投资公司行为于常理不符的证据，用以证明该近亲属开设、投资公司的相关行为目的在于协助劳动者规避竞业限制义务。

最后，企业在庭审过程中可要求劳动者对其近亲属开设、投资公司的行为进行说明或解释，并据此展开辩论以吸引法官对劳动者近亲属开设、投资同业竞争公司等不合理问题的注意，引导法官判断该行为本质上是否属于劳动者规避竞业限制义务的手段，以最终认定劳动者构成违反竞业限制协议。

## 【法规索引】

《中华人民共和国劳动合同法》

第二十三条　对负有保密义务的劳动者，用人单位可以在劳动合同或者保密协议中与劳动者约定竞业限制条款，并约定在解除或者终止劳动合同后，在竞业限制期限内按月给予劳动者经济补偿。劳动者违反竞业限制约定的，应当按照约定向用人单位支付违约金。

第二十四条　竞业限制的人员限于用人单位的高级管理人员、高级技术人员和其他负有保密义务的人员。竞业限制的范围、地域、期限由用人单位与劳动者约定，竞业限制的约定不得违反法律、法规的规定。

在解除或者终止劳动合同后，前款规定的人员到与本单位生产或者经营同类产品、从事同类业务的有竞争关系的其他用人单位，或者自己开业生产或者经营同类产品、从事同类业务的竞业限制期限，不得超过二年。

# 54. 竞业限制补偿金于员工在职时提前支付合法吗？

## 【固法观点】

法律并未强制规定企业仅能在员工离职后支付竞业限制补偿金，如经双方协商一致，企业可于员工在职期间提前支付竞业限制补偿金，但需要注意区分该笔款项的性质，应书面明确是作为员工履行离职竞业限制义务的对价而非员工在职需要履行义务的对价，以避免相关法律风险。目前各地法院就该问题尚未形成统一观点，建议企业慎重权衡后方予以实施。

## 【案例分析】

案例一：李某在 2013 年入职广州某家具公司，双方签订《员工保密及竞业限制协议》约定李某负有保密和竞业限制义务，在劳动合同期间由公司每月向李某支付 700 元作为竞业限制补偿金。2014 年李某提出辞职，公司提起劳动仲裁认为李某违反竞业限制协议。

法院认为，双方在《员工保密及竞业限制协议》中约定由用人单位提前支付竞业限制补偿金，并未损害劳动者因竞业限制可依法获得补偿的权利，以合同当事人意思表示真实及不违反法律强制性规定为由，确认协议的效力。

〔案例出处：（2015）穗中法民一终字第 2949 号〕

案例二：徐某在 2003 年入职广州某科技公司，双方签订《限制性股票单位激励协议》和《保密与不竞争承诺协议》，约定徐某在任职期间，由关联公司向其发放若干限制性股票，作为徐某签订及遵守协议条款的对价，包括但不限于徐某保密并履行不竞争义务。同时，协议约定徐某如严重违反规章制度、劳动纪律或其他应履行义务的，相关限制性股票自动作废。此后公司给徐某发放限制性股票，徐某在 2014 年提出辞职，公司提起劳动仲裁认为李某违反竞业限制协议。

一审法院认为，从股票激励协议的性质来看，其更为符合的是一种用人单位对在职员工进行奖励、激励性质的款项规定，不能以劳动者有签订上述股票激励协议视为用人单位已经支付了竞业限制补偿。

二审法院认为，本案中授予限制性股票的单位不固定，且须在市场交易中实现价值，其收益也具有不确定性。由此可见，限制性股票是否作为徐某履行不竞争义务的对价以及该对价的具体金额处于约定不明的状态，公司主张已支付补偿金不成立。

〔案例出处：（2018）粤 01 民终 619 号〕

## 【法理分析】

目前，我国法律并未就竞业限制补偿金能否提前支付问题进行规定，各地法院对此亦采取不同观点。其中，山东、天津及深圳等地，明确出台细则不予支持企业在解除劳动合同前支付竞业限制补偿金，而江苏、上海等地则有相关判例支持企业与员工之间的真实意思表示。

广东在 2012 年出台《关于审理劳动人事争议案件若干问题的座谈会纪要》，明确对用人单位关于"在劳动关系存续期间向劳动者支付的劳动报酬已包含竞业限制经济补偿"的抗辩不予支持，但该纪要现已被废止。经查询过往案例，2015 年的案例一支持了企业与员工通过协商的方式提前支付竞业限制补偿金，而在 2018 年的案例二里，又对此进行了较为谨慎的认定。

是否支持企业提前支付竞业限制补偿金，关键还是在于判断这种支付方式是否损害了劳动者的合法权益。首先，竞业限制补偿金应当是明确且可以实现价值的载体（原则上建议以金钱作为主体），以体现作为劳动者履行竞业限制义务对价的公平性。在案例二中，二审法院认为公司支付的限制性股票尚未明确其实际价值且具有不确定性，不可视为竞业限制补偿金。

其次，竞业限制补偿金应当仅作为劳动者履行竞业限制义务的对价，而不可加设其他成立或支付条件，具有排他性。在案例二中，二审法院认为公司在支付限制性股票时仍需考核员工的规章制度、劳动纪律遵守情况，该限制性股票同时作为劳动者遵守规章制度、劳动纪律等的对价，不可视为竞业限制补偿金。

最后，提前支付竞业限制补偿金还可能会导致企业管理成本上升，如约定不明确可能会导致劳动者的月平均工资基数增大，影响社保公积金缴纳及经济补偿金的计算。同时，提前支付竞业限制补偿金还会导致企业在考虑是否最终执行竞业限制协议时处于被动地位，如不考虑予以执行则提前支付的补偿金在劳动者拒绝退还的情形下仍需通过另诉予以解决。

## 【实操建议】

为尽可能降低法律风险，企业应当选择在劳动者离职后的竞业限制期内支付补偿金。如企业确实有提前支付需求的，应留意如下几点：

1. 提前了解所在地区法院等机构近几年关于提前支付补偿金问题的观点及态度，做好风控预警及评估。

2. 双方协商一致，通过书面协议方式明确补偿金发放的性质、数额、方式、频率等核心问题，同时做好签收工作以避免劳动者后续反悔。

3. 避免在协议中设置与履行竞业限制义务无关的履行条件，如要求员工遵守保密义务、规章制度、绩效考核等。

4. 支付的补偿金应以货币等具有明确可实现价值的载体为主，避免采用股权、期权等不确定对价。

## 【法规索引】

《中华人民共和国劳动合同法》

第二十三条　对负有保密义务的劳动者，用人单位可以在劳动合同或者保密协议中与劳动者约定竞业限制条款，并约定在解除或者终止劳动合同后，在竞业限制期限内按月给予劳动者经济补偿。劳动者违反竞业限制约定的，应当按照约定向用人单位支付违约金。

# 55. 竞业限制补偿金能否在员工离职时按季度支付？

## 【固法观点】

按月支付竞业限制经济补偿金属于法律强制性规定，如双方基于该规定另行作出不利于劳动者的约定时，可能会因违反法律强制性规定而直接被认定为无效约定，进而产生较大的法律风险，建议企业谨慎考虑。

## 【案例分析】

成某在 2018 年 7 月入职北京某科技公司，担任图像处理软件工程师，入职时签订《竞业限制协议》，后在 2019 年 11 月因个人原因离职。2020 年 2 月，成某入职其他公司担任编程软件工程师，北京某科技公司以此为由主张成某违反竞业限制协议并提起仲裁。

根据《竞业限制协议》约定，成某的竞业限制补偿金由公司按季度向其支付，成某领取补偿金时应当向公司出示当前的任职情况证明，经公司向成某工作单位确认后方可领取。如成某逾期一个季度未能向公司提交任职情况证明，视为放弃该季度的补偿金。北京某科技公司据此主张成某没有按协议约定提供任职情况说明视为放弃补偿金，成某主张公司未支付补偿金超过三个月，竞业限制协议已解除。

法院审理后认为，就经济补偿的支付方式，案涉《竞业限制协议》约定竞业限制补偿金按季度支付，成某逾期一个季度未能提交任职情况证明的，视为放弃该季度的补偿金。该约定因违反法律的强制性规定而无效。

〔案例出处：（2021）京 01 民终 8940 号〕

## 【 法理分析 】

本案中，用人单位与成某在《竞业限制协议》中就经济补偿的支付方式进行了约定，其中按季度结算的约定已与《中华人民共和国劳动合同法》中关于按月给予经济补偿金的规定相冲突。从立法原意看，履行竞业限制义务的经济补偿，目的在于解决劳动者因竞业限制造成的就业受限而可能带来的生活困难，为其生活提供持续的经济保障。而按月支付的方式，最有利于实现这一立法目的，因此，该规定属于强制性规定。

此时，双方如通过协商将按月支付的方式调整为按季度支付或更长的支付周期，即使用人单位主张是劳动者的真实意思表示，亦会因违反法律强制性规定而被认定为无效约定。当然，如果双方就补偿的支付方式和时间的约定，较之上述强制性规定，对劳动者更为有利时（如按周支付或提前支付等），则应当得到支持。

在目前检索的大部分案例中，各地法院均采取与上述分析意见一致的裁审尺度。其中不难看出，法院审理的核心思路是，用人单位与劳动者基于法律已有明确规定的问题进行约定，不得损害劳动者本应享受的法定权益，如常见的社保缴纳义务免除、协商解除不予支付补偿金等。

## 【 实操建议 】

为尽可能降低法律风险，企业应遵守《中华人民共和国劳动合同法》的对应规定，在竞业限制期内按月向劳动者支付补偿金。如企业确实因支付困难而无法按月支付的（如受金融、疫情、节假日等不可抗力影响），应提前与劳动者沟通并尽可能取得劳动者确认延长支付周期，并在影响消除后尽快完成支付。

劳动者在签订《竞业限制协议》时，亦应当对协议约定的条件仔细查阅，并慎重考虑是否接受某些低于法定标准的条款，以对自身民事行为承担法律后果。

## 【 法规索引 】

1.《中华人民共和国劳动合同法》

第二十三条　对负有保密义务的劳动者，用人单位可以在劳动合同或者保密协议中与劳动者约定竞业限制条款，并约定在解除或者终止劳动合同后，在竞业限制期限内按月给予劳动者经济补偿。劳动者违反竞业限制约定的，应当按照约定向用人单位支付违约金。

2.《中华人民共和国民法典》

第一百四十三条 具备下列条件的民事法律行为有效:

(一)行为人具有相应的民事行为能力;

(二)意思表示真实;

(三)不违反法律、行政法规的强制性规定,不违背公序良俗。

# 56. 用人单位是否可以单方决定解除竞业限制协议？

## 【固法观点】

用人单位可在《竞业限制协议》中明确约定单方解除协议的权利。但如已处于竞业限制期内，劳动者在收到用人单位单方解除竞业限制协议的决定后亦有权要求用人单位额外支付 3 个月的经济补偿。

## 【案例分析】

徐某在 2005 年 10 月入职广东某技术研究所，担任机械高级工程师，入职时签订《保密与竞业限制协议》，后在 2018 年 12 月 31 日被公司终止劳动合同。徐某在 2019 年 10 月提起劳动仲裁要求公司支付违法终止劳动合同补偿金，公司在该案庭审中要求解除双方的《保密与竞业限制协议》，徐某表示清楚。

2020 年 9 月 30 日，徐某再次提起劳动仲裁，要求公司支付 2019 年 9 月至 2020 年 9 月的竞业限制补偿金。公司主张已在此前另案庭审中解除与徐某之间的竞业限制协议，自解除之日起无需支付补偿金。

法院审理后认为，在前案仲裁笔录中，公司确实曾向徐某提出解除竞业限制协议（且徐某也确认该事实），而且徐某在知悉原告提出的"解除竞业限制协议"的请求基础上，也提出了额外支付三个月竞业限制补偿金的请求，因此法院认定徐某已明确知悉公司的上述意思表示。即公司解除竞业限制协议的意思表示已经到达徐某，其解除的法律行为已经生效，仅需支付解除日前的竞业限制补偿金及额外三个月的补偿金。

〔案例出处：（2022）粤 01 民终 6305 号〕

## 【法理分析】

根据《最高人民法院关于审理劳动争议案件适用法律问题的解释（一）》第三十九条第一款的规定，在竞业限制期限内，用人单位请求解除竞业限制协议的，人民法院应予支持。换言之，用人单位解除竞业限制协议属于解除权，可以单方行使。

本案中，用人单位在仲裁庭审中主张单方解除与劳动者的竞业限制协议，通过庭审笔录以固定其送达情况，属于有效送达，竞业限制协议自送达之日起解除合法合理。从立法原意看，竞业限制协议的主义务人是劳动者，而协议履行需求方是用人单位，在用人单位明确不再需要劳动者履行竞业限制义务后，劳动者无权强行继续履行竞业限制协议并要求用人单位继续支付补偿金。

但值得注意的是，如双方已处于竞业限制协议履行过程中，此时劳动者同样有权根据上述规定要求用人单位额外支付三个月的经济补偿金，以作用人单位单方解除协议的法定补偿。

有部分企业认为，根据《最高人民法院关于审理劳动争议案件适用法律问题的解释（一）》第三十八条的规定，在竞业限制期限内可通过不予支付经济补偿金的方式表示不再要求劳动者履行竞业限制义务，超过三个月后劳动者有权单方解除合同。但这种理解是错误的。如因企业原因不予支付补偿金超过三个月，劳动者确实有权单方解除协议并要求企业支付履行期间的补偿金，但亦有权要求企业在支付补偿金差额后继续履行竞业限制协议，解除协议的主动权并不在企业手中。如企业采取该方式以期待劳动者单方解除，将难以实现及时解除竞业限制协议降低用工成本的目的。

## 【实操建议】

虽然用人单位享有单方解除权，但由于在竞业限制期限内进行单方解除需要承担三个月的补偿金成本，应尽可能在劳动合同解除或终止时考虑并明确是否实际履行竞业限制协议。其中，用人单位可在协议中明确约定"企业有权在劳动合同存续期间、解除或终止时以书面通知的方式决定协议是否实际启动或提前解除"，此时由于劳动者尚未实际履行竞业限制义务而并未处于竞业限制期限内，用人单位无需额外支付三个月的经济补偿。

【法规索引】

**《最高人民法院关于审理劳动争议案件适用法律问题的解释（一）》**

第三十八条　当事人在劳动合同或者保密协议中约定了竞业限制和经济补偿，劳动合同解除或者终止后，因用人单位的原因导致三个月未支付经济补偿，劳动者请求解除竞业限制约定的，人民法院应予支持。

第三十九条　在竞业限制期限内，用人单位请求解除竞业限制协议的，人民法院应予支持。在解除竞业限制协议时，劳动者请求用人单位额外支付劳动者三个月的竞业限制经济补偿的，人民法院应予支持。

# 57. 企业支付竞业限制补偿前要求劳动者提供履约证明的约定是否有效?

## 【固法观点】

企业诚然有权利要求劳动者配合履行竞业限制义务而提供相应的履约凭证,但不能将此作为劳动者获得竞业限制补偿金的前置要求,否则将因侵害劳动者的合法权益及违反法律强制性规定而被认定无效。

## 【案例分析】

成某在 2018 年 7 月入职北京某科技公司,担任图像处理软件工程师,入职时签订《竞业限制协议》,后在 2019 年 11 月因个人原因离职。2020 年 2 月,成某入职其他公司担任编程软件工程师,北京某科技公司以此为由主张成某违反竞业限制协议并提起仲裁。

根据《竞业限制协议》约定,成某的竞业限制补偿金由公司按季度向其支付,成某领取补偿金时应当向公司提供当前的任职情况证明,经公司向成某工作单位确认后方可领取。如成某逾期一个季度未能向公司提交任职情况证明,视为放弃该季度的补偿金。北京某科技公司据此主张成某没有按协议约定提供任职情况说明可视为放弃补偿金,成某主张公司未支付补偿金超过三个月因而竞业限制协议已解除。

法院审理后认为,就经济补偿的支付方式,案涉《竞业限制协议》约定竞业限制补偿金按季度支付,成某逾期一个季度未能提交任职情况证明的,视为放弃该季度的补偿金。该约定因违反法律的强制性规定而无效。

〔案例出处:(2021)京 01 民终 8940 号〕

## 【法理分析】

竞业限制的立法本意在于保护用人单位的商业秘密和知识产权，防止无序竞争，同时也兼顾劳动者被限制自主择业权后的权益。其中，支付竞业限制补偿金是用人单位的基本义务，实质性履行竞业限制则是劳动者的基本义务，双方均应当自觉履行。

如用人单位在竞业限制协议中明确要求劳动者及时、如实报告其从业信息的，劳动者确实应当遵循诚实信用原则进行告知，以保障用人单位的知情权及排除妨碍请求权得以实现。但该义务不应当扩大至用人单位履行其给付补偿金的基本义务的前提条件，从而变相降低了用人单位责任，加重了劳动者义务。

本案中，用人单位与成某在《竞业限制协议》中就经济补偿的支付方式进行了约定，其中在领取补偿金前需出示任职情况证明的约定已与《中华人民共和国劳动合同法》中关于按月给予经济补偿金的规定相冲突。该方式已实质上加重了劳动者的义务或增设领取补偿金的条件，明显违反上述法律的强制性规定。

此外，有的企业会在《竞业限制协议》中明确约定，如劳动者拒不提供足以证明其当前任职情况材料的将构成违反竞业限制协议的情形。该约定在目前司法实践中并未获得法院的认可，以避免过分加重劳动者的义务。

## 【实操建议】

虽然用人单位享有对劳动者是否实质性履约的知情权，但不宜把该权利范围进行扩大。在制定《竞业限制协议》过程中，用人单位可约定要求劳动者提供如《入职证明》《社保缴纳凭证》《失业凭证》等材料，但不可将此作为企业支付竞业限制补偿金的前提，亦不可直接以劳动者拒不履行该义务为由认定劳动者严重违约进而主张违约金。

有观点会认为，既然无法据此约束劳动者，该约定是否无实质性意义？我们认为，当前司法环境下企业主张劳动者违反竞业限制协议的难度比较高，如在《竞业限制协议》中明确要求劳动者承担证明是否实质性履行事实的义务，在发生争议时有利于说服法官调整举证责任的天平，以避免对用人单位的举证义务过于严苛，争取一定的诉讼有利地位。

## 【法规索引】

1.《中华人民共和国劳动合同法》

第二十三条　对负有保密义务的劳动者，用人单位可以在劳动合同或者保密协议中与劳动者约定竞业限制条款，并约定在解除或者终止劳动合同后，在竞业限制期限内按月给予劳动者经济补偿。劳动者违反竞业限制约定的，应当按照约定向用人单位支付违约金。

2.《中华人民共和国民法典》

第一百四十三条　具备下列条件的民事法律行为有效：

（一）行为人具有相应的民事行为能力；

（二）意思表示真实；

（三）不违反法律、行政法规的强制性规定，不违背公序良俗。

# 58. 原单位可否要求新单位承担员工违反竞业协议的连带责任?

## 【固法观点】

企业与员工签订竞业限制协议,如果员工违反协议约定入职与原企业存在同业竞争关系的公司,企业可根据协议约定追究员工的违约责任。除非当地有其他明确规定(如深圳),竞业限制协议是基于《中华人民共和国劳动合同法》所产生的约束原用人单位及劳动者之间的双向协议。即使劳动者违反协议到新用人单位工作,基于合同相对性原则,新用人单位不应承担劳动者造成的违约连带责任。

## 【案例分析】

王某曾与广州某广告公司建立劳动关系并签订《竞业禁止协议》,王某离职后广告公司按月向其支付竞业限制补偿金。在竞业限制期内,王某入职上海某商务公司广州分公司(以下简称商务公司)。广告公司认为王某的行为已违反《竞业禁止协议》,遂提起劳动仲裁主张王某承担违约责任并由商务公司承担连带责任。

法院审理认为,王某确实存在违反竞业限制义务的行为,应当向广告公司支付违约金。关于连带责任的问题,由于广告公司是以王某违反竞业限制约定为由要求商务公司与王某就违约金承担连带责任的,本案广告公司主张的是违约之诉,商务公司并非该竞业限制协议的签订方,根据合同相对性原则,商务公司不受该协议约定的约束。

〔案例出处:(2019)粤 01 民终 13418、13419 号〕

## 【法理分析】

目前，用人单位因招用劳动者需要承担法定连带责任的，是适用《中华人民共和国劳动合同法》第九十一条所规定的情形，即招用了未与原单位解除劳动合同的员工且给原单位造成损失的，承担连带赔偿责任。在这种情形下，无论是否存在竞业限制，新用人单位均需与劳动者共同承担连带责任。

但结合上述规定，首先，对于劳动者正式离职原单位后再入职新用人单位的情形，并没有法律明确规定新用人单位需要就劳动者与原单位的任何问题承担连带责任。因此，主张新用人单位承担劳动者违反竞业限制义务的连带责任没有法律依据。

其次，根据合同相对性原则，竞业限制协议的签订主体是原用人单位与劳动者，约束的义务主体亦同样如是，对合同以外的第三人是不具备法律约束力的，自然无法涉及连带责任的法律问题。值得注意的是，深圳地区通过制定条例的方式，明确规定了如新用人单位是知道或应当知道劳动者负有竞业限制义务却仍然招用劳动者的，应当承担连带责任。

最后，如果新用人单位招聘的劳动者违反竞业限制义务并且实施了侵犯原用人单位商业秘密的行为，根据《中华人民共和国反不正当竞争法》的规定，原用人单位可基于不正当竞业的法律关系，起诉要求劳动者和新用人单位共同承担法律责任。此时将构成侵权之诉而非违约之诉。

## 【实操建议】

企业在招聘劳动者时应提前了解劳动者是否负有竞业限制义务，以避免相关纠纷。在录用劳动者后，企业应遵循诚信原则禁止劳动者利用其原用人单位的技术信息、商业秘密等为公司提供劳动，以避免违反《中华人民共和国反不正当竞争法》，构成侵犯商业秘密的情形。

对于追究违反竞业限制义务的企业，虽原则上无法要求新用人单位就违约金承担连带责任，但在案件中将新用人单位列为共同被告或第三人，从策略上同样有利于查明案件事实或向劳动者施加压力，以推动案件往有利的方向发展。

## 【法规索引】

1.《中华人民共和国反不正当竞争法》

**第九条**　第三人明知或者应知商业秘密权利人的员工、前员工或者其他单位、个人实施本条第一款所列违法行为，仍获取、披露、使用或者允许他人使用该商业秘密的，视为侵犯商业秘密。

2.《中华人民共和国劳动合同法》

第二十三条　对负有保密义务的劳动者，用人单位可以在劳动合同或者保密协议中与劳动者约定竞业限制条款，并约定在解除或者终止劳动合同后，在竞业限制期限内按月给予劳动者经济补偿。劳动者违反竞业限制约定的，应当按照约定向用人单位支付违约金。

第九十一条　用人单位招用与其他用人单位尚未解除或者终止劳动合同的劳动者，给其他用人单位造成损失的，应当承担连带赔偿责任。

3.《深圳经济特区企业技术秘密保护条例》

第三十五条　负有竞业限制义务的员工违反竞业限制约定的，应当按照约定向用人单位支付违约金……具有业务竞争关系的相关企业知道或者应当知道该员工负有竞业限制义务，仍然招用该员工的，应当承担连带责任。

# 59. 与不接触商业秘密的员工签订竞业协议是否有效？

## 【固法观点】

> 根据法律规定，用人单位并非与所有员工都可以约定竞业限制义务，《中华人民共和国劳动合同法》已明确规定竞业限制的人员限于用人单位的高级管理人员、高级技术人员和其他负有保密义务的人员。对于不接触商业秘密的人员，即使和企业签订了《竞业限制协议》，亦会因违反法律强制性规定而无效。

## 【案例分析】

李某在 2019 年 2 月入职南京某辅导公司，任职教师岗位，双方签订《劳动合同》并在合同中约定竞业限制条款。入职后，原告的主要工作内容是根据自身专业评估儿童口腔情况、制定计划和做康复训练。李某在 2019 年 10 月 31 日提出离职，随后收到公司寄出的《竞业限制义务通知书》，要求李某履行竞业限制义务。李某在 2019 年 12 月提出劳动仲裁，要求确认协议无效。

法院经审理认为，《劳动合同》中关于竞业限制的约定违反法律规定任意扩大竞业限制规则中的劳动者范围。李某作为教师依靠自身所学知识所做的具体工作不涉及公司的商业秘密，而且公司对其主张的"商业秘密"也没有采取保密措施，因此违反法律规定的必要性、限定性、合法性要求，属于不当扩大竞业限制适用范围，应被认定为无效条款。

〔案例出处：（2020）苏 0106 民初 4708 号〕

## 【法理分析】

虽然法律规定竞业限制的范围、地域、期限可以由用人单位与劳动者约定，但双方在约定时用人单位仍应当遵循必要性、限定性、合法性要求，用人单位不得利用签订劳动合同优势地位任意扩大至所有劳动者。竞业限制起源于公司法中的董事、经理竞业禁止制度，目的是防止董事、经理等利用其特殊地位损害公司利益，而非限制普通劳动者的正当就业权利。本案中李某系具有一定专业技能的普通劳动者，但公司不加区别将包括李某在内的普通劳动者纳入竞业限制劳动者范围，确有不当，亦违反竞业限制法律规则的立法目的。

竞业限制的签署人员范围形式上应当满足两个条件：1. 双方建立劳动关系，基于用人单位与劳动者之间确定，一般不宜扩大至劳动者亲属的自主择业权。2. 劳动者是负有保密义务的人员，包括高级管理人员、高级技术人员或其他人员。因此，如劳动者是不接触公司商业秘密的岗位人员，原则上不得与其签订《竞业限制协议》。

另外，实践中还出现过一种比较特别的情形，即劳动者在签订《竞业限制协议》时未接触商业秘密，在离职前因岗位变更已接触公司商业秘密。劳动者以签订协议时未接触商业秘密为由主张协议无效，法院认为劳动者在离职前已实质接触公司商业秘密，并未采纳其主张〔参见（2021）陕 0116 民初 12322 号案例〕。

## 【实操建议】

企业应尽量避免以统一格式版本的条款与全体员工签署《竞业限制协议》，否则存在被认定为格式条款而无效的法律风险。在劳动者是否负有保密义务的问题上，企业应提前完成相关证据收集工作，具体而言：

1. 与员工签订《保密协议》，明确约定员工在工作过程中将接触企业商业秘密并负有保密义务。

2. 完善企业内部商业秘密保护制度，明确商业秘密的范围及保护措施。

3. 制定明确的岗位说明书，并在对应岗位说明书中确认可能接触的保密信息范围。

4. 值得注意的是，高级管理人员并不必然属于负有保密义务的人员，在与其签订《竞业限制协议》前，同样需要考虑执行前述相关措施。

## 【法规索引】

《中华人民共和国劳动合同法》

第二十三条　对负有保密义务的劳动者，用人单位可以在劳动合同或者保密协议中与劳动者约定竞业限制条款，并约定在解除或者终止劳动合同后，在竞业限制期限内按月给予劳动者经济补偿。

第二十四条 竞业限制的人员限于用人单位的高级管理人员、高级技术人员和其他负有保密义务的人员。竞业限制的范围、地域、期限由用人单位与劳动者约定，竞业限制的约定不得违反法律、法规的规定。

# 60. 违反竞业限制协议的仲裁时效是多久？

## 【固法观点】

　　根据法律规定，一般仲裁时效为一年，自当事人知道或应当知道之日起计算，在竞业限制纠纷中同样适用。具体而言，劳动者应当在自企业拒不支付补偿金之日起一年内主张，对超出一年的部分不予支持；企业应当在知道或应当知道劳动者违约事实之日起一年内主张，否则视为超过仲裁时效。

## 【案例分析】

　　案例一：范某在 2013 年 4 月入职广州某生物科技公司，担任销售，双方签订的劳动合同中约定，范某承诺在任职期间需遵守竞业限制义务，如违反需向公司赔偿 10000 元。任职期间，范某担任广州某仪器设备公司的监事，两公司之间存在同业竞争关系。2018 年 3 月 30 日双方解除劳动关系，范某在 4 月 12 日以其监事所在公司名义向原公司采购产品。此后，原公司在 2019 年 5 月 29 日提起仲裁请求，要求认定范某存在违反在职竞业限制的行为，需赔偿 10000 元。

　　法院审理认为，范某在原公司处任职期间担任同业竞争公司的监事确实违反了劳动合同的约定，但自 2018 年 4 月 12 日范某即以该公司名义向原公司采购产品，且其在该公司担任职务信息均可通过公开信息查询得知。故 2018 年 4 月 12 日即为原公司知道或者应当知道其权利受到侵害之日，原公司于 2019 年 5 月 29 日提出仲裁申请，要求范某支付其赔偿 10000 元已超过一年仲裁时效。

〔案例出处：（2020）粤 0104 民初 1284 号〕

　　案例二：舒某在 2018 年 5 月入职广州某卫生用品公司，担任海外分公司总经理，双方签订劳动合同及《保密及同业禁止协议》，就舒某的离职竞业限制义务进行明确约定。2018 年 8 月 16 日双方解除劳动合同。舒某在 2021 年 2 月 3 日提起劳动仲裁，要求公司支付 2018 年 8 月 17 日至 2020 年 8 月 16 日间的竞业限制补偿金。

法院审理认为，舒某与公司的劳动关系自 2018 年 8 月 16 日起解除，依照保密协议的约定，竞业限制期限为自 2018 年 8 月 16 日起至 2020 年 8 月 15 日止，公司在该期间内按月支付舒某竞业限制的经济补偿金。按正常理解，应为在竞业限制期限内每月支付。故舒某自双方劳动关系解除之日起的次月，即 2018 年 9 月起理应知悉公司未有按照保密协议约定履行竞业限制补偿金的支付义务。舒某直至 2021 年 2 月 3 日才就竞业限制补偿金主张权利，其在 2020 年 2 月 4 日前的竞业限制补偿金已超过一年仲裁时效。

〔案例出处：（2022）粤 01 民终 3745、3746 号〕

## 【法理分析】

劳动争议案件的仲裁时效与一般民商事案件不同，适用《中华人民共和国劳动争议调解仲裁法》第二十七条的规定。对于竞业限制追责问题仲裁时效的解释和适用，一般有以下两种观点：

1. 适用一般仲裁时效原则即一年，以当事人知道或者应当知道其权利被侵害之日起计算。

2. 适用特殊仲裁时效原则，将企业拖欠竞业限制补偿金视为拖欠劳动报酬的行为，自竞业限制期满起计算一年。

目前司法实践中基本按照观点 1 进行裁审，原因在于竞业限制补偿金性质上是企业基于劳动者履行竞业限制义务的一种补偿而非劳动报酬，因而不适用特殊仲裁规则。此时，法院一般根据双方约定的补偿金支付周期（原则上为每月一次）分别独立计算一年的仲裁时效，最后呈现的结果则是以劳动者实际主张权利之日起倒推一年内的可得补偿金作为支持范围，对于倒推超出一年部分的补偿金认定超出仲裁时效。

对于用人单位而言，在知道或应当知道劳动者违反竞业限制义务之日起仲裁时效即已开始计算，如用人单位超过一年怠于主张权利亦会被认定为超过仲裁时效。如何判断企业知道或应当知道劳动者违反竞业限制义务呢？实践中，如劳动者就此提出仲裁时效抗辩，应当承担对应举证责任以证明企业在某个时间节点即已知道劳动者的违约事实。在双方都无证据证明的情况下，如企业确实是在竞业限制期满后才发现劳动者存在违约行为的，原则上仲裁时效不得超过竞业限制期满后一年。

## 【实操建议】

仲裁时效抗辩是基于对方怠于履行其自身权利的一种被动抗辩技巧，由于具有不稳定性和不确定性，不建议作为处理某个问题的唯一手段或预案。此外，在案例审理过程中，仲裁员及法官均不会主动进行时效审查或提醒当事人提出时效抗辩，因此如出现仲裁时效问题应当立即提出且只能在仲裁阶段提出，当案件进入一审或二审后，法院将不再采纳仲裁时效抗辩。

对于权利主张方，亦要警惕仲裁时效问题，避免因超过仲裁时效而失去胜诉权利，在确实无法及时提起劳动仲裁的情形下，亦可考虑通过向相对方主张权利的方式中断仲裁时效。

## 【法规索引】

《中华人民共和国劳动争议调解仲裁法》

第二十七条 劳动争议申请仲裁的时效期间为一年。仲裁时效期间从当事人知道或者应当知道其权利被侵害之日起计算。

前款规定的仲裁时效，因当事人一方向对方当事人主张权利，或者向有关部门请求权利救济，或者对方当事人同意履行义务而中断。从中断时起，仲裁时效期间重新计算。

因不可抗力或者有其他正当理由，当事人不能在本条第一款规定的仲裁时效期间申请仲裁的，仲裁时效中止。从中止时效的原因消除之日起，仲裁时效期间继续计算。

劳动关系存续期间因拖欠劳动报酬发生争议的，劳动者申请仲裁不受本条第一款规定的仲裁时效期间的限制；但是，劳动关系终止的，应当自劳动关系终止之日起一年内提出。

# 61. 在职竞业限制是否需支付经济补偿金或可以要求员工支付违约金？

## 【固法观点】

用人单位要求劳动者在任职期间承担竞业限制义务的，可以与劳动者就相关问题签署竞业限制义务条款，同时可约定用人单位无需对其支付在职竞业限制经济补偿金，如劳动者违反对应在职竞业限制义务的，亦可以约定由劳动者承担合理的违约金。

## 【案例分析】

林某在 2014 年 8 月入职深圳某集团公司，任职医疗健康事业部总裁，后任职集团某公司总经理。双方签订《竞业限制及保密协议》，约定林某在职期间需遵循竞业限制义务，如有违反公司可立即解除劳动合同并要求支付违约金 10 万元。此后，林某在 2015 年 6 月与他人共同出资设立某投资公司并担任监事，在 2016 年至 2018 年陆续出资设立公司或担任其他公司高级管理人员。

2018 年 12 月，集团公司单方解除林某劳动合同，并提起劳动仲裁要求林某支付违反《竞业限制及保密协议》的违约金 10 万元。

法院经审理认为，林某的行为违反了劳动者对用人单位忠诚的义务，亦违反了双方签订的《竞业限制及保密协议》的约定，应当向集团公司支付违反《竞业限制及保密协议》的违约金 10 万元。

〔案例出处：（2020）粤 03 民终 23 号〕

## 【法理分析】

根据《中华人民共和国劳动合同法》中关于竞业限制协议的约定可知，竞业限制义务主要针对的是负有保密义务的劳动者在离职后应承担义务的情形，并不涉及劳动者在职期间的竞业限制义务。因此，我们需要判断第一个问题，用人单位与劳动者之间是否可以约定在职竞业限制义务。

首先，根据《中华人民共和国劳动法》的规定，劳动者的主要义务是为用人单位提供劳动，并遵守劳动纪律和职业道德。此时，用人单位要求劳动者在职期间履行竞业限制义务，是属于对劳动者主义务的附随义务要求。基于诚实、忠诚原则，如劳动者在职期间确实掌握用人单位相关商业秘密，是负有保密义务的人员，在职竞业限制的附随义务更是属于基于保护商业秘密的一种法定义务。

其次，用人单位是否需就在职竞业限制义务支付经济补偿金呢？离职后竞业限制补偿金的主要作用在于保障劳动者无法从事竞业限制工作后的生活权益，是对于限制劳动者自主择业权的补偿。但在职竞业限制义务的遵守并不会导致劳动者失去获得劳动报酬的权益，在劳动合同履行期间与用人单位支付的其他工资待遇不会发生冲突，亦不会损害劳动者的正常收益和生活。最关键的是作为附随义务履行在职竞业限制是劳动者所负忠诚、勤勉义务的具体体现，在很大程度上是职业道德的内容，因此用人单位并不必须向其支付对应的经济补偿金。

最后，关于违约金问题。诚然《中华人民共和国劳动合同法》第二十三条是关于离职竞业限制义务履行的相关规定，但并不必然意味着违约金的约定只能适用于离职之后的竞业限制义务。在职竞业限制义务是法定义务，而离职后的竞业限制义务是约定义务，在法律未作明确规定的情况下，从竞业限制制度设置的目的来看，应当对违约金的适用作扩张解释，即当约定义务可约定违约金时，在职竞业限制的法定义务亦应该可以约定违约金。同时，采用违约金条款，一方面可以约束劳动者，另一方面亦可以让劳动者补偿因实施了竞业限制行为给用人单位造成的损失，以避免在职竞业限制条款失去震慑力及约束力。

## 【实操建议】

在职竞业限制义务虽说是法定义务，但仍建议企业通过书面方式与劳动者明确约定有关条款，对劳动者需要承担的在职竞业限制内容进行明确的要求及约定，在表述上可适当与离职竞业限制义务进行区分，以避免被错误理解。

关于违约金设置问题，建议为避免有失公平，不宜设置过高的违约金而被法院认定为无效或需调整，亦不宜设置过低而失去其本身的震慑作用。企业可根据员工的工资水平及年度收入情况，约定总数在年收入工资总额三至五倍的违约金，并设置实际损失赔偿的兜底条款。

## 【法规索引】

《中华人民共和国劳动合同法》

第二十三条 对负有保密义务的劳动者，用人单位可以在劳动合同或者保密协议中与劳动者约定竞业限制条款，并约定在解除或者终止劳动合同后，在竞业限制期限内按月给予劳动者经济补偿。

# 62. 原单位能否要求违反竞业限制协议员工与新单位解除劳动关系？

## 【固法观点】

企业与员工签署《竞业限制协议》后，如员工违反竞业限制义务，除应支付协议约定的违约金外，企业当然有权要求员工立即停止违约行为并继续履行《竞业限制协议》。但是《劳动合同》作为新用人单位与员工订立的有效协议，原用人单位并不能直接要求劳动者与新单位解除劳动关系。

## 【案例分析】

赵某在 2019 年 6 月入职某房产中介公司，担任总经理，入职时签订《劳动合同》，其中约定赵某离职后需履行 24 个月的竞业限制义务。2020 年 5 月赵某因个人家庭原因离职，中介公司短信通知其履行竞业限制义务并按月支付补偿金。

此后，中介公司发现赵某在某房产交易平台公司工作，遂提起劳动仲裁要求赵某返还竞业限制补偿金、支付违约金并立即停止违反竞业限制的违约行为，继续履行竞业限制义务。

法院经审理认为，赵某确实存在违反竞业限制义务的行为，公司基于双方约定要求赵某停止违约行为，继续履行竞业限制义务，返还已收到的竞业限制经济补偿金，并支付竞业限制违约金并无不当，予以支持。

〔案例出处：（2022）京 01 民终 4746 号〕

## 【法理分析】

《竞业限制协议》作为企业与劳动者签署的有效合同，可以就竞业限制履行的期限进行约定，一般不超过 2 年。在 2 年的期限内，劳动者若出现违反竞业限制义务的行为属于违约，但不会导致协议解除。因此，在企业以劳动者违约行为主张违约责任后，企业是有权要求劳动者停止其违约行为并在剩余的竞业限制期限内继续履行竞业限制协议的。只是在实践中，由于企业通常无法及时知悉劳动者存在违约事实或诉讼程序问题，生效判决认定劳动者违反竞业限制协议时往往竞业限制期限已届满，此时再行要求劳动者履行竞业限制协议已无合同依据，因此一般企业很少主张要求劳动者继续履行竞业限制协议。

如果企业要求劳动者停止侵权行为获得法院支持，是否意味着企业有权进一步要求劳动者解除与新用人单位的劳动合同呢？诚然，如劳动者已被认定与新用人单位建立劳动关系的行为违反竞业限制协议，在剩余竞业限制期内继续履行竞业限制义务必然意味着不能与该新用人单位保持劳动关系。但由于《劳动合同》本质上属于民事合同，根据《中华人民共和国民法典》相关规定，《劳动合同》是由劳动者与新用人单位签订的双务合同，基于合同相对性原则以及《中华人民共和国劳动合同法》关于劳动合同解除已设置法定解除情形，原用人单位不得直接要求劳动者与新用人单位解除或终止劳动合同。

此时，在法院作出劳动者需立即停止违约行为的生效判决后，劳动者应自觉履行该判决结果，采取合法方式解除与新用人单位的劳动合同。固法律师认为，如劳动者拒不解除劳动合同的，原用人单位可将此视为劳动者再次违反竞业限制协议，并以此作为一个新的违约行为另行提起劳动仲裁追究劳动者的违约责任。

## 【实操建议】

企业为保障自身权益，可在与员工签署的《竞业限制协议》中明确约定，企业有权在员工违反竞业限制协议后要求员工立即停止违约行为并继续履行竞业限制协议，如员工拒不履行的可视为进一步严重违约，适当调整违约金的幅度，以加强协议的震慑作用。

## 【法规索引】

### 《中华人民共和国劳动合同法》

第二条　中华人民共和国境内的企业、个体经济组织、民办非企业单位等组织（以下称用人单位）与劳动者建立劳动关系，订立、履行、变更、解除或者终止劳动合同，适用本法。

# 63. 保密协议可以约定违约金吗？

## 【固法观点】

用人单位与劳动者在保密协议中关于违约金的约定是否有效？若劳动者违反保密义务，应当承担相应的责任，同时，责任的承担并不以对用人单位造成损害为前提。当然，考虑到用人单位与劳动者的地位差异，法院在裁判时亦会考虑泄密行为性质的严重程度相应调整违约金的数额。因此，在保密协议中约定违约金的，也应考量员工接触商业秘密信息的重要程度以及泄漏程度来确定违约金数额。

## 【案例分析】

闵某于2019年3月25日入职某汽车技术开发公司（以下简称技术公司），双方签订了书面《劳动合同》，闵某在合同的最后一页签名确认保守公司秘密，合同期限为2019年3月25日至2022年3月25日，工作岗位为软件工程师。当天，双方另外签订了《保密协议》："第一条，保密内容。4.甲方的技术秘密，包括产品设计思路、软件和硬件设计、产品图纸、生产模具、工程设计图、生产制造工艺、制造技术、技术数据与诀窍、专利技术、科研成果（包括阶段性成果），以及客户提供的技术资料和样品等。""第三条，乙方的保密义务。1.……（3）未经甲方同意不得以泄露、告知、公布、发布、出版、传授、转让或者其他任何方式使任何第三方知悉属于甲方或属于第三方但甲方承诺有保密义务的技术秘密或其他商业秘密信息的机密性。""第六条，违约责任。1.乙方如违反本合同任一条款，应当一次性向甲方支付违约金，违约金总额为乙方违约前三个月的总工资。如因乙方前款违约给甲方造成损失的，乙方在依约支付违约金的同时，还应当赔偿甲方因此所遭受的损失。"

在工作期间，闵某通过 QQ 群发送了含有技术公司软件部分代码的截图，技术公司认为其行为泄露了公司的技术秘密，违反了双方签订的《保密协议》，因此产生纠纷。另，闵某于 2019 年 6 月 4 日离职。

二审法院深圳市中级人民法院认为，技术公司与闵某签订了含有保密条款的《劳动合同》和《保密协议》，闵某应当保守公司技术秘密，不得泄密。但其在工作期间，向 QQ 群发送了含有公司软件部分代码的截图，披露了公司的技术秘密。无论其真实动机如何或上述行为是否对公司造成了实际损害，违反保密义务的行为人应当为此承担责任并付出代价。但由于《保密协议》关于违约条款的约定，客观上用人单位处于优势地位，劳动者较难存在协商空间。若依该条款确定违约金数额，则与其泄密行为性质的严重程度不相适应，故法院对违约金的数额应酌情予以判定。

闵某不服，向广东省高级人民法院申请再审，广东省高级人民法院经审查认为二审法院的判决并无不当，裁定驳回了闵某的再审申请。

〔案例出处：（2020）粤 03 民终 5301 号，（2020）粤民申 9501 号〕

## 【法理分析】

《中华人民共和国劳动合同法》第二十三条同时规定了保密义务与竞业限制，并规定了劳动者违反竞业限制约定的应当向用人单位支付违约金，但未规定劳动者违反保密义务时应向用人单位支付违约金。故此，不少人认为，用人单位与劳动者约定由劳动者承担违约金的情形仅限于违反服务期与竞业限制，不包括违反保密义务。但深圳市中级人民法院的判决以及广东省高级人民法院的裁定均阐明，保密协议中约定违约金条款是有效的，如劳动者违反了协议内容，则用人单位可以基于条款内容要求劳动者支付违约金。

劳动合同法语境下的保密协议是指用人单位与员工签订的，约定员工在职期间或离职后应保守用人单位的商业秘密和与知识产权相关的保密事项的协议。保密协议的内容通常需要包括保密信息的范围、保密期限、保密主体等。商业秘密对于用人单位具有极高的商业价值，可带来经济效益，保护商业秘密是企业共识，采取有效手段防止劳动者泄漏商业秘密，是应有之义。用人单位与劳动者在达成共识后订立的保密协议，应当受到法律保护。由此可见，虽双方为劳动关系，但是保密协议的合同性质仍然生效，双方均应在协议框架内承担合同义务。设置有效的违约金条款可以保证劳动者切实履行保守用人单位商业秘密的义务。

## 【实操建议】

### 一、对于企业的建议

1. 订立保密协议时，用人单位应当尽可能列举有效商业秘密范畴，覆盖劳动者可能接触的商业秘密内容，以便在发生信息泄漏时可对照保密协议内容精确指出劳动者的违约行为，为后续可能的劳动仲裁或诉讼做好应对准备。

2. 在设置违约金条款时，应当合理且可以执行。如设置过高的违约金条款或过于模糊笼统的赔偿条款，不利于仲裁或诉讼过程中裁判者进行有效的判断并作出决定。

3. 基于劳动关系产生的违约责任与赔偿责任认定中，用人单位会承担更严格的举证义务。因此，用人单位认为劳动者违反保密协议的，应当对于劳动者的违约行为、单位损失、因果关系的证明进行完备的准备，存留证据，为提供完整证据链打好基础。

### 二、对于劳动者的建议

1. 劳动者在与用人单位签订保密协议时，应当仔细留意条款内容，明确应当保密的具体事项及自身可能涉及的公司商业秘密，避免因条款内容过于宽泛而增加违约风险。

2. 劳动者认为违约金条款设置过高或不合理的，应当及时提出，要求适当降低，避免因此而承担过重的违约责任。

## 【法规索引】

《中华人民共和国劳动合同法》

第二十三条　用人单位与劳动者可以在劳动合同中约定保守用人单位的商业秘密和与知识产权相关的保密事项。

对负有保密义务的劳动者，用人单位可以在劳动合同或者保密协议中与劳动者约定竞业限制条款，并约定在解除或者终止劳动合同后，在竞业限制期限内按月给予劳动者经济补偿。劳动者违反竞业限制约定的，应当按照约定向用人单位支付违约金。

第二十五条　除本法第二十二条和第二十三条规定的情形外，用人单位不得与劳动者约定由劳动者承担违约金。

# 64．劳动合同期满但服务期未满如何处理？

## 【固法观点】

劳动者与用人单位签订了劳动合同，也签订了专项培训服务期协议，当劳动合同期满而服务期未满的，根据法律规定劳动合同应当延续至服务期满，劳动者拒绝延续劳动合同而终止劳动关系的，须承担支付违约金的法律责任。同时，根据相关司法判例，虽然法律规定劳动合同应当延续至服务期期满，但并非劳动合同的法定自然延续，若用人单位在延续的服务期内未与劳动者续签劳动合同，可能承担未签订劳动合同支付二倍工资的法律风险。

## 【案例分析】

案例一：在"中国人民武装警察部队四川省总队医院与邹某某劳动争议一审民事判决"中，乐山市市中区人民法院审查认定，劳动合同到期服务期未满劳动者经劳动合同终止不续签劳动合同的支付违约金。2014 年 7 月 15 日，原告与被告签订《劳动合同书》。2014 年 11 月 24 日，原告与被告签订《住院医师规范化培训协议书》，协议第三条"双方的特殊约定"第 4 款约定："培训结束后，乙方应为甲方积极工作满捌年，否则乙方应承担违约责任。"原告已履行对被告的专业技术培训义务。但被告服务期未满却不再与原告继续签订劳动合同的行为，违反了双方签订的培训协议中关于服务期 8 年的特别约定，被告的行为已构成违约。应当按照约定向用人单位支付违约金。

〔案例出处：（2021）川 1102 民初 3700 号〕

案例二：根据"浙江江南工程管理股份有限公司与崔某某劳动争议一审民事判决"，劳动合同到期服务期未满未续签劳动合同的支付二倍工资。双方签订期限自 2007 年 12 月 26 日起至 2010 年 12 月 25 日止的劳动合同。合同第八条还约定，崔某某在职期间由公司出资对崔某某进行的专业培训，均约定服务期限为五年。在劳动合同到期后，双方没有续签劳动合同。2011 年 11 月 28 日，崔某某向杭州市劳动争议仲裁委员会申请仲裁要求公司支付未续签劳动合同的二倍工资 53505.75 元。杭州市西湖区人民法院认为，根据《中华人民共和国劳动合同法》第八十二条规定，用人单位自用工之日起超过一个月不满一年未与劳动者订立书面劳动合同的，应当向劳动者每月支付二倍的工资。

〔案例出处：（2012）杭西民初字第 294 号〕

## 【法理分析】

当用人单位与劳动者签订了劳动合同，又签订了服务期协议时，存在两个期限一致或不一致的可能性，于是就产生了不同状况以及不同的法律后果：

（1）服务期与劳动合同相同。在这种情况下，劳动合同和服务期均期满，劳动关系自然终止，双方不会产生法律纠纷，劳动者不需要承担违约责任。但是，在用人单位无过错的情况下劳动者在服务期未满之前解除劳动合同，应当承担支付违约金的法律责任。

（2）服务期短于劳动合同期限。一般情况下，既然服务期短于劳动合同期，服务期先于劳动合同期届满，一般也就不存在劳动者违反服务期协议的情况。但是，同样可能在用人单位无过错的情况下劳动者在服务期未满之前解除劳动合同，劳动者应当承担支付违约金的法律责任。

（3）服务期长于合同期限。这种情况下，服务期的约定可视为双方对合同期限的延长，劳动合同顺延至服务期满，但双方应当续签劳动合同至服务期满。但劳动合同期满，用人单位不提供工作岗位，视为放弃剩余服务期的权利，劳动关系终止。此外，服务期的约定是法律对用人单位的保护，因此劳动合同到期后用人单位可以不再延长服务期。但是，劳动合同期满由于劳动者不延长服务期而终止劳动关系的，则应当承担违约责任。

（4）对服务期没有特别约定。《劳动部办公厅关于试用期内解除劳动合同处理依据问题的复函》规定："如果试用期满，在合同期内，则用人单位可以要求劳动者支付该项培训费用；没有约定服务期的，按劳动合同等分出资金额，以职工已履行的合同期限递减支付。"因此，如果用人单位为劳动者提供特殊培训或特殊福利待遇，但对服务期没有特别约定的，劳动者提前解除劳动合同时，应按比例支付违约金。虽然有此规定，但是实务中存在争议。

需要注意的是，虽然法律规定劳动合同应当延续至服务期满，但是法律并未禁止劳动者根据《中华人民共和国劳动合同法》第三十七条无理由解除劳动关系的权利，当然，在这种情况下，劳动者要承担违约责任。因此，当劳动者决意解除劳动关系，服务期并不一定能达到用人单位提供专项培训就能留下劳动者为己所用的效果。如果劳动者没有主动辞职，却有严重违反用人单位的规章制度等过错行为的，实质是在通过自己的过错行为"逼迫"用人单位辞退他，此时劳动合同以及服务期协议不能继续履行的过错在劳动者一方，不能免除劳动者的违约责任。

相反，根据《中华人民共和国劳动合同法》第三十八条，如果劳动者是因为用人单位的过错行为而被迫辞职，比如用人单位未及时足额支付劳动报酬或者未依法为劳动者缴纳社会保险等，劳动合同以及服务期协议不能继续履行的过错在用人单位这一方，不属于违反服务期的约定，用人单位不得要求劳动者支付违约金。《劳动合同法实施条例》第二十六条的规定也明确了这一点。

## 【实操建议】

对用人单位而言，根据服务期长短采取相应的对策：

1. 当服务期等于或短于劳动合同期的，约定双方提前协商解除劳动合同或因劳动者原因提前解除劳动合同的，劳动者应当支付违反服务期协议的违约金。

2. 当服务期长于劳动合同期的，为避免因未签订劳动合同支付二倍工资，可以签一个劳动合同的补充协议，约定本劳动合同期满服务期未满的，劳动合同自然延续至服务期满。

3. 为保证当用人单位对劳动者的工作能力和表现不满意的，劳动合同到期时有终止劳动合同的主动权，需要在签订服务期协议时约定劳动合同到期时有权放弃剩余服务期。

对劳动者而言，在用人单位对其提供专项培训服务需要约定服务期的，而本身并无意在该企业长久劳动、可能提前离职，就要考虑违反服务期协议的违约成本是否能够承担。

## 【法规索引】

1.《中华人民共和国劳动合同法实施条例》

第十七条　劳动合同期满，但是用人单位与劳动者依照劳动合同法第二十二条的规定约定的服务期尚未到期的，劳动合同应当续延至服务期满；双方另有约定的，从其约定。

2.《中华人民共和国劳动合同法》

第八十二条 单位自用工之日起超过一个月不满一年未与劳动者订立书面劳动合同的，应当向劳动者每月支付二倍的工资。

3.《上海市劳动和社会保障局关于实施〈上海市劳动合同条例〉若干问题的通知（二）》

三、关于约定的服务期限长于劳动合同期限问题：劳动合同当事人按照《条例》第十四条规定，约定的服务期限长于劳动合同期限的，劳动合同期满用人单位放弃对剩余服务期要求的，劳动合同可以终止，但用人单位不得追索劳动者服务期的赔偿责任。劳动合同期满后，用人单位继续提供工作岗位要求劳动者继续履行服务期的，双方当事人应当续订劳动合同。因续订劳动合同的条件不能达成一致的，双方当事人应按原劳动合同确定的条件继续履行。继续履行期间，用人单位不提供工作岗位，视为其放弃对剩余服务期的要求，劳动关系终止。

# 65. 用人单位提供了物质或非物质利益可否约定服务期?

## 【固法观点】

现实中用人单位为留用人才,除支持劳动者专业技术培训之外,通过提供房子、借款、股票期权甚至办理落户等物质或非物质利益已日渐普遍。特殊待遇激励能否约束劳动者离职,用人单位和劳动者就特殊待遇约定服务期的效力如何?

劳动合同法允许用人单位与劳动者约定试用期、培训、保守秘密、补充保险和福利待遇等其他事项,也未禁止就培训之外的利益约定服务期。但劳动合同法明确除违反培训服务期约定与竞业限制约定之外,用人单位不得与劳动者约定由劳动者承担违约金,实践判例对此也鲜有突破,因此,建议用人单位就提供物质或非物质利益并约定服务期时,应当审慎考虑违约责任,以避免约定无效。

## 【案例分析】

案例一:汪某于 2011 年入职某理财顾问公司,双方签订了为期 2 年的劳动合同。2012 年双方签订了《非京籍员工落户办理协议书》,载明该公司办理汪某的非北京户籍员工的落户手续等有关事宜,汪某对公司有三年的服务期,自双方签订合同之日起开始计算。若非该公司原因,汪某提出中断、终止劳动合同的,须向该公司支付补偿金 3 万元。2013 年 10 月汪某向该公司提出辞职后未再提供劳动。该理财顾问公司便以汪某违反双方签订的落户协议为由要求汪某支付违约金 3 万元。

法院认为,双方当事人签订的《非京籍员工落户办理协议书》关于汪某未履行完毕劳动合同应向该理财顾问公司支付 3 万元违约金的约定,违反了《中华人民共和国劳动合同法》第二十五条的规定，属于无效条款，故对该公司要求汪某支付 3 万元违约金的诉讼请求不予支持。

〔案例出处：（2014）一中民终字第 07968 号〕

案例二：2003 年 7 月张某入职某电器公司，担任总裁助理一职。2006 年 2 月，原、被告签订《住房补贴合同》一份，约定由公司支付张某住房补贴 80000 元，张某必须为公司服务八年。同时，该合同中还约定如果八年服务期未满，张某提出离职或因重大违纪、违法被单位除名、辞退的构成违约，张某应全额赔偿公司出资的住房补贴费。2010 年 9 月，张某因个人原因向公司提出辞职，公司要求返还住房补贴。张某提起仲裁，认为劳动合同法仅规定用人单位为劳动者提供专项培训费用，对其进行专业技术培训的，可以与该劳动者订立协议，约定服务期及违约金，而本案公司向张某发放的住房补贴显然不属于专项培训费用，故公司不得与张某约定服务期，现其要求张某承担违约责任于法无据，请求免于返还住房补贴。

法院认为，劳动合同法作为雇员受益法，调整的是强势单位与弱势雇员之间的社会关系，其通过倾斜立法的方式赋予弱势雇员一定的利益、适度限制雇主的权利，目的是促使个别劳动关系实现相对平等。但本案劳动者在用人单位系高级管理人员，其本身就已具有较高的社会经济地位、职业技能及与用人单位进行议价的能力，已非一般意义上的弱势劳动者，因此，劳动法律规范对其进行调整不应再过多给予倾斜，应更强调双方当事人之间的平等协商和诚实信用，遂判决张某返还公司全部住房补贴 80000 元。

〔案例出处：（2011）普民一（民）初字第 1312 号〕

## 【法理分析】

公民、法人的合法权益受法律保护。服务期是劳动合同当事人在劳动合同或者其他协议中约定的劳动者应当为用人单位服务的期限。法律之所以规定服务期，是因为用人单位对劳动者有特殊投入，导致劳动者获得利益。因此，用人单位履行了这种特殊义务后，应当允许双方设置服务期作为劳动者的相应义务。这其实是在正常劳动合同关系基础上，双方形成的又一种新的对价关系，双方由此形成书面协议，并不违反法律规定，且系当事人真实意思表示，故应为有效。

同时，用人单位与劳动者的服务期约定不能违反强制性规定。劳动合同法明确除违反培训服务期约定与竞业限制约定之外，用人单位不得与劳动者约定由劳动者承担违约金。换言之，用人单位提供了物质或非物质利益约定服务期有效，但不能据此在劳动者违约时向其主张违约金。

在北京市海淀区人民法院发布的《2015年度劳动争议审判情况白皮书》中提到："司法实践中，愈来愈多的用人单位要求劳动者支付违约金的案件进入诉讼视野，其中劳动者一方多为高级管理人员或稀缺型、精英型技术人员。用人单位据以主张支付违约金的情形，常见于上述劳动者在用人单位为其解决户籍或住房问题后离职、未办理离职手续、未遵守竞业限制义务、或接受专项培训后未履行服务期约定等。其中用人单位败诉的案件中，部分用人单位系因未举证证明劳动者存在'违约'情形，部分用人单位系因与劳动者约定的违约金条款违反了我国劳动合同法第二十五条的禁止性规定，按照法律规定只有违反培训服务期约定和违反竞业限制约定时，劳动者才应按照约定支付违约金。除以上两种情形之外，用人单位不得与劳动者约定由劳动者承担违约金。"

此外，《中华人民共和国劳动合同法》第二十二条规定劳动者违反培训服务期的违约金的数额不得超过用人单位提供的培训费用。在当前检索到的其他类型服务期争议案件中，即使支持劳动者承担违约责任，也仅限于返还特殊激励待遇，未检索到有对劳动者作出惩罚性赔偿的判例，可见培训服务期违约金上限在其他类型服务期争议中也会被参照考虑。

## 【实操建议】

用人单位为提升人才吸引力，可以通过提供物质或非物质利益并与劳动者约定服务期，建议用人单位应当就前述利益及服务期与劳动者订立书面协议，对违约情形、违约责任作出清晰的约定。

同时，在违约责任条款的设置上应避免采取违约金的方式，可以约定劳动者返还物质或非物质利益或承担损失赔偿责任。

## 【法规索引】

《中华人民共和国劳动合同法》

第十七条　劳动合同除前款规定的必备条款外，用人单位与劳动者可以约定试用期、培训、保守秘密、补充保险和福利待遇等其他事项。

第二十二条　用人单位为劳动者提供专项培训费用，对其进行专业技术培训的，可以与该劳动者订立协议，约定服务期。

劳动者违反服务期约定的，应当按照约定向用人单位支付违约金。违约金的数额不得超过用人单位提供的培训费用。用人单位要求劳动者支付的违约金不得超过服务期尚未履行部分所应分摊的培训费用。用人单位与劳动者约定服务期的，不影响按照正常的工资调整机制提高劳动者在服务期期间的劳动报酬。

第二十五条　除本法第二十二条和第二十三条规定的情形外，用人单位不得与劳动者约定由劳动者承担违约金。

第六部分

新业态灵活用工合规

# 66. 新就业形态劳动用工模式下劳动关系如何认定？

## 【固法观点】

"直播带货"网络主播作为新就业形态劳动者，其网络主播的劳动关系认定依然适用传统劳动关系人格从属性、经济从属性的判断标准，即可以从直播的时间、空间、内容及收益分配方式分析双方是否存在劳动关系，利用劳动关系法律特征进行辨析。当网络主播同时具有人格从属性和经济从属性时，可以认定其与企业之间构成劳动关系，反之则可认定为合作模式。

## 【案例分析】

2019 年 6 月，某传媒公司与李某签订《艺人签约独家经纪合同》，约定李某为该公司的签约艺人，李某每天工作八小时，在钉钉打卡考勤，根据公司安排完成短视频的拍摄，公司每月向李某发放"工资"，并按公司规定比例分配收益。后李某提起劳动仲裁，主张确认劳动关系及要求公司支付经济补偿。

法院认为，传媒公司对李某实行考勤管理，决定李某的工作内容、工作步骤、工作成果的展示方式，拥有李某的工作成果，同时对收益分配进行了规定，向李某发放工资。李某遵守公司的各项规章制度，对工作内容、步骤、成果等都没有决定权、控制权和主动权，其工作构成了传媒公司的业务组成部分。双方实际履行的内容符合劳动关系的法律特征，遂判决双方构成劳动合同关系。

〔案例出处：（2022）粤 0111 民初 16569 号〕

## 【法理分析】

随着社会高速发展，新就业形态劳动者用工问题愈发突出，其所引发的劳资纠纷更为复杂。与传统的用工模式相比，新就业形态用工模式易致劳动者与用工单位之间的法律关系不明晰，尤以劳动关系认定最为疑难。

劳动关系具有从属性特征，具体可分为人身从属性、组织从属性和经济从属性。经济从属性是指劳动者通过付出劳动力以换取劳动报酬的行为；组织从属性和人身从属性即劳动者进入用人单位，将自己的劳动力交由用人单位支配、服从用人单位的指挥、听从其调配、遵守其劳动纪律和规则制度的行为。在符合上述特征的情况下，往往认为具有劳动关系的特征。网络主播虽为新业态从业者，但仍应适用劳动关系的基本特征来认定是否构成劳动关系。当网络主播与平台之间同时具备人格从属性、组织从属性和经济从属性时，则认定网络主播与平台之间存在劳动关系，更有利于保障网络主播享有的合法权益，同时促进线上经济的蓬勃发展。

人格从属性是认定劳动关系最关键的一环。实践中，网络主播与平台的合作方式多种多样，虽然网络主播同样依靠平台公司获得业务收入，但网络主播在合作过程中对于演出时间、场所方面都有很大的自由度，其演出直播的内容亦无硬性要求，平台公司亦未行使实际意义上的指挥和管理，故网络主播与平台之间的人身从属性并不明显，司法实践中亦存在认定网络主播与平台之间仅存在合作、合同或服务关系。

## 【实操建议】

实务当中，平台公司应当结合自身业务需求和特点，在现有法律规定下采取合适的用工框架或合作模式。对于构成劳动关系的新业态就业人员的管理，平台公司应规范用工管理，强化责任意识：

1. 对于涉及从业人员切身利益的相关事项，平台企业应做好书面记录和资料留存。

2. 平台企业应规范企业的薪酬分配、考勤管理及奖惩机制等用工管理制度。

3. 平台企业应考虑为新业态就业人员引入商业保险福利待遇，切实完善人员安全保障。

## 【法规索引】

1.《关于确立劳动关系有关事项的通知》

一、用人单位招用劳动者未订立书面劳动合同，但同时具备下列情形的，劳动关系成立。

（一）用人单位和劳动者符合法律、法规规定的主体资格；

（二）用人单位依法制定的各项劳动规章制度适用于劳动者，劳动者受用人单位的劳动管理，从事用人单位安排的有报酬的劳动；

（三）劳动者提供的劳动是用人单位业务的组成部分。

二、用人单位未与劳动者签订劳动合同，认定双方存在劳动关系时可参照下列凭证：

（一）工资支付凭证或记录（职工工资发放花名册）、缴纳各项社会保险费的记录；

（二）用人单位向劳动者发放的"工作证"、"服务证"等能够证明身份的证件；

（三）劳动者填写的用人单位招工招聘"登记表"、"报名表"等招用记录；

（四）考勤记录；

（五）其他劳动者的证言等。

其中，（一）、（三）和（四）项的有关凭证由用人单位负举证责任。

**2.《关于维护新就业形态劳动者劳动保障权益的指导意见》**

（二）符合确立劳动关系情形的，企业应当依法与劳动者订立劳动合同。不完全符合确立劳动关系情形但企业对劳动者进行劳动管理（以下简称不完全符合确立劳动关系情形）的，指导企业与劳动者订立书面协议，合理确定企业与劳动者的权利义务。个人依托平台自主开展经营活动、从事自由职业等，按照民事法律调整双方的权利义务。

# 67. 网络主播签订艺人经纪合同是否可以认定不成立劳动关系？

## 【固法观点】

网络主播作为新就业形态劳动者，其与用人单位之间可以认定不成立劳动关系。当网络主播与用人单位之间不存在人身从属性和经济从属性时，则可以认定双方之间为民事法律关系。

## 【案例分析】

胡某与某传媒公司于2021年5月5日签订《艺人演艺经纪合同》，约定双方权利义务。合同包含经纪关系、管理关系、代理关系、直播收入分配等内容，并明确双方并非劳动关系。其中约定直播收入由胡某获得70%，某传媒公司获得30%。胡某根据合同在第三方直播平台上从事演艺主播活动，与粉丝聊天互动，靠粉丝打赏收取提成，公司对胡某进行一定的管理和约束，但对直播时间和直播地点并无明显限制。胡某诉至法院请求确认劳动关系。

法院认为，首先，胡某系完全民事行为能力人，与公司签订《艺人演艺经纪合同》，其间未提异议，应遵守合同约定。其次，从管理方式上看，胡某在直播平台从事网络直播活动，对于直播地点、直播时间段并无明显限制，直播内容是基于胡某的专业技能，双方对直播天数及直播时长的明确约定是基于《艺人演艺经纪合同》项下的合作关系应当履行的合同义务，对于人身依附性的要求较低。再次，从收益分配上看，胡某的收入与直播中获得的粉丝打赏有直接关联，某传媒公司无权决定和控制胡某的主要收入来源。最后，从工作内容上看，胡某是在第三方平台从事的网络直播活动，直播数据也是通过第三方平台获得，第三方平台的运营与某传媒公司无关，且某传媒公司无法控制第三方平台的具体工作。

综上，胡某与某传媒公司之间不符合劳动关系的法律特征，对胡某的诉请不予支持。

〔案例出处：（2017）粤 0307 民初 6503 号〕

## 【法理分析】

平台经济迅速发展，创造了大量就业机会，劳动者数量依托互联网平台就业的新就业形态大幅增加。个人在新就业形态用工中需结合实际情况，厘清用工性质，并非企业支付报酬、个人为其提供劳动，即一概认定双方存在劳动关系。但是，对于如何认定新业态就业人员与企业之间仅存在合作、合同或服务关系问题，现行劳动法律法规对此并无明文规定，难以适应新就业形态劳动者权益保护以及扶持企业经济发展，在很长一段时间内，实践中通常以法院典型案例的裁审观点作为维权的依据。

传统劳动关系通常强调用人单位在经济、管理角度对于员工的强监管，双方之间是不平等的法律关系。按照传统劳动关系认定的标准，新业态从业人员与用人单位之间存在人身从属性和经济从属性，则可认定其与企业之间构成劳动关系。然而，新业态就业人员与企业的合作方式多种多样，虽然新业态就业人员同样依靠平台公司获得业务收入，但新业态就业人员在合作过程中对于时间、场所方面都有很大的自由度，平台公司亦未行使实际意义的指挥和管理，此种情况下新业态就业人员与企业之间的人身从属性并不明显。当新业态就业人员提供劳动的自主性、独立性比从属性更为明显的时候，则认定新业态就业人员与企业之间是平等的民事法律关系更为恰当。

## 【实操建议】

实务当中，平台公司应当结合自身业务需求和特点，在现有法律规定下采取合适的用工框架或合作模式。一般而言，当网络主播与平台公司之间构成合作、合同或服务关系，平台公司能够更多地在合同条款的设置上享有更多灵活、有效的权利，比如违约金金额、竞业限制期限等。因此，平台公司在合同条款及日常管理中应注意如下事项：

1. 合同条款中应明确双方之间不产生或构成劳动关系，而是平等的合作关系、合伙关系。

2. 主播收入应体现"风险共担、盈亏自负"的合作原则，比如就粉丝的打赏收入按照一定比例进行分成，并非采取由公司固定发放薪酬的方式。

3. 日常管理中，主播的工作方式尤其在工作地点、工作时间和直播内容方面应相对灵活一些，减少"严监管"的痕迹。

## 【法规索引】

《关于确立劳动关系有关事项的通知》

一、用人单位招用劳动者未订立书面劳动合同，但同时具备下列情形的，劳动关系成立。

（一）用人单位和劳动者符合法律、法规规定的主体资格；

（二）用人单位依法制定的各项劳动规章制度适用于劳动者，劳动者受用人单位的劳动管理，从事用人单位安排的有报酬的劳动；

（三）劳动者提供的劳动是用人单位业务的组成部分。

二、用人单位未与劳动者签订劳动合同，认定双方存在劳动关系时可参照下列凭证：

（一）工资支付凭证或记录（职工工资发放花名册）、缴纳各项社会保险费的记录；

（二）用人单位向劳动者发放的"工作证"、"服务证"等能够证明身份的证件；

（三）劳动者填写的用人单位招工招聘"登记表"、"报名表"等招用记录；

（四）考勤记录；

（五）其他劳动者的证言等。

其中，（一）、（三）和（四）项的有关凭证由用人单位负举证责任。

# 68. 企业内部承包是否影响劳动关系认定？

## 【固法观点】

> 企业与员工签订业务内部承包协议并不排斥双方同时成立劳动关系。根据事实优先原则，可以依据当事人提交的入职资料、员工身份资料、工作记录等证据，判断劳动者是否接受用人单位的规章制度约束，双方是否存在人身依附性的管理与被管理关系，由此认定是否存在事实劳动关系，以维护新业态职业劳动者的权益。

## 【案例分析】

张某于 2017 年入职某货运公司当快递员。2019 年 9 月 15 日，张某在快递站点装件准备外出派件时猝死。张某的亲属向法院起诉请求确认张某与货运公司之间存在劳动关系。庭审中货运公司提供其与向某签订的承包合同和张某出具的辞职信，拟证明货运公司自 2019 年 3 月起已将部分片区发包给向某，张某于 2019 年 6 月从货运公司辞职后由向某聘请在所承包站点继续做收派件工作，故张某死亡时已经不是货运公司的员工。

法院审理认为，货运公司未提交充分证据证明其与张某的劳动关系已经解除。综合本案证据可以认定向某系货运公司的员工，其承包站点收派快递的行为属于货运公司内部经营管理方式的改变，货运公司作为独立用人主体的地位并未改变，故判决确认张某与货运公司在 2017 年 11 月 1 日至 2019 年 9 月 15 日期间存在劳动关系。

〔案例出处：（2021）粤 0111 民初 20994 号〕

## 【法理分析】

劳动关系是指用人单位招用劳动者成为其成员，劳动者在用人单位的管理下，提供劳动并由用人单位支付报酬而产生的权利义务关系。劳动者与用人单位之间存在着一种支配与服从、管理和被管理的从属关系。

内部承包关系是指企业作为发包方与其内部的生产职能部门、分支机构、职工之间为实现一定的经济目的，就特定的生产资料及相关的经营管理权达成的双方权利义务的约定。但是，内部承包只是改变企业的经营模式，不必然改变职工与企业之间存在着的一种支配与服从、管理和被管理的从属关系。

因此，劳动关系与内部承包关系之间并非完全排他。司法实践中，裁审机关在处理类似案件时，仍然以事实优先为原则，通过"穿透式的裁审思维"准确认定双方当事人之间的法律关系，并不会单纯因双方签署承包协议即否认、排斥劳动关系的存在。即使员工与企业签署《内部承包协议》，但在协议的履行过程中仍然像"普通员工"一样遵守企业的规章制度，接受企业的日常管理，利用企业所提供的设备、工具及资源开展业务，员工与企业之间仍然存在着一种支配与服从、管理和被管理的从属关系，明显区别于平等民事主体之间的承包合同时，则员工与企业之间仍然有可能被裁审机关确认存在劳动关系。值得企业注意的是，一旦企业与员工之间被认定存在劳动关系，企业可能会面临未签劳动合同二倍工资差额、违法解除劳动合同赔偿金、补缴社会保险及公积金等法律风险，且不能以内部承包协议免除或替代企业的用工责任。

## 【实操建议】

内部承包模式作为激发企业员工生产积极性的工具，对提高企业效益确有积极的作用。但是，为保障企业与员工双方的合法权益，在采取内部承包模式的时候，企业应注意是否考虑与员工同时建立劳动关系。若是，则企业应同时与员工签署《劳动合同》及《内部承包协议》，防范企业未签劳动合同致二倍工资差额、违法解除劳动合同赔偿金的用工风险。若否，则企业应将员工作为平等的供应商对待，在管理上与"普通员工"区别对待，减少支配与服从、管理和被管理的人身从属性痕迹，以书面协议所约定的权利义务规范双方之间的合作。

## 【法规索引】

**1.《关于确立劳动关系有关事项的通知》**

一、用人单位招用劳动者未订立书面劳动合同，但同时具备下列情形的，劳动关系成立。

（一）用人单位和劳动者符合法律、法规规定的主体资格；

（二）用人单位依法制定的各项劳动规章制度适用于劳动者，劳动者受用人单位的劳动管理，从事用人单位安排的有报酬的劳动；

（三）劳动者提供的劳动是用人单位业务的组成部分。

二、用人单位未与劳动者签订劳动合同，认定双方存在劳动关系时可参照下列凭证：

（一）工资支付凭证或记录（职工工资发放花名册）、缴纳各项社会保险费的记录；

（二）用人单位向劳动者发放的"工作证"、"服务证"等能够证明身份的证件；

（三）劳动者填写的用人单位招工招聘"登记表"、"报名表"等招用记录；

（四）考勤记录；

（五）其他劳动者的证言等。

其中，（一）、（三）和（四）项的有关凭证由用人单位负举证责任。

**2.《中华人民共和国劳动合同法》**

第二十六条　下列劳动合同无效或者部分无效：

（一）以欺诈、胁迫的手段或者乘人之危，使对方在违背真实意思的情况下订立或者变更劳动合同的；

（二）用人单位免除自己的法定责任、排除劳动者权利的；

（三）违反法律、行政法规强制性规定的。

对劳动合同的无效或者部分无效有争议的，由劳动争议仲裁机构或者人民法院确认。

第八十二条　用人单位自用工之日起超过一个月不满一年未与劳动者订立书面劳动合同的，应当向劳动者每月支付二倍的工资。

第八十七条　用人单位违反本法规定解除或者终止劳动合同的，应当依照本法第四十七条规定的经济补偿标准的二倍向劳动者支付赔偿金。

# 69. 股权激励收益是否可以作为劳动报酬？

## 【固法观点】

　　若股权激励建立在劳动关系基础上，并与劳动者履行劳动合同的效果（如绩效）等因素密切有关，劳动者据此获得的股权激励收益应属劳动报酬。

## 【案例分析】

　　杨某与某公司签订《限制性股票授予协议书》，约定：杨某具有获授《激励计划》规定的限制性股票的资格；某公司按《激励计划》规定对杨某进行绩效考核，若杨某未达到《激励计划》所确定的解除限售条件，某公司将按《激励计划》规定的原则，回购并注销其相应尚未解除限售的限制性股票等。2017年6月28日，杨某取得上述限制性股票，2019年7月29日，因杨某考核达标从而股票解禁，杨某获得相应收入116900元。因某公司没有提供劳动条件、没有主动支付劳动报酬，双方于2020年5月18日解除劳动关系。

　　法院经审理认为，《激励计划》建立在劳动者和用人单位存在劳动关系的基础上，且股权收益与劳动者履行劳动合同的效果（如绩效）等因素有关，因此劳动者据此获得的股权激励收益应属劳动报酬。本案中，案涉限制性股票激励收益基于杨某与某公司之间的劳动关系产生，某公司根据杨某的职务、工作性质及业绩考核等综合因素予以发放，是杨某劳动力价值的体现，应属劳动报酬。

　　股票解禁时会为劳动者带来差价收益，此收益可以货币形式体现，劳动者持有限制性股票的月份与劳动者离职前十二个月重叠部分的股票差价收益应计入经济补偿金的计算基数。本案中，杨某2017年6月28日取得案涉限制性股票，2019年7月29日股票解禁获得相应收入116900元，2020年5月离职，故某公司应向杨某支付解除劳动关系经济补偿金 151402.46 元。

〔案例出处：（2021）粤 01 民终 13145、13146 号〕

## 【法理分析】

股权激励作为一种新兴的正在被逐渐广泛应用的公司员工收益激励机制，因同时具有金融产品及股东身份象征的双重属性，导致理论及实务界对股权激励收益是否属于劳动报酬一直存在争论，司法实务中裁判不一的现象较为突出。

持"股权激励收益属于劳动报酬"立场的观点认为：1. 员工获得股权激励是基于其与公司较长时间的劳动关系及对公司的贡献和业绩，这体现了劳动关系中用人单位对劳动者基于身份关系及劳动成果予以福利或奖励的特征。2. 公司授予股权激励的目的是维持劳动关系稳定及提高激励对象工作积极性和能动性，促进公司业绩和价值提升，体现了用人单位对于劳动者激励管理的劳动关系的特征。3. 股权激励解锁条件是劳动者在劳动中的成果符合公司要求及劳动者不得损害公司利益或声誉，体现了劳动关系中用人单位对劳动者管理的典型特征。4. 股权激励解锁条件的考核事实也体现了劳动关系中劳动者接受用人单位管理的典型特征。5. 中国证券业监督管理委员会《上市公司股权激励暂行办法（试行）》【证监会司字（2005）151 号】第二十八条及财政部、国家税务总局《关于个人股票期权所得征收个人所得税问题的通知》【财税（2005）35 号】第二条第二款第一项规定体现了限制性股票性质上属于用人单位支付的附条件的具有经济性福利的薪酬，可以法定货币形式实现。

持"股权激励收益不属于劳动报酬"立场的观点认为，股权激励制度作为一种现代公司治理制度，旨在促使公司、员工之间建立以拥有业绩收益分享权为基础的激励机制，将被激励对象的利益与公司的效益相挂钩，组成利益共同体，促使被激励对象如同对待自己利益一样对待公司利益，从而为公司贡献个人最大价值。股权激励涉及的财产性收益具有不确定性，与企业经营状况和股票价格密切相关，并非企业定期支付给员工的固定工资、奖金、福利等劳动报酬。

股权激励收益是否属于劳动报酬，确需根据个案的具体情况予以具体分析。如果股权激励系基于劳动者与企业之间的劳动关系产生，且股权激励的兑现、发放与双方之间的劳动关系存在密不可分的联系，系企业为引进高级管理人才自愿作出的激励和补偿，应当视为企业给予劳动者除基本工资外的附加报酬。

## 【实操建议】

股权激励是企业以股权用来激励高级管理人员或优秀员工的一种方法，核心目的是激励和留住核心人才，属于一种长期激励机制。股权激励收益是否属于劳动报酬，取决于股权激励方案的具体设计。在股权激励方案的设计过程中，必须充分考虑股权激励方案出现争议时的解决机制。若考虑定义股权激励收益为劳动报酬的，则股权激励收益的支付条件必须与员工的在职状态、绩效（业绩）表现相挂钩。若考虑定义股权激励收益非劳动报酬的，则股权激励平台与用工主体必须有所区分，同时对股权激励目的、股权激励方式、股权激励退出等条件进行设计，尽可能体现商事交易中的平等性。

## 【法规索引】

**《中华人民共和国劳动争议调解仲裁法》**

第二条　中华人民共和国境内的用人单位与劳动者发生的下列劳动争议，适用本法：

（一）因确认劳动关系发生的争议；

（二）因订立、履行、变更、解除和终止劳动合同发生的争议；

（三）因除名、辞退和辞职、离职发生的争议；

（四）因工作时间、休息休假、社会保险、福利、培训以及劳动保护发生的争议；

（五）因劳动报酬、工伤医疗费、经济补偿或者赔偿金等发生的争议；

（六）法律、法规规定的其他劳动争议。

# 70. 用人单位能否因员工在疫情停工期间的兼职行为解除劳动关系？

## 【固法观点】

疫情期间用人单位出现经营困难的同时也对劳动者产生了严重影响，应允许劳动者在合理范围内自我救济。当员工在疫情停工期间出现兼职行为，用人单位不应以此为由单方解除员工的劳动合同。

## 【案例分析】

某公司因疫情影响安排员工侯某在 2020 年 1 月至 6 月期间放假并自 2020 年 4 月起按最低工资标准的 80% 发放工资。2020 年 5 月开始，侯某在案外人公司兼职并缴纳社会保险。公司发现上述情况后于 2020 年 5 月 26 日向侯某发出通知，要求其马上改正否则后果自负。2020 年 7 月 1 日，侯某回到公司上班，但公司以其已经与侯某解除劳动关系为由拒绝安排工作。侯某申请劳动仲裁，要求公司支付违法解除劳动合同赔偿金。

法院审理认为，公司以疫情影响为由安排侯某放假近半年，对侯某的生活造成了严重影响。在此情形下，侯某利用自身的工作经历，接洽与公司业务竞合的业务赖以生存，并无不妥。双方之间的劳动合同因用人单位的原因不能正常履行，侯某在放假期间临时到案外人公司兼职，系侯某在特殊时期的自救行为，不会对侯某完成公司的工作任务产生任何影响。公司以其已经与侯某解除劳动关系为由拒绝安排工作依据不足，应向侯某承担相应的责任。

〔案例出处：（2021）粤 0402 民初 9045 号〕

## 【法理分析】

双重劳动关系是否可以存在，在实务界和理论界存在不同的声音。在司法实务中，如果证据材料足以证明员工分别与不同企业之间的法律关系符合劳动关系的基本特征，实践中亦存在认定双重劳动关系的判决。此外，我国法律并未明文禁止双重劳动关系，但赋予用人单位在员工出现双重劳动关系时享有特殊的单方解除权，比较典型的即为《中华人民共和国劳动合同法》第三十九条规定"劳动者有下列情形之一的，用人单位可以解除劳动合同：……（四）劳动者同时与其他用人单位建立劳动关系，对完成本单位的工作任务造成严重影响，或者经用人单位提出，拒不改正的"。然而，在后疫情时代，用人单位行使该特殊单方解除权时应当更加谨慎，必须充分论证分析员工建立双重劳动关系是否对完成原工作任务造成严重影响、是否有其他符合情理的原因。虽然企业停工停业的行为并未解除、终止与劳动者之间的劳动关系，但双方之间的劳动合同已处于不能够正常履行的状态，而法定的不低于当地最低工资标准80%的生活费更不足以完全支撑员工维系家庭生活水平。在此情况下，员工为实现谋生目的，在不影响原单位工作任务或合法权益（如未违反竞业限制协议、未侵犯企业商业秘密）的情况下，通过与另一个用人单位建立全日制劳动关系或非全日制劳动关系进行自救，符合常理，不应受到法律的苛责，更不应因此承担非必要的法律责任。

## 【实操建议】

当企业因疫情防控、经营困难等原因停工停业的，员工为实现增加收入的目的，可以考虑在不损害企业合法权益的情况下进行兼职，但必须确保未违反双方之间的竞业限制协议以及保密协议，必要时也可以向企业进行报备以减少双方争端。与此同时，企业也应当合理、合法评估员工的兼职自救行为是否在情理之中，以更加温和、宽容的态度进行处理，与员工一起共克时艰，构建和发展和谐稳定的劳动关系。

## 【法规索引】

《中华人民共和国劳动合同法》

第一条　为了完善劳动合同制度，明确劳动合同双方当事人的权利和义务，保护劳动者的合法权益，构建和发展和谐稳定的劳动关系，制定本法。

第三十九条　劳动者有下列情形之一的，用人单位可以解除劳动合同：

……

（四）劳动者同时与其他用人单位建立劳动关系，对完成本单位的工作任务造成严重影响，或者经用人单位提出，拒不改正的。

第六十九条　从事非全日制用工的劳动者可以与一个或者一个以上用人单位订立劳动合同；但是，后订立的劳动合同不得影响先订立的劳动合同的履行。

# 71. 员工可否选择混同用工的关联企业承担用工责任？

## 【固法观点】

> 在有关联关系的用人单位交叉轮换使用劳动者，工作内容交叉重叠的情况下，对劳动者涉及给付内容的请求，可根据劳动者的主张，由一家用人单位承担责任，或由多家用人单位承担连带责任。

## 【案例分析】

夏某入职甲公司后，双方签订了三年期的劳动合同。甲公司是乙公司的控股股东，两公司的法定代表人、经理及监事均相同。其间，夏某被安排至乙公司工作，同时接受甲、乙公司的管理，其直接上级张某同时担任甲公司与乙公司的副总经理职务。甲、乙公司轮流按月向夏某支付工资，并轮流为其缴纳社会保险。劳动合同到期后，夏某未与甲、乙两公司续订劳动合同。后因公司拖欠工资，夏某将甲、乙两公司诉至法院，要求两公司连带向其支付解除劳动合同的经济补偿金及拖欠的工资。

法院审理认为，甲、乙两公司均存在对夏某的用工管理行为；甲公司系乙公司的控股股东，两公司之间存在明确的关联关系；两公司的法定代表人为同一人，其他高级管理人员亦存在高度重合。故认定甲、乙公司对夏某存在混同用工，甲、乙公司应当对夏某的各项给付义务承担连带责任。最终，法院判决甲公司向夏某支付拖欠的工资及解除劳动合同的经济补偿金，乙公司对此承担连带给付责任。

〔案例出处：（2023）京01民终197号〕

## 【法理分析】

关联企业是指与其他企业之间存在直接或间接控制关系或重大影响关系的企

业，实践中通常表现为存在协议控制、股权控制或者法定代表人、实际控制人均为同一人的情形。而在关联企业之间常见的混同用工情形主要包括三种：1. 一套人马、两块牌子的混同用工；2. 母子公司之间员工借调的混同用工；3. 同一集团或实际控制人下的关联公司之间的混同用工，主要表现形式为员工由其中一家公司签署劳动合同，但同时受到两家或多家公司的实际管理，且支付工资和缴纳社保等用工义务在不同公司之间频繁更换。

在司法实务当中，对于如何认定关联单位与员工之间的劳动关系、如何承担连带责任问题已有共识。对于关联单位混同用工的，如已经订立劳动合同，则按劳动合同确认劳动关系；如未订立劳动合同的，则裁审机构基本上是依据《关于确立劳动关系有关事项的通知》，结合劳动者工作地点、工作内容、日常管理、劳动合同订立、社会保险费缴纳等情况，综合评判确认劳动关系。对于劳动者涉及给付内容的诉求，在有关联关系的用人单位交叉轮换使用劳动者、工作内容交叉重叠的情况下，对劳动者涉及给付内容的主张，则根据劳动者的主张，由一家用人单位承担责任，或由多家用人单位承担连带责任。

## 【实操建议】

关联企业出现混同用工，容易引发用工纠纷，也不利于维护员工的合法权益。对于用人单位而言，用人单位应在员工入职时及时订立书面劳动合同并依法为其缴纳社会保险，确定用工主体。如出现关联单位借调员工的需求，关联公司与员工之间应签订借调协议并做好用工登记，以免出现劳动合同到期未续订而继续用工的情况，防范未签订书面劳动合同的二倍工资差额风险。对于劳动者而言，如出现关联单位混同用工的情况，应注意留存劳动合同、借调函、日常工作记录等体现交叉用工的证据，为日后维权提供保障。

## 【法规索引】

1.《中华人民共和国劳动合同法》

**第一条**　为了完善劳动合同制度，明确劳动合同双方当事人的权利和义务，保护劳动者的合法权益，构建和发展和谐稳定的劳动关系，制定本法。

2.《北京市高级人民法院、北京市劳动争议仲裁委员会关于劳动争议案件法律适用问题研讨会会议纪要（二）》

26. 有关联关系的用人单位交叉轮换使用劳动者，根据现有证据难以查明劳动者实际工作状况的，如何处理？

有关联关系的用人单位交叉轮换使用劳动者的，根据现有证据难以查明劳动者实际工作状况的，参照以下原则处理：（1）订立劳动合同的，按劳动合同确认劳动关系；（2）未订立劳动合同的，可以根据审判需要将有关联关系的用人单位列为当事人，以有关联关系的用人单位发放工资、缴纳社会保险、工作地点、工作内容，作为判断存在劳动关系的因素；（3）在有关联关系的用人单位交叉轮换使用劳动者，工作内容交叉重叠的情况下，对劳动者涉及给付内容的主张，可根据劳动者的主张，由一家用人单位承担责任，或由多家用人单位承担连带责任。

# 72. 共享用工是否为劳动合同的变更？

## 【固法观点】

"共享用工"是疫情防控期间衍生的新型灵活用工模式，在很大程度上缓解了借出单位、借人单位的用工成本压力和劳动者就业压力，实现多方共赢的效果。共享用工虽然是临时性、过渡性的特殊安排，并未改变劳动者与借出单位之间的劳动关系，但一定时间内对劳动者的工作地点、工作岗位、工作时间、休息休假、劳动报酬、劳动条件已产生明显影响，系劳动合同变更的一种表现形式。

## 【案例分析】

张某为某餐饮公司服务员，双方签订有劳动合同。2020年春节期间，因疫情影响，餐饮公司停止营业，多名员工滞留当地。而某电商公司则业务量持续增长，送货、拣货等岗位人员紧缺。电商公司遂与餐饮公司签订了《共享用工协议》，约定张某自2020年2月3日至5月4日借用到电商公司从事拣货员岗位工作，每月电商公司将工资交由餐饮公司后，由餐饮公司支付给张某。张某同意临时到电商公司工作，并经该公司培训后上岗。然而，餐饮公司于3月20日依法宣告破产，并通知张某双方劳动合同终止，同时告知电商公司将无法履行《共享用工协议》。

仲裁委审理认为，《关于贯彻执行〈中华人民共和国劳动法〉若干问题的意见》（劳部发【1995】309号）第七条规定："用人单位应与其长期被外单位借用的人员、带薪上学人员以及其他非在岗但仍保持劳动关系的人员签订劳动合同，但在外借和上学期间，劳动合同中的某些相关条款经双方协商可以变更。"因此，我国劳动法并不禁止用人单位之间对劳动者的借用。本案中，餐饮公司与电商公司签订并履行了《共享用工协议》，张某同意被借用到电商公司工作，应认定餐饮公司与张某口头变更了劳动合同中工作地点、工作内容等事项。

〔案例出处：最高人民法院、人社部联合发布第一批劳动人事争议典型案例〕

## 【法理分析】

共享用工是指富余企业（以下简称原企业）与劳动者遵循合法公平、平等自愿、协商一致、诚实信用原则，以非盈利为目的，将劳动者安排到劳动力短缺企业（以下简称缺工企业）工作的一种特殊用工模式。从本质上来看，共享用工是疫情防控期间不同企业之间人力资源的临时调配，是一种特定时期的应急措施，并没有改变员工与原企业之间的劳动关系。但是，原企业和缺工企业的主营业务、工作地点、工作岗位性质之间存在较大差异，如员工从原企业被安排到缺工企业提供劳动，则员工可能需要重新接受岗前技能培训并适应新的工作场所，且因工作内容性质差别而获得不同的劳动报酬。根据《中华人民共和国劳动合同法》第十七条的规定，工作地点、工作内容、工作时间和劳动报酬标准是劳动合同的必备条款，而在共享用工模式下员工的工作地点、工作内容、工作时间和劳动报酬标准等劳动条件会发生较大变化，显然共享用工属于原企业与员工之间就劳动合同内容进行的变更。

原企业在安排劳动者到缺工企业工作前，应当告知劳动者缺工企业具体情况和所涉及的相关权利义务内容，征求劳动者的意见。双方可以在依法自愿的基础上协商变更劳动合同。变更后的劳动合同应当明确缺工企业、工作岗位、工作内容、工作条件、工作地点、工作时间、劳动报酬、劳动保护条件、应当遵守缺工企业规章制度的义务等涉及劳动者切身利益的相关内容。

## 【实操建议】

员工富余企业（原企业）在将劳动者安排到缺工企业工作前需征求劳动者意见，与劳动者协商一致，其中共享用工期限不应超过劳动者与原企业订立的劳动合同剩余期限。

与此同时，共享用工的企业应签订合作协议，约定调剂劳动者的数量、时间、工作地点、工作内容、休息、劳动保护条件、劳动报酬标准和支付时间与方式、食宿安排、可以退回劳动者的情形、劳动者发生工伤后的责任划分和补偿办法以及交通等费用结算等，明确双方的权利义务关系。

# 【法规索引】

1.《中华人民共和国劳动合同法》

第十七条　劳动合同应当具备以下条款：

（一）用人单位的名称、住所和法定代表人或者主要负责人；

（二）劳动者的姓名、住址和居民身份证或者其他有效身份证件号码；

（三）劳动合同期限；

（四）工作内容和工作地点；

（五）工作时间和休息休假；

（六）劳动报酬；

（七）社会保险；

（八）劳动保护、劳动条件和职业危害防护；

（九）法律、法规规定应当纳入劳动合同的其他事项。

2.《人力资源社会保障部办公厅关于做好共享用工指导和服务的通知》

五、指导企业依法变更劳动合同　原企业与劳动者协商一致，将劳动者安排到缺工企业工作，不改变原企业与劳动者之间的劳动关系。劳动者非由其用人单位安排而自行到其他单位工作的，不属于本通知所指共享用工情形。各级人力资源社会保障部门要指导原企业与劳动者协商变更劳动合同，明确劳动者新的工作地点、工作岗位、工作时间、休息休假、劳动报酬、劳动条件以及劳动者在缺工企业工作期间应遵守缺工企业依法制定的规章制度等。

# 73. 员工是否可以拒绝向公司提供个人隐私信息？

## 【固法观点】

员工个人信息的收集和使用受到法律的严格保护，用人单位不能基于劳动合同关系自然取得员工对个人信息的权利让渡，并在员工拒绝过度披露个人隐私的情况下对员工进行纪律处分。但是，若用人单位基于实施人力资源管理的合法目的，在没有侵犯员工私密信息的情况下采取合理的监管手段，员工应当配合管理并提供个人信息。

## 【案例分析】

2017年10月16日，张某与某科技公司签订劳动合同并担任高级项目经理。2018年9月10日，张某向公司提交了病休的诊断证明书，拟证明自身患有"抑郁症"，并向公司申请病假。2018年9月12日，该科技公司向张某发函，内容为：张某提交的病假文件存在缺少部分病历、心理治疗凭证、心理治疗单据、医药费凭证、心理治疗材料、精神分析治疗材料，要求张某收函后根据公司员工手册规定出具完整的请病假资料，如无法提供，公司将考虑不得不视张某的行为为旷工，并依法进行后续处理。因张某拒绝按公司要求补充上述资料，公司以张某旷工为由解除张某的劳动合同，引发双方争议。

法院审理认为，本案中，张某提交的诊断证明书能够反映其存在抑郁状态且有建议休息的医嘱，即便张某提交的就诊材料不如某科技公司要求的齐全，也不能推翻张某因病需要休息的事实。《中华人民共和国民法典》第一千零三十四条规定："自然人的个人信息受法律保护。个人信息是以电子或者其他方式记录的能够单独或者与其他信息结合识别特定自然人的各种信息，包括自然人的姓名、出生日期、身份证件号码、生物识别信息、住址、电话号码、电子邮箱、健康信息、行踪信息等。个人信息中的私密信息，适用有关隐私权的规定；没有规定的，适用有关个人信息保护的规定。"张某罹患疾病的细节应属个人隐私，某科技公司要求提供的病历、心理证明材料、费用凭据等应以必要为限，能够反映张某患病就诊事实即可，但不应过分求全，以免侵犯个人隐私，侵害患者权益。因此，某科技公司因此认定张某旷工缺乏依据。

〔案例出处：（2021）京03民终106号〕

## 【法理分析】

从法律定义上来看，个人隐私是指自然人的私人生活安宁和不愿为他人知晓的私密空间、私密活动、私密信息。自然人享有隐私权。任何组织或者个人不得以刺探、侵扰、泄露、公开等方式侵害他人的隐私权。个人信息是指以电子或者其他方式记录的能够单独或者与其他信息结合识别特定自然人的各种信息，包括自然人的姓名、出生日期、身份证件号码、生物识别信息、住址、电话号码、电子邮箱、健康信息、行踪信息等。用人单位为了用工管理的规范，可要求劳动者在合理范围内提供个人信息，劳动者有适当披露之责。假如用人单位因人事管理、疫情防控等特殊原因要求员工提供病假信息及紧急联系人等信息，可以认定未超过公司用工管理的合理范畴，属合理使用，未侵害员工的隐私权，而员工亦可通过同用人单位协商等方式消除其对隐私权可能遭受侵害的顾虑。但是，如果员工仅以个人隐私为由拒绝向用人单位提供，则有所不当，也有违劳动者勤勉工作的义务。

## 【实操建议】

在当前的用工管理过程中，用人单位不可避免地会越来越多地采集员工个人信息，包括指纹打卡以及人脸识别门禁、打卡等最新技术。因此，为避免风险，用人单位在搜集员工信息时，应先征得劳动者本人的书面同意，且在搜集信息过程中把握好一定的尺度，仅限于用工管理所必须获得的信息，不能超越与劳动关系有关的范畴。最后，用人单位在获取员工信息后，应对这些信息进行妥善保管，在未经劳动者书面同意之前，不得随意公开或擅自使用。

此外，用人单位应根据自身管理情况，对涉及收集员工个人信息的用工情景进行梳理，并通过修改员工手册或者其他规章制度的方式完善员工个人信息收集的方式，为后续用工管理提供充分的法律依据。

【法规索引】

1.《中华人民共和国劳动合同法》

第八条　用人单位招用劳动者时，应当如实告知劳动者工作内容、工作条件、工作地点、职业危害、安全生产状况、劳动报酬，以及劳动者要求了解的其他情况；用人单位有权了解劳动者与劳动合同直接相关的基本情况，劳动者应当如实说明。

2.《中华人民共和国个人信息保护法》

第十三条　符合下列情形之一的，个人信息处理者方可处理个人信息：

（一）取得个人的同意；

（二）为订立、履行个人作为一方当事人的合同所必需，或者按照依法制定的劳动规章制度和依法签订的集体合同实施人力资源管理所必需；

（三）为履行法定职责或者法定义务所必需；

（四）为应对突发公共卫生事件，或者紧急情况下为保护自然人的生命健康和财产安全所必需；

（五）为公共利益实施新闻报道、舆论监督等行为，在合理的范围内处理个人信息；

（六）依照本法规定在合理的范围内处理个人自行公开或者其他已经合法公开的个人信息；

（七）法律、行政法规规定的其他情形。

依照本法其他有关规定，处理个人信息应当取得个人同意，但是有前款第二项至第七项规定情形的，不需取得个人同意。

# 74．因劳动者个人能力欠缺造成的经济损失应否赔偿？

## 【固法观点】

用人单位作为经营者应当承担经营风险。劳动者履行工作职责或执行工作任务时，除非劳动者存在故意或重大过失，否则其因个人能力欠缺造成用人单位的经济损失一般无需承担赔偿责任。

## 【案例分析】

张某于 2020 年 7 月 9 日入职化妆公司并任职跨境电商运营经理，月工资 13500 元。2020 年 8 月 27 日，张某向化妆公司提出辞职，双方于当日办理离职交接手续。在张某离职后，化妆公司先后向劳动仲裁委和法院提起劳动仲裁和民事诉讼，认为张某在工作中为提高蓝牙耳机链接在亚马逊平台的排名和销售，未经公司同意，擅自要求员工李某开通该蓝牙耳机促销折扣优惠，并擅自将优惠码给推广人员进行推广，导致该蓝牙耳机在张某离职后三天出现爆单，造成公司损失 92386.5 元。

法院经审理后认为，用人单位作为经营者应当承担经营风险。如果劳动者未尽到忠实勤勉义务给用人单位造成损失的，应承担相应责任，但这个责任仅限于劳动责任，而不是经营风险。也即，劳动者工作中不存在主观故意或重大过失造成用人单位经济损失的，不应由劳动者承担责任。

本案中，张某根据化妆公司工作安排推广促销蓝牙耳机，设置促销该款蓝牙耳机优惠码，并联系委托服务商进行推广，该行为得到公司授权，是正常的履行职务行为。在公司要求取消该促销活动后，现有证据显示张某通知促销服务商停止推广，未有证据显示张某存在故意泄露促销优惠码的行为。至于公司在亚马逊店铺未及时关闭促销渠道以致消费者以促销价下订单的问题，公司有着专门的亚马逊店铺管理人员，不能及时履行公司指令存在经营管理方面的缺失，未有证据证明张某故意实施违反公司指令的行为。综上，现有证据不能证明张某在案涉蓝牙耳机促销工作中存在主观故意或重大过失造成公司经济损失，故对公司关于张某承担直接损失 29311.64 元的主张不予支持。

〔案例出处：（2021）粤 0111 民初 13857 号〕

## 【法理分析】

就劳动者在履职过程中对用人单位造成的经济损失，用人单位享有一定的追偿权，该权利主要来源于《工资支付暂行规定》第十六条规定"因劳动者本人原因给用人单位造成经济损失的，用人单位可按照劳动合同的约定要求其赔偿经济损失"。如何理解前述规定中的"本人原因"，即"本人原因"是否包括劳动者个人能力欠缺这种情形，法律上并没有作出明确的定义。经横向对比北京、上海、广东及深圳制定的地方性法规、地方政府规章可知，《北京市工资支付规定》《上海市企业工资支付办法》和《深圳市员工工资支付条例》沿用"本人原因"表述，唯独《广东省工资支付条例》明确调整为"劳动者过错"表述，根据过错责任原则，过错是指故意或者重大过失，也即意味着只有在劳动者故意或者重大过失的情形下才需要对用人单位的经济损失承担责任，此点与目前的司法裁审实践亦相一致。

究其原因，在劳动法律关系中，用人单位支付给劳动者的对价往往低于劳动者所创造的利润或者仅为劳动者创造价值的很小一部分，故用人单位在劳动用工以及经营过程中产生的风险一般应由用人单位自行承担，不得擅自转嫁给劳动者；对于劳动者因个人能力欠缺或轻微过失造成用人单位损失的，属用人单位在对劳动者选用上的过失，但劳动者由于故意、重大过失或其他违法犯罪行为造成用人单位损失的，应由双方适当分担。

## 【实操建议】

对于用人单位而言，用人单位应根据法律规定制定完善规范的规章制度，结合经营活动特点规范业务流程和员工岗位职责，避免因制度漏洞出现经营风险。同时，在日常管理中，应加强对员工的技能以及合规意识培训，确保员工严格遵守单位的规章制度。一旦发生员工因过错造成经济损失的情况，除应第一时间采取及时有效的措施避免损失的进一步扩大外，也应及时对员工的过错行为和经济损失情况进行有效的证据固定。

对于劳动者而言，劳动者应加强对单位规章制度和业务技能的学习，增强合规意识，提高业务水平，避免因重大过错导致单位产生经济损失从而承担赔偿责任。

## 【法规索引】

1.《工资支付暂行规定》

第十六条　因劳动者本人原因给用人单位造成经济损失的，用人单位可按照劳动合同的约定要求其赔偿经济损失。经济损失的赔偿，可从劳动者本人的工资中扣除。但每月扣除的部分不得超过劳动者当月工资的 20%。若扣除后的剩余工资部分低于当地月最低工资标准，则按最低工资标准支付。

2.《广东省工资支付条例》

第十五条　因劳动者过错造成用人单位直接经济损失，依法应当承担赔偿责任的，用人单位可以从其工资中扣除赔偿费，但应当提前书面告知扣除原因及数额；未书面告知的不得扣除。扣除赔偿费后的月工资余额不得低于当地最低工资标准。

# 75. 劳动者故意或重大过失造成用人单位损失的承担多大比例赔偿责任?

## 【固法观点】

　　劳动者在履行劳动合同过程中因故意或重大过失造成用人单位损失的,应当承担赔偿责任,但法律上对于劳动者承担多大比例的赔偿责任并没有明文规定。法院在确定劳动者赔偿责任时,通常是结合权利义务相一致的原则,根据劳动关系的从属性、劳动者的工作性质、薪酬待遇、用人单位的经营利益以及双方的过错程度和对风险的承受能力等因素综合考虑。通常来说,劳动者故意造成用人单位损失的承担100%责任,重大过失的一般承担10%—30%责任。

## 【案例分析】

　　杨某于2018年12月18日入职某餐饮公司并任职厨师,月工资为5200元。2019年2月23日,因杨某过错导致餐厅火灾,引起大量浓烟,致餐厅在2019年2月23日至3月10日期间停业维修和整改16天。此外,餐厅的喷淋头、自动报警、可燃气体报警系统因为该次事故而需要维修。

　　法院经审理认为,《中华人民共和国劳动合同法》第二十九条规定:"用人单位与劳动者应当按照劳动合同的约定,全面履行各自的义务。"《工资支付暂行规定》第十六条规定,因劳动者本人原因给用人单位造成经济损失的,用人单位可按照劳动合同的约定要求其赔偿经济损失。杨某作为餐饮公司的厨师,在履行职务过程中,本应履行安全生产、注意用火的义务,现因其未能认真履职导致火灾事故的发生,其对此应当承担相应的赔偿责任。而餐饮公司作为用人单位,亦未能尽到安全警示的教育和管理义务,考虑到本案的实际情况,法院酌定杨某应对餐厅公司的损失承担 30% 的赔偿责任。

〔案例出处：（2020）粤 01 民终 13469 号〕

## 【法理分析】

用人单位作为企业的内部管理者、监督者、劳动成果的主要享有者，理应承担企业经营和运营的各种风险，在选用劳动者时，客观上也存在用人风险。劳动者履行工作职责或执行工作任务时给用人单位造成损失的，属于用人单位经营风险，劳动者一般不承担赔偿责任。劳动者对于损失的发生存在重大过失，应当结合其过失程度及其从用人单位实际获得劳动报酬的情形进行合理认定。

从劳动合同法的立法宗旨看，法律赋予用人单位一定的追偿权，有利于明确劳动合同双方当事人的权利和义务，促进和谐稳定劳动关系的构建和发展。但是，用人单位与劳动者之间存在管理与被管理的法律关系，双方的法律地位并不平等。其中，劳动者只是通过向用人单位提供劳动成果获得报酬，用人单位作为劳动成果的享受者，完全享受因经营活动而产生的营业利润，更应承担主要的经营风险。因劳动者和用人单位之间并非平等的民事主体关系，双方具有权利义务上的非对等性，因此不应简单适用民法典的规定。若劳动者因过错造成用人单位经济损失即让劳动者承担全部的赔偿责任，显然并不公平。因此，对于劳动者故意造成用人单位损失应承担的赔偿比例，法律上并没有明文规定，而是将相应的裁量权交由裁审者根据案件情况进行决定。

在司法实践中，在劳动者履行职务行为存在故意或重大过失并给用人单位造成经济损失的情况下，裁审者通常是据劳动关系的从属性、劳动者的工作性质、薪酬待遇、用人单位的经营利益以及双方的过错程度和对风险的承受能力等因素综合考虑，酌情决定劳动者承担赔偿责任的比例。

## 【实操建议】

对于用人单位而言，用人单位应根据法律规定制定完善规范的规章制度，结合经营活动特点规范业务流程和员工岗位职责，避免因制度漏洞出现经营风险。同时，在日常管理中，应加强对员工的技能以及合规意识培训，确保员工严格遵守单位的规章制度。一旦发生员工因过错造成经济损失的情况，除应第一时间采取及时有效的措施避免损失进一步扩大外，也应及时对员工的过错行为和经济损失情况进行有效的证据固定。

对于劳动者而言，劳动者应加强对单位规章制度和业务技能的学习，增强合规意识，提高业务水平，避免因重大过错导致单位产生经济损失从而承担赔偿责任。

## 【法规索引】

1.《工资支付暂行规定》

第十六条　因劳动者本人原因给用人单位造成经济损失的，用人单位可按照劳动合同的约定要求其赔偿经济损失。经济损失的赔偿，可从劳动者本人的工资中扣除。但每月扣除的部分不得超过劳动者当月工资的 20%。若扣除后的剩余工资部分低于当地月最低工资标准，则按最低工资标准支付。

2.《广东省工资支付条例》

第十五条　因劳动者过错造成用人单位直接经济损失，依法应当承担赔偿责任的，用人单位可以从其工资中扣除赔偿费，但应当提前书面告知扣除原因及数额；未书面告知的不得扣除。扣除赔偿费后的月工资余额不得低于当地最低工资标准。

# 76. 董事职务被解除后，劳动合同是否可以继续履行？

## 【固法观点】

董事职务被解除后并不必然导致劳动合同无法履行。对于既是董事又是职员的员工，其董事职务被解除后，视为公司决议对员工岗位做出的调整，其与公司之间的劳动合同仍然可以继续履行。

## 【案例分析】

2013 年 8 月，董某入职盛世公司工作，双方签订劳动合同一份，约定工作岗位为资产管理岗位，从事管理工作，基本工资和绩效工资结合，实行不定时工作制。

2017 年 4 月 18 日，盛世公司股东会决议选举董某为公司董事。同日，公司董事会决议选举董某为公司董事长，聘任董某为公司经理。

2019 年 6 月 1 日，董某与盛世公司续签劳动合同一份，期限为 2019 年 6 月 1 日至 2020 年 5 月 30 日，工作性质为不定时工作制，实行年薪制，依据公司制定的《薪酬管理制度》执行。

2020 年 11 月 23 日，盛世公司股东会决议免去董某董事职务。同日，盛世公司董事会决议免去董某董事长及经理职务。2021 年 1 月 5 日，盛业公司出具劳动合同到期终止通知书一份，通知董某因劳动合同在 2020 年 5 月 30 日到期，现不再续签。董某于 2021 年 1 月 15 日收到该解除通知书。

法院审理认为，公司高管是特殊的劳动者，对其职务的调整受公司治理法律制度的约束。公司法规定，董事会决定聘任或者解聘公司经理及其报酬事项，并根据经理的提名决定聘任或者解聘公司副经理、财务负责人及其报酬事项。2020 年 11 月 23 日，董某被公司股东会免去董事职务，被公司董事会免去董事长及经理职务。董事会解聘经理职务的决议所依据的事实是否属实，理由是否成立，不属于司法审查范围。董某在被免去公司董事长与经理职务后，应视为盛世公司按公司决议对董某岗位做出的调整，双方劳动关系仍然存续。

〔案例出处：（2021）苏 0206 民初 3948 号〕

**【法理分析】**

最高人民法院于 2019 年 4 月 29 日出台《关于适用〈中华人民共和国公司法〉若干问题的规定（五）》（以下简称司法解释（五）），其中司法解释（五）第三条中关于解除董事职务的处理机制，在业界引起热烈的讨论。司法解释（五）第三条蕴含两方面的内容：1. 公司与董事之间为委托关系，司法解释（五）明确公司可以通过有效的股东会／股东大会决议合法解除董事职务（注：国企中存在职工董事，其中职工董事不由股东会决议任免，不属于此处讨论范围）；2. 董事职务被解除后，法院对于是否补偿以及如何补偿具有自由裁量权。

在实践中，既担任董事又同属公司员工的情况并不少见，董事职务的解除同样会牵涉劳动合同法的适用问题，尤以董事职务被解除后劳动合同能否继续履行问题最为突出。

**一、董事职务被解除后，董事与公司签署的劳动合同是否可以继续履行？**

董事职务被解除后并不必然导致劳动合同无法履行，主要有以下两方面的原因：

1. 公司法理论研究与司法实践中已经基本统一认识，公司与董事之间属于委托和被委托关系，可以适用《中华人民共和国民法典》中关于委托合同的规定。而公司与员工之间属于管理与被管理的关系，适用《中华人民共和国劳动合同法》的规定。也意味着，两种身份既可以共存（既是董事又是职员），也可以单独存在（只是董事）。董事身份的解除不代表着员工身份的消灭。

2. 非职工代表的董事身份由股东会／股东大会选举产生，而职工身份是由员工与公司签署的劳动合同产生。股东会／股东大会属于公司的内设机构，即使股东会／股东大会解除员工的董事身份，但不意味着免除公司在劳动合同项下所需承担的义务，也不意味着员工在劳动合同项下的岗位不复存在。

**二、董事职务被解除后，董事离任补偿／经济补偿应如何支付？**

此处应分情况进行讨论：

1. 对于非公司职工的董事，按照《中华人民共和国民法典》第九百三十三条的规定"委托人或者受托人可以随时解除委托合同。因解除合同给对方造成损失的，除不可归责于该当事人的事由以外，应当赔偿损失"，即使董事职务被股东会／股东大会解除，亦存在主张合理补偿的请求权基础。因此，司法解释（五）赋予法院结合实际情况进行裁判的自由裁量权。

2. 对于既属于公司职工又任职于董事会的董事，在董事职务被解除后，按照双方劳动合同的约定，如能继续提供正常劳动的，则以双方劳动合同约定支付相应的薪资。如董事职务属于劳动合同中的工作内容，则董事职务被解除后将导致劳动合同无法继续履行，该种情形应属于"客观情况发生重大变化，导致劳动合同无法履行"，公司可以使用《中华人民共和国劳动合同法》第四十条第（三）项的规定解除员工的劳动合同并支付经济补偿。

## 【实操建议】

对于兼具董事和公司职员双重身份的员工，用人单位应分别与该员工订立董事聘用合同和劳动合同。其中，董事聘用合同应明确约定董事职务解除后的补偿方案和人事关系的处理方式，而劳动合同则应明确约定"董事职务被股东会／股东大会决议合法解除属于劳动合同订立时所依据的客观情况发生重大变化"。

在委任关系的解除上，用人单位应当严格按照公司章程或相关法律法规规定的程序进行股东会决议。

在劳动合同关系的解除上，用人单位则应先与员工协商变更岗位，在无法达成一致的情况下再行使单方解除权。

## 【法规索引】

1.《中华人民共和国民法典》

第九百一十九条　委托合同是委托人和受托人约定，由受托人处理委托人事务的合同。

第九百三十三条　委托人或者受托人可以随时解除委托合同。因解除合同造成对方损失的，除不可归责于该当事人的事由外，无偿委托合同的解除方应当赔偿因解除时间不当造成的直接损失，有偿委托合同的解除方应当赔偿对方的直接损失和合同履行后可以获得的利益。

2.《最高人民法院关于适用〈中华人民共和国公司法〉若干问题的规定（五）》

第三条　董事任期届满前被股东会或者股东大会有效决议解除职务，其主张解除不发生法律效力的，人民法院不予支持。

董事职务被解除后，因补偿与公司发生纠纷提起诉讼的，人民法院应当依据法律、行政法规、公司章程的规定或者合同的约定，综合考虑解除的原因、剩余任期、董事薪酬等因素，确定是否补偿以及补偿的合理数额。

3.《中华人民共和国劳动合同法》

第四十条　有下列情形之一的，用人单位提前三十日以书面形式通知劳动者本人或者额外支付劳动者一个月工资后，可以解除劳动合同：

……

（三）劳动合同订立时所依据的客观情况发生重大变化，致使劳动合同无法履行，经用人单位与劳动者协商，未能就变更劳动合同内容达成协议的。

# 77. 福利年休假是否应按照法定带薪年休假标准予以补偿？

## 【固法观点】

现行法律法规并未对用人单位自设的福利年休假的补偿标准作出明确规定。按照民事活动法无禁止即可为的原则，用人单位按照单倍工资标准向员工支付未休福利年休假工资报酬，并不违反法律法规的强制性规定。

## 【案例分析】

张某于 2014 年 8 月 1 日入职某税务咨询公司，岗位是高级税务经理，双方于 2018 年 8 月 1 日订立无固定期限劳动合同。2020 年 12 月 28 日，某税务咨询公司以"客观情况发生重大变化致使劳动合同无法履行，经双方协商，未能就变更劳动合同内容达成协议"为由，与张某解除劳动合同并向其支付了解除劳动合同经济补偿及额外 1 个月工资。张某离职前 12 个月的平均工资为 35000 元。在职期间，张某每年享有 20 天年休假，其中法定带薪年休假 15 天，公司福利年休假 5 天。张某在 2019 年、2020 年共计有 9 天福利年休假未休。在离职结算时，由于对未休福利年休假该如何补偿未作明确规定，某税务咨询公司按照单倍工资标准向张某支付上述未休福利年休假工资报酬，但张某认为应按照法定带薪年休假即双倍工资标准支付，双方因此发生争议。

法院审理认为，《职工带薪年休假条例》第三条第一款规定："职工累计工作已满 1 年不满 10 年的，年休假 5 天；已满 10 年不满 20 年的，年休假 10 天；已满 20 年的，年休假 15 天。"《企业职工带薪年休假实施办法》（人力资源和社会保障部令第 1 号）第十条第一款规定："用人单位经职工同意不安排年休假或者安排职工年休假天数少于应休年休假天数，应当在本年度内对职工应休未休年休假天数，按照其日工资收入的300%支付未休年休假工资报酬，其中包含用人单位支付职工正常工作期间的工资收入。"上述条文对劳动者应享有的法定带薪年休假天数及未休年休假应予如何补偿进行了明确规定，但对于用人单位自行设立的福利年休假，用人单位有自主决定权，福利年休假的天数、补偿办法均应以用人单位的规章制度或劳动合同为依据，是否应当进行补偿，应当由用人单位进行规定或者与劳动者进行约定。

〔案例出处：（2021）粤 01 民终 21636 号〕

## 【法理分析】

《职工带薪年休假条例》第五条规定"单位根据生产、工作的具体情况，并考虑职工本人意愿，统筹安排职工年休假。单位确因工作需要不能安排职工休年休假的，经职工本人同意，可以不安排职工休年休假。对职工应休未休的年休假天数，单位应当按照该职工日工资收入的300%支付年休假工资报酬"。由此可见，法律只是强制性规定法定年休假的补偿标准，并未对用人单位自设的福利假加以限制。

相反，从鼓励用人单位给予员工福利待遇的角度出发，允许用人单位按照单倍工资标准折算福利年休假天数，更能起到正面的引导效果。按照目前广东的司法实践，用人单位既可以统筹安排职工福利年休假，也可以按照单倍工资标准计算年休假工资报酬，更可以通过规章制度的约定不予发放福利年休假的待遇，意味着用人单位可以对年休假的管理作灵活的设计。

按照民事活动法无禁止即可为的原则，只要用人单位所制定的关于交换年休假天数的管理制度不损害劳动者的合法权益，且劳动者对管理制度的规定明确知悉并且表示同意，应允许用人单位在法律允许的范围内灵活进行假期的管理，实现劳资双方的共赢。

## 【实操建议】

福利年休假作为一种员工福利，具有吸引更多的优秀人才、增强员工对企业的认同感、让员工得到更好休养、激发员工干事创业活力等作用。福利年休假天数及补偿标准，属于直接涉及劳动者切身利益的重大事项。为确保前述做法的合法性，用人单位在制定类似制度时，应严格按照《中华人民共和国劳动合同法》

第四条的规定履行民主程序，即应先制定征求意见稿并经过职工代表大会或者全体职工讨论，听取工会的意见，在制度定稿后应及时组织员工进行培训或签收，确保该项制度合法落地。

此外，福利年休假制度内容应当结合用人单位的实际管理情况，对于福利年休假的享有条件及天数、法定年休假与福利年休假在使用上的先后顺序、未休完的福利年休假是否支付相应补偿等关键事项进行约定，以避免争议。

## 【法规索引】

1.《中华人民共和国劳动合同法》

**第四条**　用人单位应当依法建立和完善劳动规章制度，保障劳动者享有劳动权利、履行劳动义务。

用人单位在制定、修改或者决定有关劳动报酬、工作时间、休息休假、劳动安全卫生、保险福利、职工培训、劳动纪律以及劳动定额管理等直接涉及劳动者切身利益的规章制度或者重大事项时，应当经职工代表大会或者全体职工讨论，提出方案和意见，与工会或者职工代表平等协商确定。

在规章制度和重大事项决定实施过程中，工会或者职工认为不适当的，有权向用人单位提出，通过协商予以修改完善。

用人单位应当将直接涉及劳动者切身利益的规章制度和重大事项决定公示，或者告知劳动者。

2.《职工带薪年休假条例》

**第五条**　单位根据生产、工作的具体情况，并考虑职工本人意愿，统筹安排职工年休假。单位确因工作需要不能安排职工休年休假的，经职工本人同意，可以不安排职工休年休假。对职工应休未休的年休假天数，单位应当按照该职工日工资收入的300%支付年休假工资报酬。

# 78. 跨境务工人员"一工两签"，工龄是否可以连续计算？

## 【固法观点】

境内用人单位及其境外关联企业与劳动者轮流订立劳动合同，应当认定属于"劳动者非因本人原因从原用人单位被安排到新用人单位工作"的情形，工作年限可以连续计算。在计算支付经济补偿或赔偿金的工作年限时，劳动者请求把境内用人单位与境外关联企业的工作年限合并计算为总工作年限的，可以得到法院的支持。

## 【案例分析】

博联工程（澳门）有限公司（以下简称博联澳门公司）是柏林工程（横琴）有限公司（以下简称柏林公司）的唯一股东。2016 年 12 月前，珠海市博联建筑工程有限公司（以下简称珠海博联公司）法定代表人与博联澳门公司法定代表人是同一人。内地居民谢某芳于 2014 年至 2017 年期间先后与珠海博联公司、博联澳门公司签订劳动合同，在与博联澳门公司的劳动合同期内，谢某芳社保记录记载的用人单位为珠海博联公司。2017 年 7 月，谢某芳入职柏林公司。谢某芳要求柏林公司合并计算其在珠海博联公司的工作年限，柏林公司不同意，故双方未签订劳动合同。谢某芳提起诉讼，要求柏林公司、珠海博联公司赔偿经济补偿金。

法院审理认为，用人单位及其关联企业与劳动者轮流订立劳动合同，应当认定属于劳动者非因本人原因从原用人单位被安排到新用人单位工作。因珠海博联公司、博联澳门公司、柏林公司为关联企业，谢某芳与柏林公司解除劳动关系时应该累计计算原用人单位即珠海博联公司、博联澳门公司的工作年限，故判决柏林公司据此赔偿经济补偿金。判后，双方当事人均未提出上诉，一审判决已发生法律效力。

〔案例出处：（2018）粤 0491 民初 148 号〕

## 【法理分析】

工作年限（俗称"工龄"）作为计算解除（终止）劳动合同补偿金的重要标准，实践中某些用人单位为防止劳动者原工作单位的工作年限计入新工作单位，往往通过迫使劳动者辞职后重新与其签订劳动合同，或者通过设立关联企业，在与劳动者签订合同时交替变换用人单位名称等手段迫使劳动者"工作年限清零"。然而，《中华人民共和国劳动合同法》第一条已开宗明义明确立法目的是保护劳动者的合法权益，构建和发展和谐稳定的劳动关系。对于跨境务工人员"一工两签"的情况，从保护劳动者的合法权益的立场出发，司法裁审机关会着重审查用人单位是否存在恶意规避连续工作年限的情形，通过表象查明本质，从而确保劳动者的权益不受损害。

根据《最高人民法院关于审理劳动争议案件适用法律问题的解释（一）》第四十六条的规定，员工在境外关联公司的工作年限是否应合并计算为新用人单位的工作年限，在双方均无明确书面约定的情况下，应结合以下两个要件进行判断：1. 员工属于"非因本人原因从原用人单位被安排到新用人单位工作"。司法实践中通常结合员工的工作场所、工作岗位是否前后一致（或者未发生实质性变化）、工作时间是否连续这三个因素进行综合考量；2. 原用人单位未向员工支付过经济补偿。若有书面证据证明员工符合第 1 点要件，而用人单位无法就第 2 点要件提出相反证据或反驳证据，则员工在境外关联公司的工作年限将合并计算为新用人单位工作年限。

此外，若用人单位与员工对于工作年限是否应合并计算存在争议，双方都各自承担一定的举证责任，故需要针对个案情况进行综合判断。其中，在个案当中，既存在员工因无法举证其在境外关联公司工作的经历而被驳回的情况，亦存在员工有初步的证据显示在境外关联公司工作的经历但用人单位无法举证员工的社会招聘入职情况（比如入职招聘表、劳动合同）而承担举证不利的法律后果，进而需要合并计算员工的工作年限。

## 【实操建议】

员工在用人单位的工作年限与其可享受的年休假、医疗期天数、经济补偿年限紧密挂钩。在粤港澳地区存在不同法域的情况下，内地法院通过判例明确员工在粤港澳地区关联企业的工作年限可连续计算，以充分保障跨境务工者的合法权益，具有典型意义。

对于用人单位而言，若具有关联关系的境内外公司存在前后录用劳动者的情况，但真实情况是劳动者主动求职而非用人单位安排的，应着重注意以下问题：

1. 在劳动者离职时，用人单位应严格、及时办理离职手续并出具离职证明。若属于应当支付经济补偿的情形的，则应及时与劳动者签署解除劳动合同协议书并支付经济补偿，留存好相应的书面证据，避免后续出现工龄连续计算并因举证缺失导致重复给付经济补偿的情形。

2. 录用劳动者时，应关注劳动者从关联企业离职的时间，设置合理的缓冲期，形式上切断连续用工的情形。

对于员工而言，若确实非因本人原因导致用工主体发生变化，则应注意以下问题，以便于将来可以主张工作年限连续计算：

1. 留存好签署过的劳动合同原件、续签劳动合同的邮件记录或通信工具聊天记录，用以证明确实是非因本人原因轮流与不同的主体建立劳动关系的事实。

2. 留存好在不同用工主体下的工作记录如电子邮件等，用以证明工作内容并未发生实质变化。

## 【法规索引】

1.《中华人民共和国劳动合同法实施条例》

第十条　劳动者非因本人原因从原用人单位被安排到新用人单位工作的，劳动者在原用人单位的工作年限合并计算为新用人单位的工作年限。

2.《最高人民法院关于审理劳动争议案件适用法律问题的解释（一）》

第四十六条　劳动者非因本人原因从原用人单位被安排到新用人单位工作，原用人单位未支付经济补偿，劳动者依据劳动合同法第三十八条规定与新用人单位解除劳动合同，或者新用人单位向劳动者提出解除、终止劳动合同，在计算支付经济补偿或赔偿金的工作年限时，劳动者请求把在原用人单位的工作年限合并计算为新用人单位工作年限的，人民法院应予支持。

用人单位符合下列情形之一的，应当认定属于"劳动者非因本人原因从原用人单位被安排到新用人单位工作"：

（一）劳动者仍在原工作场所、工作岗位工作，劳动合同主体由原用人单位变更为新用人单位；

（二）用人单位以组织委派或任命形式对劳动者进行工作调动；

（三）因用人单位合并、分立等原因导致劳动者工作调动；

（四）用人单位及其关联企业与劳动者轮流订立劳动合同；

（五）其他合理情形。

# 79. 用人单位重新招用离职员工，同时约定退回经济补偿金后工作年限连续计算是否有效？

## 【固法观点】

> 　　劳动用工复杂多变，在劳动法律领域早已为不争事实。随着经济发展，用人单位和劳动者的法律意识提升，随之也有越来越多复杂新异的用工条件问题由双方形成书面约定。目前，用工市场上出现一种用人单位在重新招用离职人员时，双方约定由该劳动者返还经济补偿金，由此将在该单位过往的工龄视为连续计算的做法。该做法若为双方真实意思表示，无欺诈、胁迫等情形的，可认定为有效约定。

## 【案例分析】

　　1991 年 11 月 1 日，马某前往 4AM 公司工作，双方劳动合同于 2004 年 12 月 31 日协商解除，4AM 公司向马某支付经济补偿金 386770.55 元。时隔 9 个月后，2005 年 9 月 5 日马某重新入职 4AM 公司，双方签订无固定期限劳动合同，马某退还经济补偿金 386770.55 元。2018 年 5 月 10 日，4AM 公司向马某出具《劳动合同解除通知书》，解除与马某的劳动关系。双方对经济补偿金额存在争议，后马某诉至劳动仲裁委及法院。

　　法院审理认为，因用人单位作出开除、除名、辞退、解除劳动合同、减少劳动报酬、计算劳动者工作年限等决定而发生劳动争议的，用人单位负举证责任。从《劳动合同解除通知书》可见，4AM 公司系以劳动合同订立时所依据的客观情况发生变化，致使劳动合同无法履行为由解除劳动合同。4AM 公司虽主张该岗位在马某病假期间经过拆分和重组已不存在，但又自述重组以后的岗位名称与马某原岗位名称相同，工作内容亦相同，只是已由其他同事从事该岗位工作，并不符合劳动合同订立时所依据的客观情况发生变化，致使劳动合同无法履行的情形，故 4AM 公司以该理由解除劳动合同，无事实依据，构成违法解除。4AM 公司在重新招用马某时，双方约定由马某返还经济补偿金，由此将马某在该单位过往的工龄视为连续计算，但因马某离职前十二个月平均工资高于本市职工上年度月平均工资的三倍，且工作年限超过 12 年，故法院按上年度职工月平均工资的三倍为基数，并按 12 年工作年限核算 4AM 公司应当支付马某违法解除劳动合同的赔偿金。

〔案例出处：（2018）沪 0104 民初 20547 号〕

## 【法理分析】

从现行法律强制性规定检索显示，"用人单位在重新招用离职人员时，双方约定由该劳动者返还经济补偿，由此将在该单位过往的工龄视为连续计算"，此种约定并不违反国家强制性规定。工龄计算关系劳动者的工资水平、年休假、医疗期、经济补偿以及其他福利待遇等。双方约定返还经济补偿金时，虽然劳动者需退回原已收取的经济补偿金，但其可获得原已中断的工作年限连续计算的对价利益。随之年休假、医疗期甚至企业制度规定的工龄工资等均有所提高，且在将来劳动合同解除或终止时，由于其再次入职前的工作时间亦折算工作年限，劳动者仍可依法重新获得经济补偿金，不会损害到劳动者依法取得经济补偿金的权益。

再者，从劳动合同履行考虑，退回经济补偿金更有利于劳动者严格履行劳动合同。基于退回了原取得的经济补偿金，劳动者在将来的劳动合同履行过程中必然会考虑违法解除的成本。如其违法被解除或因私辞职，将无法获得经济补偿金，据此可促进双方劳动合同的履行，维护劳资关系长期稳定发展。此举亦与国家鼓励劳资双方建立长期劳动关系的立法目的相符。

## 【实操建议】

与职工本单位工龄密切相关的利益有工资水平、年休假、医疗期、经济补偿金以及其他福利待遇等。用人单位在重新招用离职人员时，双方约定由该劳动者返还经济补偿金的，应通过书面协议的方式对此进行明确约定。同时，对于前述操作方式，还应由劳动者单独出具明确同意的书面意见，用以表明是个人真实意思表示，确保书面协议的合法性。

【法规索引】

《中华人民共和国劳动合同法》

第三条　订立劳动合同，应当遵循合法、公平、平等自愿、协商一致、诚实信用的原则。依法订立的劳动合同具有约束力，用人单位与劳动者应当履行劳动合同约定的义务。

# 80. 电子积分能否代替加班工资？

## 【固法观点】

在行政机关的合法监管下，如电子积分能进行自由转让或兑换成等价的货币（提现），且用工双方对于电子积分的发放能通过书面协议予以明确约定，在无重大误解、显失公平、欺诈、胁迫情形或无严重损害劳动者合法利益的前提下，应对用工双方的约定及员工的选择予以尊重和支持。当员工离职时前述电子积分尚未使用完毕的，则应当由用人单位折算为现金支付给员工，确保员工的合法权益不受损害。

## 【案例分析】

2018年8月24日，吉某与某房地产开发有限公司签订劳动合同，约定合同期限为三年，自2018年8月24日至2021年8月31日止。在职期间，吉某的工资结构中包括节假日福利，而该房地产公司则会在对应节日通过员工关爱通平台发放相应的积分，员工可以在该平台对接的购物平台购买商品，但是不能提现，且部分商品价格会高于员工自行在购物平台购买商品的价格。2020年10月10日，吉某提出离职申请，并申请劳动仲裁要求支付节假日福利待遇。

法院审理认为，劳动者的合法权益受法律保护。对于中秋节、端午节、国庆节福利一节，吉某主张2020年节日福利1200元未发放，并提交了相应证据予以证明。房地产公司认可往年其在员工关爱通平台账户发放相应的积分用以兑换产品，故法院对于吉某的该项诉讼请求予以支持。

〔案例出处：（2021）京0112民初44096号〕

## 【法理分析】

目前，市面上已衍生各种各样的员工福利平台，在用人单位向员工发放电子积分后，员工可以使用电子积分在平台上进行消费，包括购物、信用卡还款等。基于以上便利，部分用人单位已经设计出"加班时间"转换"电子积分"的计算模式，并以电子积分代替加班工资的发放。

司法实践中对于加班工资的计发仍持较为严格的裁判尺度，因此用人单位应谨慎使用电子积分发放加班工资，否则容易违反《中华人民共和国劳动合同法》第三十八条的规定。按照《工资支付条例》第五条规定"工资应当以法定货币支付。不得以实物及有价证券替代货币支付"，以及《广东省工资支付条例》第十条规定"用人单位应当以货币形式按照确定的工资支付周期足额支付工资"，工资须以货币形式发放，主要在于货币具有稳定价值，能在市场上进行自由的流通。在现行的法律框架下，"电子积分"固然不能视为货币，其能否突破上述法律规定并用于发放加班工资，仍有待司法实践进一步明确。

当然，电子积分虽然属于新兴事物，但实际上也不应被全盘否定或扼杀。在电子支付盛行并且成为未来趋势的情况下，使用电子积分消费在一定程度上与微信支付、支付宝支付等付款方式无异。在行政机关的合法监管下，如电子积分能进行自由转让或兑换成等价的货币（提现），且用工双方对于电子积分的发放能通过书面协议予以明确约定，在无重大误解、显失公平、欺诈、胁迫情形或无严重损害劳动者合法利益的前提下，应对用工双方的约定及员工的选择予以尊重和支持。

## 【实操建议】

进入信息化时代后，为提高管理效率，越来越多的用人单位在内部推行电子化管理。可以说，科技的发展将对用人单位的管理模式产生巨大的影响。因工资发放涉及员工的核心权益，当用人单位使用"电子积分"此类新型方式支付员工加班工资时，必须注意如下要点：

1. 确保"电子积分"在相关薪酬福利平台可以现金提现，确保员工加班工资的利益不受损害。

2. 在使用"电子积分支付加班工资"此类新型方式时，建议严格按照《中华人民共和国劳动合同法》第四条的规定履行严格的民主程序，如针对该事项制定特定的薪酬管理办法，并通过向全体员工公告、发送电子邮件等方式征求意见，在征求完意见并适当修改后将定稿后的薪酬管理办法向全体员工进行公示或告知，确保该办法的制定程序符合法律规定，以减少未来出现争议时的法律风险。

3. 除前述薪酬管理办法外，用人单位还应当在劳动合同中对"电子积分支付加班工资"此类新型方式进行明确约定，以获得每位员工的单独同意，从而实现双保险的效果。

## 【法规索引】

1.《工资支付暂行规定》

**第五条** 工资应当以法定货币支付。不得以实物及有价证券替代货币支付。

2.《广东省工资支付条例》

**第十条** 用人单位应当以货币形式按照确定的工资支付周期足额支付工资。

3.《中华人民共和国劳动合同法》

**第四条** 用人单位应当依法建立和完善劳动规章制度，保障劳动者享有劳动权利、履行劳动义务。

用人单位在制定、修改或者决定有关劳动报酬、工作时间、休息休假、劳动安全卫生、保险福利、职工培训、劳动纪律以及劳动定额管理等直接涉及劳动者切身利益的规章制度或者重大事项时，应当经职工代表大会或者全体职工讨论，提出方案和意见，与工会或者职工代表平等协商确定。

在规章制度和重大事项决定实施过程中，工会或者职工认为不适当的，有权向用人单位提出，通过协商予以修改完善。

用人单位应当将直接涉及劳动者切身利益的规章制度和重大事项决定公示，或者告知劳动者。

**第三十八条** 用人单位有下列情形之一的，劳动者可以解除劳动合同：

（一）未按照劳动合同约定提供劳动保护或者劳动条件的；

（二）未及时足额支付劳动报酬的；

（三）未依法为劳动者缴纳社会保险费的；

（四）用人单位的规章制度违反法律、法规的规定，损害劳动者权益的；

（五）因本法第二十六条第一款规定的情形致使劳动合同无效的；

（六）法律、行政法规规定劳动者可以解除劳动合同的其他情形。

第七部分

规章制度应用合规

# 81. 员工小错不断大错不犯可以累计加重处罚吗？

## 【固法观点】

员工有严重违纪事实和企业有制度依据，企业就可以合法解除劳动关系，但对"大错不犯，小错不断"的劳动者如何处理成为难题。单纯就每个小错误而言给企业造成的损失和影响并不大，但连续不断的小错误造成的损害并不一定就小。若某个员工的多次小错误都只能轻微处罚，对其他全体员工就没有警醒和震慑作用。这种不良的风气容易影响其他员工，最后可能影响整个企业的运行和发展。解决这个问题的较好办法是：将"小错"累积成"大错"，即按累计升级加重处罚的规则来处理，把小错累计成为大错，再以严重违反规章制度为由解除劳动关系。

## 【案例分析】

在"李某与广州市富采贸易有限公司劳动争议"一案中，法院查明，富采公司于2017年8月17日以李某严重违反公司规章制度为由解除与李某的劳动关系。根据有李某签名的会议记录以及警告信：（1）李某于2016年1月22日因工作疏忽被给予书面警告一次；（2）于2016年10月28日因存在工作疏忽被给予书面警告一次；（3）因2017年2月至4月多次迟到旷工、5月4日下午旷工4.5小时、4月19日旷工7小时而于2017年5月5日被给予书面警告一次；……（6）因2017年5月4日下午旷工于2017年6月14日被给予书面警告一次；（7）因2017年6月5日迟到半小时以上于2017年7月11日被给予书面警告一次。李某确认其在相应的警告书以及会议记录上签名，但是不同意上述文件所记载内容，并主张上述处罚决定存在未在违纪两周内处罚等程序瑕疵。又查明，根据富采公司的员工手册第二十三条规定："员工旷工按员工违纪处分规定予以处理"。该员工手册第二十四条规定："……3.每次超过30分钟的迟到，做旷工半天处理，每月如有超过三次15分钟以上的迟到，亦做旷工半天处理……如连续三个月有三类迟到或四类迟到者，将按员工违纪处分规定予以处理。"

一审法院认为，广州市富采贸易公司提供证据真实，规章制度未违反法律禁止性规定，解除与李某的劳动关系合理合法，驳回李某的诉讼请求。二审法院维持原判。

〔案例出处：（2018）粤01民终14612号〕

## 【法理分析】

严重违反规章制度可以解除劳动合同，但究竟什么情形是严重违反，法律没有给出具体的标准。对于一些轻微的违纪行为，比如迟到、早退、旷工、聊天、串岗等，仅发生一次就认定严重违纪显然不合理。虽是一般违纪行为，但若员工频繁违纪或屡教不改，而企业不加以严惩可能造成严重后果，比如对某一个员工经常迟到早退都只能是警告而不能加重处罚，员工纷纷效仿就可能造成生产力的严重下滑，最终企业没有竞争力而走向衰败甚至破产。因此，对于轻微违纪行为也要规定累计加重规则。规定对员工轻微违纪行为可累计计算，达一定次数后视为严重违纪，这种做法虽无明确法律规定，但司法机关一般会支持。

判断一个行为是否构成严重违纪要从劳动管理的组织目标上进行总体把握：劳动关系的核心是用人单位对劳动者进行劳动管理，劳动管理最基本的目标是有效组织生产。特别是，当组织内成员的多次违纪行为已经达到严重的标准却没有受到相应责任比例的处罚，这就产生了模仿的效应，对生产效率产生巨大的破坏。虽然每一次轻微的违纪行为不足以对组织生产产生重大影响，没有达到严重违纪的标准，但在一段时间之内连续多次发生，达到一定的次数后就由量变产生了质变，"小错"多次累积成为"大错"，就达到了严重的标准。

公司对员工的累计处分应在合理的期限内做出，若允许用人单位的处理期限过长，会使得劳动关系中的权利义务处于不稳定状态。员工一般违纪也应该处罚，但违纪累计升级处罚员工应有合理的时间限制，特别是对那些因书面警告、记小过而累计升级的记大过再到严重违反规章制度，更应有严格的时间限制，而且，书面警告、记小过等小错误造成的危害不能等同于直接被记大过的大错误产生的危害。违纪累计升级的时间跨度过长将明显加重劳动者的心理负担和责任。一般来说，首次事件发生到最终处罚的时间间隔不应超过一年。

## 【实操建议】

1. 规章制度中应有明确、清晰、层次分明的规定，我们建议将违纪的处罚由轻到重分为一般违纪、中等违纪、严重违纪，当一般违纪、中等违纪在一个时间段内达到一定次数后就变为严重违纪。累计 N 次违反规章制度或劳动纪律的视为严重违纪、严重失职；营私舞弊导致经济损失 N 元以上视为重大损害；对于多次违纪后累加升级的处分应符合比例原则。

2. 累计升级的适用严格按照规章制度规定的程序来操作，否则，由于执行程序有误导致用人单位的认定错误，最终可能会造成用人单位非法解雇的不利后果。比如"一般过错经过书面警告后一个月内又有一般过错发生的，属于严重违反规章制度"的规定，若用人单位没有书面警告程序，即使劳动者有连续过错发生，也不属于严重违反规章制度。

3. 把握好由轻微违纪到严重违纪的过渡。较为重要的一点是规章制度对于员工行为和处理有递进规定。例如"员工上班期间从事其他与工作无关的活动，属于轻微违纪""两次轻微违纪属于中度违纪，两次中度违纪属于严重违纪，严重违纪，企业可解除劳动合同"。

4. 不管员工的违纪行为是大或小，企业都应保存证据。员工每一次轻微违纪都应及时出具违纪通知书，让员工签收以确认和固化证据。当两次轻微违纪可以上升到中度违纪时，亦应向员工发出书面违纪通知，这样轻微违纪才能合理地过渡为严重违纪。

5. 下列形式的材料可以作为处理劳动纠纷的证据：

（1）违纪员工的检讨书、保证书、申辩书、违纪情况说明等；

（2）由违纪员工本人签字确认的违纪记录、处罚通知书等；

（3）事件发生时在现场的其他员工的证词，必须及时让其他员工提交；

（4）有关事件涉及的物证，如物证不方便保留，则拍摄照片或录像留存；

（5）有关事件发生的录音录像和照片，既包括事件发生现场也包括员工的陈述；

（6）政府有关部门比如公安和劳监对违纪员工的处理意见、处理记录及证明等。

切记，"书面证据"是证据之王，尽可能收集和保留违纪员工签字的书面证据。

【法规索引】

《中华人民共和国劳动合同法》

第三十九条　劳动者有下列情形之一的，用人单位可以解除劳动合同：

······

（二）严重违反用人单位的规章制度的。

······

# 82. 规章制度能否规范员工非工作时间和非工作场所的行为？

## 【固法观点】

> 规章制度对劳动者在工作时间和工作场所之外的行为有没有规范效力？对此问题司法判例有很大的差异：有法院认为，公司规章制度中关于员工无论在任何时间和任何场所有违法行为都可以解除劳动关系的规定合法。也有法院认为，用人单位的规章制度超越合理管理权限对劳动者设定义务，并据此解除劳动合同属于违法解雇。我们认为，判断规章制度对工作时间和工作场所之外违法行为进行处理合法性的关键在于员工行为违法的严重程度。

## 【案例分析】

案例一：在"李某与名幸电子（广州南沙）有限公司劳动合同纠纷"一案中，李某申请再审称：一审法院认定解除劳动合同所依据的《员工手册》存在明显不合理规定，被申请人概括性地将所有打架行为都纳入《员工手册》的约束范围，不分原因、是否工作时间、是否工作场合、是否与工作相关，本身缺乏合理性。被申请人规定将被司法机关拘留的给予解除劳动合同既不合法也不合理。

再审法院认为，用人单位有依法建立和完善劳动规章制度的权利和义务。本案中被申请人制定《员工手册》，属于用人单位的用工管理自主权范畴，并不违反法律法规的规定，且被申请人制定的《员工手册》已经依法定程序制定并向再审申请人进行了告知，再审申请人应予遵守。再审申请人与他人打架斗殴，属于违反《中华人民共和国治安管理处罚法》应受处罚的行为，且事实上也被公安机关行政拘留，被申请人依据《员工手册》的规定，将该行为认定为严重违反公司

299

规章制度的行为，并无不当。

〔案例出处：（2015）穗中法民申字第 25 号〕

案例二：在"张某诉京隆科技（苏州）公司支付赔偿金纠纷"案中，一审法院查明：京隆公司于 2008 年 9 月 8 日召开职工代表大会，通过"不允许乘坐黑车，违者以开除论处"的决议。2009 年 4 月 13 日上午，张某乘坐牌照为苏 E8D×××的车辆前往京隆公司宿舍区。2009 年 4 月 20 日，京隆公司以张某乘坐非法营运车辆为由与张某解除劳动合同。

一审法院认为：规章制度既要符合法律、法规的规定，也要合理。劳动者在劳动过程以及劳动管理范畴以外的行为，用人单位适宜进行倡导性规定，对遵守规定的员工可给予奖励，但不宜进行禁止性规定，更不能对违反此规定的员工进行惩罚。京隆公司以乘坐非法营运车辆存在潜在工伤危险为由，规定员工不允许乘坐黑车，违者开除，该规定已超出企业内部劳动规则范畴，且乘坐非法营运车辆行为应由行政机关依据法律或法规进行规范，由用人单位依据规章制度进行处理不合理且不适当。故京隆公司作出解除劳动合同系违法解除，损害了劳动者的合法权益，应当向张某支付赔偿金。江苏省苏州市中级人民法院维持原判。

〔案例出处：（2009）园民一初字第 1821 号、（2010）苏中民终字第 0591 号〕

## 【法理分析】

用人单位规章制度是指用人单位依法制定的、仅在本企业内部实施的、关于如何组织劳动过程和进行劳动管理的规则和制度，是用人单位和劳动者在劳动过程中的行为准则，也被称为企业内部劳动规则。我国立法时没有限制企业劳动规章的内容和范围的立法意图，相反还授权企业可以根据自身需要扩充。对打架斗殴、赌博等被司法机关拘留的均属于扰乱社会公共秩序的严重违法行为，规章制度理应作出否定评价。企业将严重违法的行为规定为严重违反规章制度并不违法或者明显不合理，因此可以作为处理双方劳动争议的依据。

规章制度的制定既要符合法律规定，不能无限放大乃至超越劳动过程和劳动管理的范畴，以侵害到劳动者的个人自由和基本权利。劳动者在劳动用工管理范畴以外的私生活的行为，用人单位不宜进行禁止性规定，更不能对违反此规定的员工进行惩罚。如果用人单位的规章制度超越合理权限对劳动者设定义务，并据此解除劳动合同，损害劳动者的合法权益，属于违法解除。劳动者在非工作时间、非工作地点发生的违法行为，由政府相关部门和机关进行管理，未达到行政拘留等严重违法程度的行为用人单位不应采用严厉的处罚。

## 【实操建议】

1. 制定规章制度应当经过民主程序并向员工公示，且保存好相关证据。用人单位在制定、修改或者决定直接涉及劳动者切身利益的规章制度或者重大事项时，应当通过民主程序制定，内容不违反国家法律、行政法规及政策规定，并向劳动者公示或者告知。

2. 员工在非工作期间的违法犯罪行为，亦应受单位规章制度的约束。对于员工参与"黄、赌、毒、黑"和走私活动等严重违法行为，公司在规章制度中规定在劳动关系存续期间的任何时间，都不能有上述违法犯罪行为，否则，按规章制度的规定可以解除劳动关系。

3. 在一般情况下，用人单位规章制度的规制范围应当限于在工作时间发生的，与用工管理相关的事宜。劳动者有违法但是未达到严重违法甚至犯罪程度的行为尽量不予严厉的处罚。但是，对于受到行政拘留等被限制人身自由而无法提供劳动的可以按旷工论处。

4. 对于劳动者的特殊岗位有特殊要求的，有违反职业要求的违法行为可以处罚，比如，公交车专职驾驶员在非工作时间的酒驾行为可能影响工作职责的正常履行，对此，用人单位的规章制度可以延伸至工作时间之外，驾驶员在非工作时间酒驾的可以解除劳动关系。

## 【法规索引】

《中华人民共和国劳动合同法》

第三十九条　劳动者有下列情形之一的，用人单位可以解除劳动合同：

（一）在试用期间被证明不符合录用条件的；

（二）严重违反用人单位的规章制度的；

（三）严重失职，营私舞弊，给用人单位造成重大损害的；

（四）劳动者同时与其他用人单位建立劳动关系，对完成本单位的工作任务造成严重影响，或者经用人单位提出，拒不改正的；

（五）因本法第二十六条第一款第一项规定（即欺诈、胁迫的手段或者乘人之危）的情形致使劳动合同无效的；

（六）被依法追究刑事责任的。

# 83. 企业规章制度的制定是企业单决制还是劳资共决制？

## 【固法观点】

制定规章制度属于企业的自主权，还是属于劳资双方的共决权？从根本上讲这是企业经营管理模式问题，一方面要尊重企业的经营管理自主权维护股东应得利益，另一方面又要防止企业滥用经营管理自主权侵害劳动者的合法权益，体现在规章制度的制定程序中就是要采用"单决制"还是"双决制"抑或是第三种制度？我们认为，目前应当属于"名义上的劳资双决制，实际上的资方单决制"，或许称之为"共议单决制"更符合实际，即虽需共议，但是最终决定权仍属企业，对规章制度合理性发生争议的，交由司法审查从而避免陷于僵局。

## 【案例分析】

案例一：在"原告胡某与被告苏宁消费金融有限公司劳动争议"一案中，深圳市罗湖区人民法院认为，关于被告公布的规章制度中涉及原告切身利益的条款或内容是否应该双方协商一致的问题，用人单位公布规章制度应该依法履行一系列程序，用人单位是否应该与每个员工一一协商一致并无明确规定。《中华人民共和国劳动合同法》第四条第二款规定的"平等协商确定"主要是指程序上的要求，如果平等协商无法达成一致，最后决定权在用人单位。如果该规章制度违反法律法规的规定，给劳动者造成损害的，劳动者可以依照《中华人民共和国劳动合同法》第八十条寻求救济。被告公布的绩效考核制度和薪酬制度的确涉及原告等员工的切身利益，被告依法履行了讨论、协商程序，工会和员工均没有提出修改意见，还履行了公示程序，并告知原告等员工。被告公布的绩效考核制度和薪酬制度的程序是合法的，法院予以认定。上述考核制度可以作为被告用工管理的依据。

〔案例出处：（2019）粤 0303 民初 25738 号〕

案例二："珠海信禾西部公共汽车有限公司与何某某劳动合同纠纷"一案中，一审法院查明，2019 年 7 月 1 日，信禾公司出具《处理通报》，因公交司机何某某三次违反了《违章违纪处理规定》相关规定与其解除劳动合同。一审法院援引《企业民主管理规定》第十三条、第十四条的规定，因没有达到"经全体职工代表的过半数通过"的标准，认为《违章违纪处理规定》讨论会议参加人同意该规定的并未超过应出席会议人数的一半，一审法院认定该制度不合法。二审法院认为，用人单位在制定规章制度时，只要求经职工代表大会或者全体职工讨论，提出方案和意见，与工会或者职工代表平等协商确定，并没有规定一定要经职工代表大会或者全体职工表决通过。信禾公司制定的《违章违纪处理规定》并不属于《企业民主管理规定》规定的需要职工代表大会表决的事项。对一审法院的判决予以纠正。

〔案例出处：（2020）粤 04 民终 971 号〕

## 【法理分析】

制定规章制度的决定权有"单决制""双决制""共议单决制""共议共决制"等方式。"单决制"是指制定规章制度和决定重大事项是用人单位的经营管理自主权，应由企业单方决定；"双决制"是指制定规章制度应该有劳动者参与，涉及职工切身利益的，属于共同决定的事项，应由用人单位和职工双方共同决定。"平等协商"是制定规章制度讨论和协商的民主程序，如果规定必须经过工会或职工代表大会讨论通过，一旦意见不统一，规章制度或重大事项就会久拖不决。这就限制了用人单位的经营自主权，也使得企业规章制度难以产生及实施。这种状况对企业的生产经营不利，最终会影响整个社会的经济效益。

企业制定规章制度"单决制"与"双决制"的冲突，从深层意义或根本意义上讲，是经营管理自主权与公司民主管理的冲突。公司民主管理是一直困扰学界的问题，一方面，根据现代管理理论，民主管理有其重要性和作用；另一方面，民主管理又给公司生产经营带来决策效率降低等问题。《中华人民共和国公司法》第十八条第三款规定，公司研究决定改制以及经营方面的重大问题、制定重要的规章制度时，应当听取公司工会的意见，并通过职工代表大会或者其他形式听取职工的意见和建议。但只规定了听取职工的意见和建议，决策权还在公司，即仍然是"单决制"。《中华人民共和国劳动合同法》第四条对于规章制度的最终决定归属也未明确规定。

目前在世界范围内实施企业劳动规章制定"共决制"的国家只有德国，但德国劳资关系合作模式并非大多数国家都崇拜和向往的模式。而且我国现在也不具备实施"共决制"的条件。目前，在我国制定规章制度实行"共议共决制"并不一定是件好事，因为它严重限制了企业的灵活用工，束缚了企业活力。在实际操作中，虽然我国立法强调了制定规章制度的民主程序即"共议"，但并不是"共决"，实际上仍然是"单决"，实行的是"共议单决制"，即劳动者参与规章制度制定的过程，但是最终的决定权仍然在企业，至于规章制度是否合理合法则交由司法机关来判定。这种制度模式一定程度上满足了民主的需求，但更注重效率，公平与否最终由司法机关裁量，因此不会导致劳资双方利益失衡。

## 【实操建议】

1. 既然目前规章制度制定的决定权是"共议单决制"，企业就可以根据需要通过规章制度详细规定有利于促进企业经营效益的规则和措施，不必担心可能有大部分员工或工会或职代会不同意某些条款出现僵局的状况，只要依法履行了民主程序和告知程序，且内容不违反法律、行政法规的强制性规定，法院仍然可以以此作为确定企业管理权的依据。

2. 虽然规章制度的条款最终可以由企业决定，但规章制度的内容必须合法，特别是不能违背国家基准法方面的规定。从这个意义上讲，制定规章制度又不是随意和任意的，如果规章制度的条款不合理不合法，仍然会被司法机关裁定该制度条款无效，不仅制定规章制度违法需要给劳动者作出赔偿，而且规章制度执行过程中也有因违法需赔偿的风险。

3. 从和谐劳动关系的意义上讲，为提高职工的劳动积极性和凝聚力，企业制定规章制度应当尽可能合理，只有员工与企业齐心协力才能提高企业整体效益。企业规章制度的执行必然涉及企业与员工的利益和权益之争，如果制度不合法不合理，员工内心不服而不予配合，必然会影响企业的生产经营效率，还会产生很多劳动纠纷，最终对企业发展不利。

4. 制定规章制度必须遵守法律规定的民主程序，民主程序不仅仅体现在形式上，更要体现出让员工参与的诚意和真心，具体操作中可先将制度草稿交给工会或者员工代表大会讨论，广泛听取和征求职工的意见，工会或职工代表或职工对制度某条款有异议的，合理合法的建议和意见应当采纳，经修改形成定稿后对员工进行公示或告知。

## 【法规索引】

1.《中华人民共和国劳动合同法》

**第四条** 用人单位在制定、修改或者决定有关劳动报酬、工作时间、休息休假、劳动安全卫生、保险福利、职工培训、劳动纪律以及劳动定额管理等直接涉及劳动者切身利益的规章制度或者重大事项时，应当经职工代表大会或者全体职工讨论，提出方案和意见，与工会或者职工代表平等协商确定。

在规章制度和重大事项决定实施过程中，工会或者职工认为不适当的，有权向用人单位提出，通过协商予以修改完善。

2.《深圳市中级人民法院关于审理劳动争议案件若干问题的指导意见（试行）》

79.《中华人民共和国劳动合同法》第四条第二款规定的"平等协商确定"主要是指程序上的要求，如果平等协商无法达成一致，最后决定权在用人单位。如该规章制度违反法律法规的规定，给劳动者造成损害的，劳动者可依据《中华人民共和国劳动合同法》第八十条寻求救济。

3.《江苏省高级人民法院、省劳动争议仲裁委员会关于印发〈关于审理劳动争议案件的指导意见〉》的通知

**第十八条** 用人单位在《中华人民共和国劳动合同法》实施后制定、修改规章制度，经法定民主程序与工会或职工代表协商，但未达成一致意见，若该规章制度的内容不违反法律、行政法规的规定、不存在明显不合理的情形，且已向劳动者公示或者告知的，可以作为处理劳动争议的依据。

# 84. 约定规章制度作为劳动合同附件是否有效？

## 【固法观点】

　　很多单位都在劳动合同的末尾附加一条："规章制度作为本合同的附件。"这种做法可能是想证明有规章制度且不必再公示或另行告知。但在实务中，一旦发生劳动争议，到底有没有附件往往各执一词，司法机关对此认定也较为严格。这种证明规章制度的做法不可取，既难以证明有规章制度也难以证明规章制度已经送达。至于规章制度送达的方式可参照本书"通过电子邮件给员工发送规章制度可否视为送达？"一文，在此不再赘述。

## 【案例分析】

　　案例一：在"孟某与上海某生物科技有限公司民事判决书"中，公司以员工违反了《关于员工"未打卡"和"迟到"考勤规定》辞退了员工。虽然劳动者确认《劳动合同》中"甲方（公司）颁发的规章制度作为合同的附件，乙方（员工）承诺经阅读并理解上述附件的内容，并愿意按其执行、受其制约"这一条款的真实性，但员工认为没有看到过《考勤规定》，也不知晓该规定的内容。员工请求法院判决公司违法解除劳动合同。

　　上海市奉贤区人民法院认为，虽然原、被告签订的《劳动合同》对规章制度作出了约定，但单位未向法院提供任何证据证明作为合同附件的规章制度中包含了《考勤规定》以及其规章制度确已作为合同附件于签订《劳动合同》时一并向孟某出示等事实，亦未能提供证据证明《考勤规定》已予以公示，故单位辞退孟某的行为，不符合劳动合同法规定的用人单位可以解除劳动合同的情形，属违法解除，应支付相应违法解除劳动合同赔偿金。

〔案例出处：（2017）沪 0120 民初 14692 号民事判决书〕

　　案例二：在"广州联合冷热设备有限公司与杨某劳动合同纠纷"案中，联合公司解除与杨某的劳动合同是否合法，一审法院对此分析认定如下：首先，杨某否认知悉公司《规章制度》的内容，经查双方在签订劳动合同时虽有约定将《规章制度》作为劳动合同的附件，但实际并未将《规章制度》的文本附加在合同内，而联合公司提供的其他证据亦不足以证明该《规章制度》已向杨某公示或告知，故联合公司应承担举证不能的不利后果，一审法院对联合公司主张已向杨某告知《规章制度》内容的意见不予采信。二审法院认为，关于规章制度有无向杨某进行送达或进行公示的问题，联合公司并无证据证实有将 2012 年版、2013 年版的规章制度送达给杨某，一审法院对此已经作出了充分论述，法院予以确认。

〔案例出处：（2014）穗中法民一终字第 7329 号民事判决书〕

## 【法理分析】

　　用人单位制定规章制度必须经过民主程序，如果直接将规章制度列为劳动合同的附件，有可能被认定为规避规章制度的民主程序，侵害劳动者的合法权益。用人单位应当将直接涉及劳动者切身利益的规章制度和重大事项决定公示，或者告知劳动者，而以劳动合同条款代之有很大风险。虽然规章制度与劳动合同之间有密切的关系，但是二者是相互独立的，制定和修改程序、侧重规定的内容和法律对其要求均不相同。将规章制度作为劳动合同附件，使得用人单位内部的规章制度变成了劳动合同的条款，直接规范了劳动者与用人单位之间的权利和义务。同时，规章制度列为劳动合同附件，法院仍然会依据劳动合同的效力审查规章制度的效力。因此将规章制度作为劳动合同附件，不一定能达到企业想要的效果。

　　从法律逻辑上讲，将规章制度列为劳动合同的附件，就视为规章制度是劳动合同的组成部分。对规章制度的修订就适用劳动合同变更的程序，那么，任何修改都必须和单个劳动者协商一致，如果某个劳动者不同意变更，用人单位还必须按照原规章制度继续履行。同时，如果规章制度视为劳动合同内容，那么每一次修订规章制度均需要经过全体员工同意，这样就会使规章制度的共议单决制变为共议公决制，严重影响规章制度的修订效率。因此，规章制度作为劳动合同附件的方式不可取，应走正常的规章制度公示或告知程序。

**【实操建议】**

1. 与劳动者切身利益密切相关的规章制度对劳动者发生法律效力的前提之一是要履行民主程序，不可省略该程序以劳动合同条款代之。否则，用人单位的规章制度不对劳动者产生约束力。虽然有未经民主程序而认定法律效力的个案和地方司法解释的例外规定，但是并不是对未经民主程序的支持和鼓励，规章制度可能因未经民主协商程序而导致无效。对此，我们在本书"规章制度没有经过民主程序是否一概无效"一文中有详细的阐述。

2. 劳动合同本身是可以加上附件的，比如员工岗位职责等其他附加协议，但不能笼统地规定规章制度为劳动合同的附件。若用人单位确实希望通过劳动合同达到送达目的，可以把规章制度附在劳动合同之后，加盖骑缝章，并让员工在附在之后的规章制度上签名确认甚至加按指模，一式两份保留原件。但是，我们认为，其实这种方式也完全没有必要，直接送达给员工或公示更有法律效果。具体可以参考本书的"通过电子邮件给员工发送规章制度可否视为送达？"一文，我们列举了各种送达方式，并能够保证这样送达的法律效力。

**【法规索引】**

1.《中华人民共和国劳动合同法》

第四条　用人单位在制定、修改或者决定有关劳动报酬、工作时间、休息休假、劳动安全卫生、保险福利、职工培训、劳动纪律以及劳动定额管理等直接涉及劳动者切身利益的规章制度或者重大事项时，应当经职工代表大会或者全体职工讨论，提出方案和意见，与工会或者职工代表平等协商确定。

在规章制度和重大事项决定实施过程中，工会或者职工认为不适当的，有权向用人单位提出，通过协商予以修改完善。

用人单位应当将直接涉及劳动者切身利益的规章制度和重大事项决定公示，或者告知劳动者。

2.《长三角区域"三省一市"劳动人事争议疑难问题审理意见研讨会纪要》

第七条　劳动者存在违反法律、行政法规规定或者必须遵守的劳动纪律等情形，严重影响到用人单位生产经营秩序或者管理秩序的，应当认可用人单位解除劳动合同的正当性。对劳动者仅以用人单位规章制度未明确规定或者制定存在程序瑕疵、劳动合同未明确约定为由，主张用人单位解除劳动合同违法的，不予支持。

**3.《安徽省高级人民法院关于审理劳动争议案件若干问题的指导意见》**

　　**第五条**　用人单位在与劳动者签订的书面劳动合同中，已明确告知劳动者存在某种特定规章制度，该特定规章制度属于劳动合同内容，人民法院应根据《中华人民共和国劳动合同法》关于劳动合同效力的规定审查其效力。

# 85. 规章制度没有经过民主程序是否一概无效?

## 【固法观点】

　　《中华人民共和国劳动合同法》第四条规定用人单位制定规章制度必须经过民主程序,那么,内容不违法、不违反公序良俗,也完全合理的规章制度是否因为未经民主程序而必然无效? 全国各地对未经民主程序的规章制度判定有效或无效的司法解释和判例同时存在,但我们还是建议企业一定要重视民主程序,不要抱着侥幸心理而不履行民主程序。若确有未经民主程序而导致规章制度可能被认定为无效的,也要以规章制度本身具有合法性和合理性而有效据理力争。

## 【案例分析】

　　案例一: 在"姚某某诉上海吉列有限公司劳动合同纠纷"一案中,上诉人主张,吉列公司的《员工守则》未经过民主程序,公司亦未依法将处理结果书面通知工会。上海一中院认为,上诉人姚某某已签署确认收到并声明愿意遵守《员工守则》。现姚某某主张该守则未经民主程序而不得作为解除劳动合同的依据,难予采纳。《员工守则》根据过错行为的性质及其严重程度,将过错行为的等级划分为 A、B、C 三等。姚某某不如实记录数据的行为乃不诚信行为,符合《员工守则》C 类第 3 点过错,吉列公司解除劳动合同合法。

　　　　　　　　　　　　〔案例出处:(2013)沪一中民三民终字第 2114 号〕

　　案例二: 在"昆山高晟精密机电有限公司与刘某经济补偿金纠纷(涉台)"一案中,苏州市中院和其下级法院昆山市法院均因用人单位未举证证明规章制度已经过民主程序,而认为其不能作为处罚员工的依据。结合事实部分,均认定用人单位解除员工的行为属违法解除。本案中,公司虽提供了《员工手册》,也按照该《员工手册》的规定对刘某作出了相关惩处，但公司未提供证据证明该《员工手册》已经过民主程序，亦未提供证据证明该《员工手册》已送达过刘某，刘某已知晓相关规定，故公司以刘某违反公司《员工手册》的规章制度为由对刘某解除劳动合同的行为不符合法律规定。

〔案件出处：（2013）苏中民终字第 0950 号〕

## 【法理分析】

《中华人民共和国劳动合同法》规定规章制度需要经过民主程序，这是规章制度产生效力的基本条件。《中华人民共和国劳动合同法》第四条规定直接涉及劳动者切身利益的规章制度或者重大事项应当通过民主程序制定，并向劳动者公示。立法本意就是要让在劳动关系中本就处于弱势的劳动者更多地参与规章制度的制定，从而建立一个劳资双方都能真正认可的制度体系，以便于维护劳动关系的和谐稳定。用人单位依据未履行民主程序的规章制度对劳动者作出任何决定均不符合程序正义，也难以得到司法的确认。在实务中，一些用人单位制定的规章制度未经过民主程序即实施，在劳动纠纷中因无法提供经过民主程序的证据而导致败诉。

全国各地对于规章制度是否必须经民主程序的规定存在差异：以厦门市为代表的地区持严格态度，明确规定规章制度需要经过民主程序才能作为用工管理的依据。以北京、上海为代表地区的指导意见规定规章制度未经民主程序无效，但用人单位可以以劳动者违反劳动纪律和职业道德解除劳动关系。广东、江苏、浙江等地虽然也要求制定规章制度未经过民主程序原则上不能作为用工管理依据，但是在地方的指导意见和审判规则中又持宽松态度，即规章制度的内容未违反法律、行政法规及政策规定，不存在明显不合理的情形，并已向劳动者公示或告知，劳动者没有异议的，可以作为裁判的依据。

支持规章制度未经民主程序有效的地方性指导意见以及相关案例，代表的只是当地司法机关倾向性的意见而并非法律明确规定，这些指导意见和判案导向也会随时发生变化。在《中华人民共和国劳动合同法》第四条已经明确规定规章制度需要履行民主公示程序的情况下，为避免因为程序瑕疵而导致规章制度无效，从合规管理及日后风险防范的角度出发，建议用人单位还是严格履行规章制度的民主程序。否则，会造成企业劳动管理的规章制度空缺，或规章制度无效而对员工奖惩没有制度依据。但是，若遇未经民主程序而导致规章制度可能被认定为无效的，也要以规章制度本身具有合法性和合理性，未违反法律法规及政策而有效据理力争。

## 【实操建议】

1. 完善劳动合同，把规章制度的重要内容写进劳动合同中，如果发生法律纠纷，规章制度没有规定或因程序瑕疵无效时，可以依劳动合同作为对违纪员工进行处理的依据。

2. 民主程序尽可能严格按照法律规定而不能随意简化。既要与职工代表大会或全体员工讨论，履行广泛讨论程序，又要与工会或职工代表协商，以履行平等协商程序。

3. 对于职工参与民主程序主体也需符合法律要求，不能仅仅征求职代会或工会意见代替全体职工讨论的程序，未经全体职工讨论的规章制度可能被认定无效。

4. 严格遵照法律规定的参与讨论的人数，对于一些大型企业，或生产流程连续不能全部停工参会，不能一个会场或同一时间让所有员工参与的，可采用分时段分会场操作。

5. 若用人单位 2008 年之后制定规章制度未经民主程序可能无效，可以适用 2008 年之前的规章制度予以处罚违纪员工，以此暂时解决未经民主程序导致规章制度无效的问题。

6. 一定要注意保留民主协商的证据，在协商过程的纪要里，一定要记录好讨论的内容，并要求参会人员或职工代表签字或签章。人事部门也要将该会议纪要原件存档。

7. 属于企业自主经营管理范畴的制度，不直接涉及劳动者切身利益及重大事项，无需经过民主制定程序。如用人单位的印章管理制度、报销管理制度、招投标制度等。

8. 有些制度可能介于直接涉及劳动者切身利益和企业自主经营之间，是否需要经过民主程序需要慎重考虑。比如年终奖制度、交通费补贴制度是否为企业自主权尚存争议。

## 【法规索引】

1.《中华人民共和国劳动合同法》

第四条　用人单位应当依法建立和完善劳动规章制度，保障劳动者享有劳动权利、履行劳动义务。

用人单位在制定、修改或者决定有关劳动报酬、工作时间、休息休假、劳动安全卫生、保险福利、职工培训、劳动纪律以及劳动定额管理等直接涉及劳动者切身利益的规章制度或者重大事项时，应当经职工代表大会或者全体职工讨论，提出方案和意见，与工会或者职工代表平等协商确定。在规章制度和重大事项决定实施过程中，工会或者职工认为不适当的，有权向用人单位提出，通过协商予以修改完善。

**2.《上海市高级人民法院关于适用〈劳动合同法〉若干问题的意见》**

十一、……在规章制度无效的情况下，劳动者违反其必须遵守的合同义务，用人单位可以要求其承担相应责任。劳动者以用人单位规章制度没有规定为由提出抗辩的，不予支持。但在规范此类行为时，应当仅对影响劳动关系的重大情况进行审核，以免过多干涉用人单位的自主管理权。

**3.《北京市高级人民法院、北京市劳动争议仲裁委员会关于劳动争议案件法律适用问题研讨会会议纪要》**

36. 用人单位在《中华人民共和国劳动合同法》实施前制定的规章制度，虽未经过《中华人民共和国劳动合同法》第四条第二款规定的民主程序，但内容未违反法律、行政法规及政策规定，并已向劳动者公示或告知的，可以作为用人单位用工管理的依据。

# 86. 规章制度没规定可否以员工违纪直接解雇？

## 【固法观点】

> 用人单位对劳动者严重违纪行为的处罚应以规章制度的规定为依据，但是对于规章制度没有规定的严重违纪或严重违反社会公德和公序良俗的行为可以处罚，以维持良好的生产经营秩序，但这种情形解除劳动关系的法律风险很大，操作不当或把握不准极有可能造成违法解雇，支付劳动者赔偿金的严重后果。解决这一矛盾除了规章制度要制定得尽可能详尽周密之外，还要设置兜底条款以弥补规章制度不严谨不全面的缺陷，必要时应当由法律专业人士来把控。

## 【案例分析】

在"北京阿里巴巴云计算技术有限公司与丁某某劳动争议"案一审中，2013年4月18日，丁某某前往医院就诊，诊断结论及建议为：颈椎病，建议休两周。2013年4月19日，丁某某向阿里巴巴请病假两周，阿里巴巴予以批准。当日，丁某某即前往巴西旅游。阿里巴巴知情后以丁某某欺诈为由解除劳动合同，丁某某则以"阿里巴巴的规章制度未对员工休病假期间的休假地点作出限制性规定"为由认为阿里巴巴解除劳动合同违法。一审法院认为，阿里巴巴公司的规章制度中并没有对员工休病假期间的休假地点作出限制性规定，这意味着丁某某在休病假期间前往巴西这一行为本身并没有制度上的约束和限制。二审法院经审理撤销了一审判项，北京市高级人民法院经审理认为阿里巴巴公司申请重审有理，于是发回重审。

再审法院认为，劳动者严重违反劳动纪律和规章制度，有悖相互尊重和信任，导致劳动合同失去继续履行的基础。虽然司法实践中倡导用人单位制定明确的规章制度和劳动纪律，但是不能苛求对劳动者的日常行为事无巨细地作出规制。对于劳动纪律和规章制度中没有具体涉及的情形，应当遵循民法中的诚实信用原则。规章制度虽然未对劳动者休假地点作出限定，但是劳动者休假期间的行为应当与其请假事由相符。丁某某在阿里巴巴公司向其了解情况时拒绝提供真实信息，违背诚信原则和企业规章制度，对用人单位的工作秩序和经营管理造成恶劣影响，故阿里巴巴公司解除劳动合同合法有效。

〔案例出处：（2015）一中民终字第 650 号、（2015）高民申字第 03197 号、（2017）京民再 65 号〕

## 【法理分析】

规章制度的制定无论如何详尽和具体，都不能做到包罗万象，事无巨细。用人单位因自身认知和管理水平所限无法详尽罗列、描述各种严重违反规章制度的现象，而且，随着科技的不断进步、互联网的快速发展，各种新鲜事物层出不穷，员工各种违纪行为也层出不穷，用人单位几乎无法预测可能出现的违纪行为。要求劳动者的所有违法行为都必须在规章制度中规定过于苛刻，而且也会使一些明显违背社会公德和职业道德的行为得不到应有的惩处，用人单位的劳动生产秩序和生产经营环境都会受到破坏。对此现象有三种观点：

第一种观点认为，可以按违背道德为由解除劳动合同，包括违背公序良俗、职业道德等行为。一种虽然不明确违法但违背了普通公民良好道德要求的行为应当被禁止，作为员工应当遵纪守法、遵守良好的社会公德。当劳动者严重违反社会道德，法院可以利用公序良俗的原则予以判处。当然，适用该原则应该受到严格限制，避免对劳动者处罚的扩大化。

第二种观点认为，可以违反劳动纪律为由解除劳动合同。虽然《中华人民共和国劳动合同法》没有规定违纪解除，但是《中华人民共和国劳动法》中有劳动纪律的规定。劳动纪律是用人单位为形成和维持生产经营秩序，保证劳动合同得以履行，要求全体员工在集体劳动、工作、生活过程中必须共同遵守的规则。违反劳动纪律破坏了这一规则，理应得到相应的惩处。

第三种观点认为，不能将对劳动者的处罚延展到社会道德的范畴。社会道德并没有一个客观统一的标准，也超出了劳动纪律的范畴，如果不加以限制地适用就会造成对这一规则的滥用，客观上也违背了劳动法对员工的违纪行为进行处罚的初衷。同时，劳动合同法作为劳动法的同位法，规章制度应当包含劳动纪律，不应当在规章制度之外再另设罚则。

我们认为，既然劳动法有劳动纪律的规定，对于规章制度没有规定的，严重违反劳动纪律的可以处罚，直至解除劳动合同，这与劳动合同法也并不冲突，同时避免了严重违反生产经营秩序的现象得不到处罚的情形。但对于违反道德的行为进行惩罚则应从严控制，除非该行为对企业的生产经营造成严重影响和损失。

## 【实操建议】

1. 制定规章制度的各项条款必须标准明确、合理合法。界定违纪行为要根据企业经营范围、经营特点和每个人岗位职责的不同来确定，同时制定相应的操作规范和服务流程。企业制定劳动纪律和惩戒制度的最佳方式是让每个部门的负责人提出本部门的行为规范，其后将各个部门所提出的内容归纳整理并加以提炼，最后形成一套系统性的准则。

2. 规章制度无法明确的可采用两种办法处理：一种办法是抽象地描述某种情形，但是尽可能用词准确，避免产生歧义；另一个办法是设计兜底条款，将无法一一列举的情况采用兜底办法予以明确，通常用词是"及一切相同和类似的行为"。在某些小项目后可以设置兜底条款，还需要在某一种大项目后设置一个更加宽泛的条款。但是，必须注意，用人单位没有规章制度依据直接引用兜底条款解除劳动合同的，败诉风险较高。

3. 将遵守劳动纪律、职业道德、诚实信用以及公序良俗、社会道德等纳入兜底条款。采用普适性的原则、法理和正确的价值观进行兜底以弥补规则不能穷尽之困。用人单位可以将劳动者的法定义务，如遵守劳动纪律、职业道德、诚实信用等，以及公序良俗、社会公德等纳入兜底条款中，一方面保护用人单位基于法定权利以及公序良俗等要求对员工进行必要的用工管理，另一方面也能尽量避免用人单位在劳动争议纠纷中处于不利地位。

## 【法规索引】

1.《中华人民共和国劳动法》

第三条　劳动者应当遵守劳动纪律和职业道德。

第二十五条　劳动者有下列情形之一的，用人单位可以解除劳动合同：

……

（二）严重违反劳动纪律或者用人单位规章制度的。

2.《关于〈中华人民共和国劳动法〉若干条文的说明》

第二十五条 劳动者有下列情形之一的，用人单位可以解除劳动合同：

……

（二）严重违反劳动纪律或者用人单位规章制度的。

3.《2014年广州市劳动仲裁院关于处理劳动人事争议仲裁疑难问题意见的函》

八、如职工有连续无故旷工、怠工若干天以上的违纪行为未被企业列入规章制度关于严重违纪行为范围的情况下，能否依据《中华人民共和国劳动法》第二十五条第二项"严重违反劳动纪律"的情形解除劳动合同？

职工有连续无故旷工、怠工若干天以上的违纪事实，属于严重违反劳动纪律的范畴，企业可以根据《劳动法》第二十五条第二项"严重违反劳动纪律"的情形解除劳动合同。

4.《长三角区域"三省一市"劳动人事议疑难问题审理意见研讨会纪要》

七、在规章制度未明确规定或者制定存在程序瑕疵、劳动合同未明确约定的情形下，若劳动者存在明显过错，对用人单位行使解除劳动合同权的认定。

5.《重庆市高级人民法院民一庭劳动争议案件法律适用问题专题座谈会纪要（四）》

一、用人单位能否以劳动者严重违反劳动纪律为由解除劳动合同的问题：市高法院倾向认为，用人单位没有制定规章制度或者规章制度未依法定程序制定、公示，但劳动者存在严重违反劳动纪律的行为，且该行为依据通常情理判断属于严重违背社会主义核心价值观、公序良俗、诚实信用原则的行为，用人单位可以以劳动者严重违反劳动纪律为由解除劳动合同。

# 87. 集团公司制定的制度可直接适用于子公司吗?

## 【固法观点】

集团公司通常要求下属母子公司、关联公司、总分公司等与集团公司在劳动用工管理和规章制度方面保持一致性和统一性,要求下属公司的员工遵守上级公司的规章制度和接受间接用工管理。虽有支持集团公司规章制度直接适用下属公司的判例,但我们仍然认为,集团公司和下属公司具有各自独立的法律主体地位,集团公司的规章制度不能直接适用于下属公司的员工,下属公司可以把集团公司的规章制度转化为本公司的规章制度,但是必须符合三个条件:内容合法、经过下属公司的民主程序确定、向下属公司的劳动者公示或告知。

## 【案例分析】

案例一:在"陈某文、佛山市顺德区某汽公交有限公司劳动合同纠纷再审"案中,广东省高级人民法院认为,本案中《员工手册》虽然系广东某汽集团有限公司制定,但某汽公司作为某汽集团公司独资设立的下级子公司,在未另行单独制定规章制度的情况下,沿用上级集团公司的规章制度符合集团企业内部的惯常做法,亦不违反法律法规的强制性规定。《员工手册》经民主程序制定公示并在陈某文入职时已向其送达告知,故可在某汽公司与陈某文的劳动关系中予以使用。

〔案例出处:(2018)粤民申 7323 号〕

该判决是支持集团公司的规章制度可以直接适用于下属公司的员工,只要告知即可。此判例应是沿袭了广东省"即便没有经过民主程序,但是不违法的制度可以有效"的审判逻辑。

案例二:"上海某超市有限公司与陈某劳动合同纠纷"案中,法院认为:集团并非一个法定概念，在实践中，集团多指具有控股关系的多家独立法人所形成的共同体。在实际运营管理中，存在上级控股公司或者母公司管理下级单位或子公司的情况。具体到本案中，双方争议最大的焦点为上级公司即某集团颁布的规章制度是否适用，关于这一问题，我国劳动合同法已经明确，用人单位在制定、修改规章制度或者重大事项时必须经过民主程序，即使是控股单位或者母公司制定的，对于下级单位或者子公司来说，还应经过法定程序予以通过。

〔案例出处：（2014）沪一中民三（民）终字第 274 号〕

## 【法理分析】

集团公司（包括中央企业、地方国有企业、大型企业）是一种概括性的说法，是指母子公司、关联公司、总分公司。集团公司通常在劳动用工管理体系以及规章制度方面要求下属企业与其保持一致和统一性，不仅要求劳动者接受与其签订劳动合同公司的用工管理，同时还要遵守上级公司的规章制度和间接管理或者劳动关系存续及待遇的直接管理。但是集团公司的规章制度不必然均适用于其下属公司。规章制度的制定与公司法中股东的意思自治和股东会议事规则根本不同，不能把在公司法意义上集团公司基于股权关系对下属公司的经营控制权延伸到劳动法意义上基于平等法律主体地位的下属公司员工的劳动管理权。

很多集团公司习惯于制定了规章制度就直接以文件形式下发到各子公司要求遵照执行。但即便集团公司履行了民主程序也不能直接适用于下属公司，除非下属公司员工参与了规章制度制定的民主程序，否则，下属公司应当通过民主程序确定规章制度。尽管某些省份比如江苏法院、成都法院都认为母公司的规章制度可以直接适用于子公司，但是我们认为，事关劳动者切身利益的规章制度不是通过公司决策的程序仅体现了股东意志，而必须同时体现职工的参与性，否则，该规章制度不能直接适用于下属公司的全体员工。

用人单位规章制度的预期适用范围，应当与制定过程中民主参与的职工范围相一致，这体现了"本单位规章制度只适用于本单位员工"的基本概念。如果集团公司总部制定的规章制度仅经过了总部职工的参与，则由于总部职工与基层职工劳动关系并不一致，总部职工的参与并不能代表下属职工的意志，这种做法事实上变相剥夺了下属公司员工规章制度制定的参与权。而劳动者对于本单位的有关其切身利益的相关规章制度，具有法定的制定参与权和知情权，否则，既不符合劳动立法的原意，也不利于建立和谐的劳动关系。

## 【实操建议】

1. 上级公司或总公司在制定规章制度时应当考虑其规章制度向下的适用范围，并在规章制度中予以明确是"参照"而不是遵照执行；集团公司的规章制度应当具有稳定性、可预见性，这就要求上级公司在制定规章制度时需考虑到适用于哪些子公司或分公司。

2. 上级公司要求下级公司执行其制定的规章制度时，从法律关系来讲其要求系对下级公司提出，行使的是公司法上的控制权，而不是劳动法上的劳动管理权，因而不能直接适用于下级公司的员工。上级公司有权管理下级公司，但对下级公司员工没有直接用工管理权。

3. 无论是集团公司或是母公司制定的规章制度，分公司和子公司需要适用都必须履行公示或告知程序，否则劳动者对该制度不知晓，该规章制度对劳动者就没有法律约束力。

4. 虽然有分公司和子公司可以不经过民主程序直接适用集团公司或母公司规章制度的经典判例或指导意见，我们还是建议务必经过民主程序以保证规章制度的效力。

5. 法律没有规定规章制度文本的来源，母公司的规章制度子公司可以直接拿来作为样本使用，但是必须经过严格的民主程序和公示或告知程序。

## 【法规索引】

1.《中华人民共和国劳动合同法》

第四条 用人单位在制定、修改或者决定有关劳动报酬、工作时间、休息休假、劳动安全卫生、保险福利、职工培训、劳动纪律以及劳动定额管理等直接涉及劳动者切身利益的规章制度或者重大事项时，应当经职工代表大会或者全体职工讨论，提出方案和意见，与工会或者职工代表平等协商确定；用人单位应当将直接涉及劳动者切身利益的规章制度和重大事项决定公示，或者告知劳动者。

2.《中华人民共和国公司法》

第十四条 公司可以设立分公司。设立分公司，应当向公司登记机关申请登记，领取营业执照。分公司不具有法人资格，其民事责任由公司承担。公司可以设立子公司，子公司具有法人资格，依法独立承担民事责任。

3.《二〇一七年全市法院民商事审判工作会会议纪要（成都）》

第二十条 母公司制定的劳动规章制度不能直接适用于子公司。若要适用，仍须依照《中华人民共和国劳动合同法》的规定经子公司职工代表大会或者全体职工讨论，并依法在子公司内部公示或告知劳动者。

4.《江苏省高级人民法院、省劳动争议仲裁委员会关于印发〈关于审理劳动争议案件的指导意见〉的通知》

第十八条　有独立法人资格的子公司执行母公司的规章制度，如子公司履行了《中华人民共和国劳动合同法》第四条规定的民主程序，或母公司履行了《中华人民共和国劳动合同法》第四条规定的民主程序且在子公司内向劳动者公示或告知的，母公司的规章制度可以作为处理子公司劳动争议的依据。

# 88. 通过电子邮件给员工发送规章制度可否视为送达？

## 【固法观点】

制定规章制度不仅要经过民主程序，还要向劳动者公示或告知才能产生法律效力。由于方便快捷和节约能耗，电子邮件成为一种常用的送达方式。但由于电子邮件本身具有易修改性和不确定性，发生劳动纠纷时，劳动者可能不承认收到邮件，或者即使承认收到邮件也不承认了解内容。所以电子邮件送达必须确保劳动者收到，并且阅读和了解了邮件内容。此外，要保证电子邮件送达的效力通常还需要固化留痕，反而增加了取证或诉讼成本。所以在使用电子邮件送达时最好结合其他送达方式一起使用，确保送达的有效性。

## 【案例分析】

案例一：在"陈某、乐斯福（明光）有限公司劳动纠纷"案中，陈某称公司提供的电子邮件送达手续不完善，不能证明已送达陈某。但一审法院认为，乐斯福（明光）公司就《员工手册》的相关内容征求过公司工会意见，即《员工手册》的制定程序合法；乐斯福（明光）公司提供的公示通知、电子邮件截图等证据证明：乐斯福（明光）公司就出台《员工手册》这一事项进行了公示并将《员工手册》送达员工，说明乐斯福（明光）公司就《员工手册》的相关内容对员工进行了告知。一审法院认可了电子邮件送达规章制度的效力。二审法院也认可乐斯福（明光）公司《员工手册》通过电子邮件送达规章制度的效力。

〔案例出处：（2020）皖 11 民终 1908 号〕

案例二：在"常州天合光能有限公司与陈某劳动合同纠纷"案中，二审法院认为，用人单位应当采取比较易于证明的方式来履行上述"公示或告知"的义务，如签收工作手册、针对劳动者个人的电子邮件送达或将规章制度快递予劳动者等方式。上诉人常州天合公司要求根据其与被上诉人陈某的电子邮件内容推定被上诉人陈某已经知悉《员工手册》的内容，但二审法院认为，双方电子邮件的内容没有明确的关于被上诉人陈某已经知悉《员工手册》的相关陈述，法院亦不宜根据双方当事人的电子邮件内容径行推定劳动者已经知悉相关规章制度的事实。

〔案例出处：（2017）粤 03 民终 2091 号〕

## 【法理分析】

规章制度经过民主程序通过后，必须以适当的方式向员工公示或告知。公示的意思就是要使得用工单位内员工都知晓。只有知晓了规则才能去遵守，否则就不公平。关于如何公示、公示的形式，法律上无明文规定，在公示规章制度时应该注意保留公示的证据。实务中，规章制度的公示或者告知的方式呈现多样化。从证据效力、证据保留等防范法律风险的角度来看，尽量确保员工收到邮件，阅读并知悉邮件内容，提高劳动争议案件的胜诉率。

随着科技发展，电子邮件等送达方式具有运用上的快速、便捷、低能耗特性，用人单位通过 OA 办公系统、单位局域网、电子邮件等方式与劳动者进行信息沟通与交流已成常态。电子邮件同样能够起到与传统的纸质文件相同的外在送达形式的作用，包括阅读、复制、保存等告知劳动者的实际作用。用人单位将规章制度通过电子邮件，以文本附件方式发给劳动者（最好加盖公章），可以视为已向劳动者送达了规章制度的书面文件。

根据《中华人民共和国民事诉讼法》第六十三条的规定，电子数据属于法定的证据种类之一，具有证据效力。但是，发送和接收都是通过网络瞬间完成，且私密性极强，发送主体无法直接看到接收方是否阅读，甚至很难确认对方是否成功接收。电子证据易被造假、删减、篡改等特点决定了法院在对其进行认定时，秉持更严格的要求和更加谨慎的态度。如果条件允许，用人单位应尽量以书面方式让劳动者签收规章制度，以避免发生争议，保护双方的合法权益。

## 【实操建议】

1. 用人单位公示或告知劳动者规章制度的方法包括但不限于：直接签收法、劳动合同约定法、学习培训法、组织考试法、入职登记告知法、内部传阅法、会议宣传法、电子邮件和微信等告知法、OA 等办公系统告知法、通过网站或者宣传栏、公告栏等公示法、视频会议法、快递寄送法。可以几种方法结合使用，最可靠的还是员工签名确认收到并阅读的方法。

2. 为避免员工对电子邮件送达规章制度不确认的情况，发了邮件还要跟进，最好发送邮件后坚持要求员工回复收到邮件，并确认阅读并知悉规章制度的内容并自愿遵守。

3. 虽然采用电子邮件等电子方式送达规章制度比较便捷，但是，也有举证麻烦的问题，如果员工人数不多，建议还是采用纸质文件签字确认更可靠。

4. 即便用人单位能够证明其电子邮箱已发送成功，但因该邮件是否能够成功到达对方电子邮箱还存在其他可能性。故仅以其电子邮箱已发送文件夹中显示邮件发送成功，尚不足以证明劳动者的电子邮箱收到了该邮件。所以，应当要求劳动者明确回复收到邮件。

5. 当发生劳动纠纷，电子邮件送达证据作为关键证据时，最好进行公证。比起当事人一方提交的电子证据材料来讲，法院更容易认可经过公证的电子证据。

6. 电子证据难以仅仅依靠该电子送达便认定案件事实，法院一般会要求举证方提交大量的辅助证据来提升证明力，形成完整的证据链条，所以建议使用多种送达方式。

## 【法规索引】

1.《中华人民共和国劳动合同法》

第四条　用人单位应当将直接涉及劳动者切身利益的规章制度和重大事项决定公示，或者告知劳动者。

2.《中华人民共和国民法典》

第四百六十九条　书面形式是合同书、信件、电报、电传、传真等可以有形地表现所载内容的形式。以电子数据交换、电子邮件等方式能够有形地表现所载内容，并可以随时调取查用的数据电文，视为书面形式。

3.《最高人民法院关于审理劳动争议案件适用法律问题的解释（一）》

第五十条　用人单位根据劳动合同法第四条规定，通过民主程序制定的规章制度，不违反国家法律、行政法规及政策规定，并已向劳动者公示的，可以作为确定双方权利义务的依据。

4.《中华人民共和国电子签名法》

**第二条**　本法所称数据电文，是指以电子、光学、磁或者类似手段生成、发送、接收或者储存的信息。

**第四条**　能够有形地表现所载内容，并可以随时调取查用的数据电文，视为符合法律、法规要求的书面形式。

**第九条**　数据电文有下列情形之一的，视为发件人发送：

（一）经发件人授权发送的；

（二）发件人的信息系统自动发送的；

（三）收件人按照发件人认可的方法对数据电文进行验证后结果相符的。

# 89. 用人单位是否享有规章制度的最终解释权？

## 【固法观点】

　　制定规章制度很难做到面面俱到，穷尽所有可能，仅从文意上也会产生歧义，因此，授予企业某部门对规章制度以解释权合理且必要。但在司法实践中，即使经过民主程序，规章制度也往往被视为格式文书，法律对用人单位的解释权会有约束和限制。当发生劳资冲突时，对规章制度的理解应当按照通常的理解予以解释，有两种以上解释的，司法机关会作出有利于劳动者一方的解释。特别是当劳动者严重违反规章制度要解除劳动合同的，用人单位应当慎重和公平地解释有歧义的条款，不得滥用解释权随意解雇劳动者。

## 【案例分析】

　　在"梅某与青岛马士基集装箱工业有限公司劳动争议"一案中，法院查明，2010年9月，青岛马士基集装箱工业有限公司（以下简称公司）《员工手册》中规定重大违纪条款，"凡具有以下之重大违纪行为者，公司将立即解除其劳动合同"："坚决抵制或拒不执行上级主管或其他管理人员的合理工作安排"；第12章公司安全管理规定第12.1.1条规定："所有员工在进出工厂和在厂区范围内必须佩带员工IC卡"。2014年9月2日，某公司外籍管理人员在工作中发现梅某未佩带员工卡，双方又语言不通，遂发生争执。某公司即以梅某工作时间未佩带员工卡违反了《员工手册》的相关规定，属重大违纪为由，解除了与梅某的劳动合同。梅某以公司违法解除劳动合同为由提起仲裁及诉讼，要求公司向其支付违法解除劳动合同的赔偿金。

　　法院经审理认为，尽管公司《员工手册》规定了"坚决抵制或拒不执行上级主管或其他管理人员的合理工作安排"属于重大违纪行为，但对于何谓"合理工作安排"，公司在《员工手册》中并未作出明确界定。梅某虽然在厂区范围内被发现未佩带员工 IC 卡，但公司《员工手册》中并未将此行为列为重大违纪行为。且从梅某最后在更衣橱内找到员工 IC 卡，并向当班经理反馈的情况来看，其并未表现出坚决抵制或拒不执行的态度。因此，公司解除与梅某的劳动合同违法。

〔案例出处：（2015）青民一终字第 121 号〕

## 【法理分析】

按照《现代汉语词典》的解释，"最终解释权"就是最后说明含义、原因、理由的权利，再也没有商量的余地。设置该类条款意在取得关于最终解释权的归属和行使。当相关主体对特定事项存在不同理解，甚至发生争议时，最终解释权人得以行使优先性、终极性之解释权，相关主体必须以该解释为准，如此可以在相互对立的法律关系中掌握主动权，最终解释权人实际上多基于自身的利益需要进行解释，免除了格式条款提供方的风险和责任，加重对方的责任，排除对方权利，侵害合同另一方的合法权益，可能造成不公平的后果。

为了体现对弱势一方的保护，《中华人民共和国民法典》及相关司法解释明确规定，对格式条款的理解发生争议的，应当按照通常的理解予以解释；对格式条款有两种以上的解释的，应当作出不利于提供格式条款一方的解释。为了平衡订立格式合同时各方的实际地位，法律规定采用格式条款订立合同的，提供格式条款的一方应当遵循公平原则确定当事人之间的权利和义务，并采取合理的方式提请对方注意免除或者限制其责任的条款，按照对方的要求，对该条款予以说明；否则，该最终解释权条款就是无效的。

在司法实践中，规章制度往往被定性为用人单位单方面或牵头制定的格式文书。由于行为的多样性和不确定性，规章制度往往难以面面俱到，穷尽所有可能，有时仅从文意上看也会产生歧义，这时由用人单位的相关部门对某一条款进行说明和解释也是必要的。从这个意义上讲，约定规章制度的解释权归企业某部门也是合理合法的，但不应当是具有决定意义的"最终解释权"，因为最终解释权作为一种排他性的强制性的权利，当发生劳资纠纷和利益冲突时，若用人单位错误行使解释权或滥用解释权，造成劳资双方之间权利义务和责任严重失衡，违反了公平和诚实信用原则，故该等解释行为应当被认定为无效。根据最高人民法院的解释，规章制度只有契约效力，其修改都必须经双方同意，不能任由企业单方解释。因此，"本制度最终解释权归属 ×× 公司人力资源部"的条款的效力应受到法律限制和约束。

## 【实操建议】

第一，用人单位对规章制度具有解释权，可根据规章制度的制定目的、企业的经营特点、对劳动者的管理需要等对规章制度进行合理解释，还应明确行使解释权的主体和程序。

第二，用人单位在处理争议的过程中，一旦发现规章制度存在问题，应及时由起草的部门进行修改或变更，并严格履行民主讨论程序，形成终稿后及时公示或告知劳动者。

第三，发生劳动争议时司法机关一般会对用人单位解释权的合法性、合理性进行审查，防止用人单位滥用强势地位，任意作出对企业一方有利的解释，而排除劳动者的合法权利。

第四，企业规章制度的条款应当根据本企业的特点尽量做到细化、量化、具体化，使之具有更强的可操作性。在文字表述上应经专业人士把关修订，尽可能免生歧义。

## 【法规索引】

1.《中华人民共和国民法典》

第四百九十七条　有下列情形之一的，该格式条款无效：

……

（二）提供格式条款一方不合理地免除或者减轻其责任、加重对方责任、限制对方主要权利；

（三）提供格式条款一方排除对方主要权利。

第四百九十八条　对格式条款的理解发生争议的，应当按照通常理解予以解释。对格式条款有两种以上解释的，应当作出不利于提供格式条款一方的解释。格式条款和非格式条款不一致的，应当采用非格式条款。

2.《中华人民共和国劳动合同法》

第二十六条　下列劳动合同无效或者部分无效：

……

（二）用人单位免除自己的法定责任、排除劳动者权利的。

# 90. 严重违纪行为发生的时间与处罚时间的间隔有要求吗？

## 【固法观点】

> 劳动者严重违纪，用人单位的劳动关系解除权行使期限应当有一个适用规范，当解除权条件成就后，用人单位可以与劳动者解除劳动合同，但必须在一定期限内行使。超过一定合理期限用人单位仍未作出解除决定的，劳动者有理由认定用人单位不会再行使解除权。因此，当用人单位发现劳动者严重违纪时，应当及时查证核实，最迟在一年内行使劳动合同的单方解除权。为保险起见，用人单位最好在半年内行使解除权更为妥当和安全。

## 【案例分析】

案例一：在"蔡某某、广州市建隆物业管理有限公司劳动争议"一案中，一审法院查明，建隆公司提交的《考勤汇总表》《工资表》可以相互印证，证明蔡某某在 2019 年 7 月 18 日、2019 年 8 月 11 日、2020 年 6 月 11 日、2020 年 6 月 28 日各旷工 1 日，累计旷工 4 日。蔡某某在 2021 年 3 月 5 日至 3 月 14 日工作期间又存在不在岗情况。综合考虑蔡某某的表现及其之前的旷工行为，建隆公司于 2021 年 3 月 15 日对其作出解除劳动关系的处理。蔡某某认为，在 2019 年及 2020 年建隆公司两次对其最后警告的间隔超过 11 个月，且 2020 年的最后警告超过 9 个月的情况下，建隆公司才在 2021 年 3 月 15 日作出《解除劳动合同通知书》，其已经丧失了行使劳动合同解除权的及时合理性。但是，一审法院认为，建隆公司与蔡某某解除劳动合同合法合理，并未超出合理范畴和合理期限。二审法院审理后维持原判。

〔案例出处：（2022）粤 01 民终 1640 号〕

案例二：在"中国铁路济南局集团有限公司兖州工务段与季某劳动争议"案中，一审法院认为，根据《中华人民共和国劳动合同法》第三十九条规定，用人单位可以解除劳动合同的情形，其中第（六）项为"劳动者被依法追究刑事责任的，用人单位可以解除劳动合同"，该项规定的解除权属于形成权的范畴，如果权利人超过合理期限不行使，则形成权灭失。季某于 2018 年 11 月 26 日被一审法院判决犯危险驾驶罪，兖州工务段于 2018 年 12 月 11 日收到一审法院刑事判决书，季某于 2019 年 1 月 16 日回单位上班，兖州工务段于 2019 年 7 月 22 日以季某曾于 2018 年 11 月被依法追究刑事责任为由与季某解除劳动关系，兖州工务段以此为由行使解除劳动合同权利已超过合理期限，系违法解除。二审法院维持原判。

〔案例出处：（2021）鲁 04 民终 400 号〕

案例一与案例二都是在民法典生效后判决的，在案例一中广州市中院认为，用人单位对严重违纪的劳动者行使劳动合同解除权只要不超过一年都属于合理期限，这与《中华人民共和国民法典》第五百六十四条行使解除权期限的规定一致。而在案例二中山东省枣庄市中院则作出与广州市中院相反的判决，两个法院对劳动关系的解除权行使是否适用民法典有不同理解。

## 【法理分析】

合同解除权系形成权，其行使与否取决于解除权人一方的意思表示，其目的在于当出现合同解除情形时，允许当事人行使解除权，使合同关系得以确定和稳定。解除权人享有合同解除权并不意味着可以无限期地享有该权利，特别是当相对人有正当理由信赖解除权人不欲再行使解除权时，基于诚实信用原则派生出对正当合理信赖的保护，解除权人不得滥用解除权，这可以避免合同关系长期处于不确定状态。因此，有必要对合同解除权的行使设置合理期限进行限制，超过合理期限，解除权消灭。

从我国民事诉讼法中规定的时效制度可以看出法律不保护怠于行使权利的人，从我国的立法指导思想上看国家还是鼓励早日行使权利，不积极行使的当事人将丧失胜诉权。用人单位制定规章制度的目的除了惩罚违规的劳动者之外更重要的是起到一个预防的作用，用人单位越及时处罚违规者预防作用越明显，否则该制度会如同一纸空文，不能达到制定规章制度的应有目的。用人单位长期不行使单方解除权，但仍允许其行使该权利，会使劳动者一直存在不安定感，这不利于劳动者的生产生活，对劳动者也是不公平的。

关于用人单位在劳动者违反纪律，多长时间作出处罚合法的问题，目前并没有明确的法律规定。虽然劳动关系有别于平等的民事主体之间的民事合同关系，但是用人单位单方解除劳动关系的权利本质上也属于解除权。如果放任用人单位在任何时候均可溯及既往地行使该项权利，将会使劳动者工作和生活处于不确定的被动状态，既损害了劳动者的合法权益，又违背劳动法及劳动合同法的立法宗旨。为了保护劳动者对用人单位的合理信赖，建议参照《中华人民共和国民法典》的相关规定，对该解除权的行使宜进行合理的期限限制，最长不超过一年。

## 【实操建议】

1. 用人单位应当在规章制度中规定员工严重违纪的解除权行使期限，同时，建议对其他处罚也设置不同的处罚期限，对一般违纪行为的处罚期限应该相对缩短。

2. 用人单位规定的员工严重违纪解除权的行使期限不可过长，最长不可超过一年，也不宜过短，最短不少于半年。为保险起见，以半年为限较为适宜。

3. 解除权计时日期有"劳动者犯错误之日""知晓劳动者犯错之日"与"证实劳动者犯错误之日"，这些并不一定是同一日，最好以"知晓劳动者犯错之日"为准。

4. 对超过用人单位规定或者按惯例严重违纪解除权行使期限的应当更加慎重和严格，以免构成违法解雇，否则，不仅会输官司，还要支付劳动者赔偿金。

5. 用人单位如发现员工的违规行为，应尽快进行处理，否则取证机会会消失，或者即使证据充足，却因处理时间"超出合理期限"而被司法机关认定为违法解除劳动合同。

6. 虽然与劳动者解除劳动关系应当慎之又慎，但也不能对员工的严重违纪行为忍而不发。在条件成熟时，应当及时行使解除权以维护用人单位的正常生产经营秩序。

## 【法规索引】

1.《中华人民共和国民法典》

第五百六十四条　法律规定或者当事人约定解除权行使期限，期限届满当事人不行使的，该权利消灭。

法律没有规定或者当事人没有约定解除权行使期限，自解除权人知道或者应当知道解除事由之日起一年内不行使，或者经对方催告后在合理期限内不行使的，该权利消灭。

**2.《浙江省高级人民法院民事审判第一庭、浙江省劳动人事争议仲裁院关于审理劳动争议案件若干问题的解答（二）》**

八　劳动者违反用人单位规章制度，符合用人单位与其解除劳动合同的条件，用人单位一般应在知道或者应当知道之日起 5 个月内行使劳动合同解除权。

**3.《天津市贯彻落实〈劳动合同法〉若干问题实施细则》**

第十二条　劳动者有《中华人民共和国劳动合同法》第三十九条第二项、第三项、第四项、第五项、第六项情形之一，用人单位与劳动者解除劳动合同的，应自知道或应当知道劳动者存在上述情形之日起六个月内做出解除劳动合同的决定。

**4.《重庆市职工权益保障条例》**

第二十六条　因用人单位作出的解除和终止劳动合同、减少劳动报酬、计算职工工作年限等决定而发生的劳动争议，用人单位负举证责任。用人单位应当从知道或者应当知道职工违反规章制度行为之日起一年内作出处理决定。逾期未处理的，不再追究该违章责任。

**图书在版编目(CIP)数据**

实战精研:人力资源合规核心问题.劳动关系和劳
动合同篇/彭波主编.—上海:上海人民出版社,
2023
ISBN 978 - 7 - 208 - 18232 - 5

Ⅰ.①实… Ⅱ.①彭… Ⅲ.①人力资源管理-劳动法
-研究-中国 Ⅳ.①D922.504

中国国家版本馆 CIP 数据核字(2023)第 060552 号

**责任编辑** 夏红梅
**封面设计** 孙 康

**实战精研:人力资源合规核心问题(劳动关系和劳动合同篇)**
彭 波 主编
高新会 陈立宏 副主编

| 出 | 版 | 上海人 民 出 版 社 |
| --- | --- | --- |
| | | (201101 上海市闵行区号景路 159 弄 C 座) |
| 发 | 行 | 上海人民出版社发行中心 |
| 印 | 刷 | 江阴市机关印刷服务有限公司 |
| 开 | 本 | 720×1000 1/16 |
| 印 | 张 | 21.5 |
| 插 | 页 | 2 |
| 字 | 数 | 362,000 |
| 版 | 次 | 2023 年 5 月第 1 版 |
| 印 | 次 | 2023 年 5 月第 1 次印刷 |

ISBN 978 - 7 - 208 - 18232 - 5/D・4112
**定 价** 85.00 元